피르케이 아보트

지혜자의 삶의 원리—세상에 사는 사람가운데 진실로 현명한 사람은 누구인가?

VOLUME 4

피르케이 아보트
지혜자의 삶의 원리 – 세상에 사는 사람가운데 진실로 현명한 사람은 누구인가?
RAV LAU ON PIRKEI AVOS

초판 1쇄 인쇄 2019년 3월 12일
초판 1쇄 발행 2019년 3월 20일

  지은이   MEIR LAU
  감   수   변순복
  펴낸이   김정희

  펴낸곳   하임(the 하임)
  등록일   2017년 9월 14일
등록번호   816-91-00330
    주소   서울시 마포구 성암로5길 12 101동 1301호
    전화   02-307-1007
    팩스   02-307-1009
  이메일   chaim1007@hanmail.net

  디자인   하연디자인
  옮긴이   하임 편집부

ISBN 979-11-964614-3-0 94230
ISBN 979-11-962203-3-4 94230(세트 전 6권)

* 책 값은 뒤표지에 있습니다.
* 잘못된 책은 교환하여 드립니다.

이 책의 한국어판 저작권은 역자를 통하여 MESORAH와 독점 계약한 하임(THE 하임) 출판사에 있습니다. 신 저작권법에 의해 국내에서 보호를 받는 저작물이므로 무단 전재와 무단복제를 금합니다.

이 책은 뿌리와 가지교회 정관창 목사님과 모든 성도님들의 기도와 물질과 헌신으로 열매를 맺게되었습니다.

RABBI YISRAEL MEIR LAU

지혜자의 삶의 원리 – 세상에 사는 사람가운데 참실로 현명한 사람은 누구인가?

VOLUME 4

A COMPREHENSIVE COMMENTARY ON
ETHICS OF THE FATHERS

목차

원전 출판사 서문 • 7
저자 서문 • 10
한글 출판사 서문 • 17
한글 감사의 글 • 20
영문 감사의 글 • 23

서문 왜 『아보트』로 불리는가? • 25

프롤로그 …………………………………… 37
미쉬나 1절 …………………………………… 39
미쉬나 2절 …………………………………… 65
미쉬나 3절 …………………………………… 83
미쉬나 4절 …………………………………… 97
미쉬나 5절 …………………………………… 107
미쉬나 6절 …………………………………… 121
미쉬나 7절 …………………………………… 131
미쉬나 8절 …………………………………… 141
미쉬나 9절 …………………………………… 153
미쉬나 10절 ………………………………… 161
미쉬나 11절 ………………………………… 169
미쉬나 12절 ………………………………… 181
미쉬나 13절 ………………………………… 193
미쉬나 14절 ………………………………… 203
미쉬나 15절 ………………………………… 211

미쉬나 16절	219
미쉬나 17절	231
미쉬나 18절	247
미쉬나 19절	263
미쉬나 20절	283
미쉬나 21절	297
미쉬나 22절	307
미쉬나 23절	315
미쉬나 24절	325
미쉬나 25절	333
미쉬나 26절	349
미쉬나 27절	357
미쉬나 28절	365
미쉬나 29절	377
에필로그	405

아보스트 주석 작업을 맡은 우리의 친구이며 랍비인 메이어 라우의 헌신에 찬사를 보냅니다. 그는 현대 유대인들의 삶을 주도하는 이상주의자인 지도자이며 교육자이며 랍비의 회장을 맡고 있습니다.

버나드 랜더 박사,
그는 꿈꾸었으나 잠이 들지는 않았습니다.
랜더 박사가 1971년, 35명의 학생들과 투로대학교를 처음 시작할 때, 2007년에 세 개의 대륙에 30개의 캠퍼스 안에 23,000명을 학생을 가질 것이라고 어느 누가 상상이나 했을까요? 그 이후에도 그는 더 많은 도시에 새로운 학교를 세우기 위해 쉬지 않고 일하지 않았나요?

전 세계를 모두 통틀어, 풍요로운 마음을 지닌 유일한 사람이 있었으니 그는 바로 버나드 랜더이다. 그는 모든 장애물을 극복하기 위하여 수년을 견뎌내고, 모든 장애물을 넘으며, 꿈을 꾸고, 또 새로운 꿈을 꾸고, 그 꿈을 현실로 만들어낸 것은 바로 그의 풍요로운 마음이었습니다.
그 누구와도 비교할 수 없는 특별한 영웅과 손에 손을 맞잡고

전 세계에 메코모트 토라와 파르나사를 세우도록 돕기 위하여 위원회 회를 걸립한 것 또한 우리의 영광입니다.

Zvi and Betty Ryzman and family
Los Angeles

원전 출판사 서문

우리는 지금 랍비 이스라엘 마이어 라우의 역작인 피르케이 아보트 주석 제 2권의 출판을 하는 영광을 가지게 되었다. 이 책은 3권으로 구성되어 있는데 빠른 시일 내에 마지막 3권 또한 출판 할 것이다. 무슨 주석이든 새로운 주석이 고전으로 인정받는 것은 매우 드문 일이지만 라우의 이 주석, 피르케이 아보트 히브리 주석은 새로운 것이지만 고전으로 인정받는 주석이다. 영문 판 또한 히브리어 주석과 같이 높은 평가를 받으리라 확신한다.

랍비 라우는 느타니아의 랍비 의장, 텔아비브의 랍비 의장, 더 나아가 이스라엘의 랍비 의장이라는 명망 있는 자리를 모두 경험한 위대한 랍비이다. 랍비 의장으로서 그는 수많은 유대인들뿐만 아니라 토라를 따르는 삶이 무엇인지 모르는 비유대인들에게도 유대교를 대표하는 인물이었으며 그들로부터도 존경받는 인물이었다.

본 저서는 그가 랍비로서의 활동을 시작하던 사역초기에 피르케이 아보트를 장별로 가르칠 때부터 시작되었다. 그의 가르침은 놀라울 정도로 인기가 있었으며, 그는 수년간 가르침의 범위를 계속 확장시켰다. 많은 사람들이 그의 교훈을 책으로 출판할 것을 권유하였으나, 영적 지도자, 즉 율법사(posek)로서, 더 나아가 한 나라의 대변인이자 전 세계의 대변인으로서의 의무를 수행해야 했기에 이를 출판할 여력이 없었다. 그럼에도 그는 오랜 시간과 많은 노력을 투자하여 야헬 이스라엘(yachel Yisrael)이라는 이름으로 히브리어 판 피르케이 아보트 주석을 출판하였다.

논리적으로 저술된 그의 저서가 누구에게나 매우 쉽게 받아들여질 수 있음은 당연한 일이다. 이러한 그의 놀라운 재능에 덧붙여, 이 시대의 위대한 선생으로써 탈무드와 미드라쉬, 고전 주석, 하시디즘 문학과 무사르 문학, 더 나아가 랍비의 길을 걸으며 그가 겪어온 인생까지도 저술을 위한 자료로 활용하는 그의 특별한 능력 또한 주목하여야 할 것이다. 이렇게 태어난 그의 저서는 단순히 '위대하다'라는 말로는 다 표현할 수 없는 것으로, 이 저서의 영문판 역시도 히브리어판과 마찬가지로 뛰어난 저서로서 찬사를 받을 것이며 계속되는 아보트 연구에 귀한 참고도서가 될 것이며 아보트를 연구하는 미래학자들로부터도 높이 평가 받을 것이다.

친애하는 LA의 랍비 쯔비 라이즈만 리즈만(Rabbi Zvi Ryzman)에게 특별히 감사를 표한다. 그는 랍비 라우를 우리에게 소개하였고, 그에게 히브리어 주석의 출판을 권하였을 뿐만 아니라 우리를 통해 그 저작의 영문판을 출판할 것을 제안하였다. 그와 랍비 라우는 수십 년간 오랜 친구로 우정을 쌓아온 사이이다. ArtScroll 시리즈 출판을 여러 차례 맡아온 레브 쯔비카(Reb Zvika)와 그의 아내 리즈만(Mrs. Ryzman)은 이 책을 헌정하였다. 레브 쯔비카는 '뛰어난 학자'(탈미드 하함[Talmid Chacham])라고까지 불리는 뛰어난 토라 학자로서 그 능력을 인정받았으며, 동시에 수많은 할라카, 아가다 시리즈의 저자이며 자기 자신의 저서 또한 여러 권 출판한 훌륭한 한 학자이다. 리즈만 부부는 LA에서 다양한 분야에서 다양한 사람들로부터 존경받았으며 실제로 존경받을 만한 인물이다.

랍비 라우의 6권으로 된 히브리어 도서를 세 권의 영어판으로 축약하는 작업은 매우 어려운 일이었다. 그럼에도 성공적인 결과물을 낼 수 있었던 것은 '야아코브 도비드 슐만(Yaacov Dovid Shulman)의 공로 때문이다. 그는 이 책을 세련되고 성공적인 책으로 완성하였다. 이 작업은 그가 ArtScroll 작가로서 처음 모습을 드러낸 것이다(물론 이것이 마지막은 아닐 것이다).

이토록 아름다운 주석 시리즈를 출판하는 데에 노력을 아끼지 아니한 모든 직원들에게 감사를 전한다. 저자가 감사의 글에 그들의 이름을 남기었다.

피르케이 아보트는 유대인의 인격을 형성하는 중요한 교과서이다. 이 새로운 작업을 맡게 된 것에 감사하며, 수많은 사람들이 새롭게, 더 넓게, 더 깊이 아보트를 배우게 될 것이며 동시에 그 가르침을 실천하도록 자극을 받을 것이다.

크라카우에서 뉴욕으로 이주한 그들의 자녀 랍비 모세 다비드와 골다 페렐 쿠퍼만, 그리고 보로브의 하시딤의 이름으로, 세 번째 판은 홀로코스트의 생존자들인 랍비 하임 즈비와 메이라브 비나, 그리고 그의 아들 므나헴 맨델 쿠퍼만에게 바친다.

다섯 번째 판과 여섯 번째 판은 익명을 요청한 두 사람에게 바치고자 한다. 마음을 아시는 하나님께서 그들의 인자함과 헌신에 보상하실 것이다.

랍비 마이어 츨로토비츠 / 랍비 노손 셔먼

2007년 3월

Rabbi Meir Zlotowitz / Rabbi Nosson Scherman

Iyar 5767 / May 2007

저자 서문

הַאי מַאן דְּבָעֵי לְמֶהֱוֵי חֲסִידָא – 사람이 참으로 신실하고 경건한 사람이 되기 위하여 무엇을 해야만 하는가? 탈무드는 '불법행위에 대한 율법과 축복에 대한 율법, 그리고 피르케이 아보트의 가르침들에 주의해야 한다'는 세 가지 방법을 제시한다.(바바 카마[Bava Kamma] 30a). 주석가들은 현인들이 말하는 이 세 가지 접근 방법이 가르치는 것은 사람이 전인적 인간으로서 온전해질 수 있는 방법에 관한 것이라고 설명한다. 불법 행위에 관한 법은 사람과 사람 사이의 관계를 가르치고, 축복에 관한 법은 사람이 하나님과 함께하는 조화를 이룰 수 있도록 돕는다. 아보트의 가르침은 사람의 인격과 성격을 바르게 형성하여 날마다 자기 자신을 돌아보게 함으로 마음의 평화를 찾을 수 있게 만들어준다.

먼저 축복의 하나님이신 그분께 감사하고자 한다. 그분의 선하심으로 인해 지난 5년간 피르케이 아보트를 연구하고 가르치고 설명할 수 있었다. 15년 전, 미국에 거주하는 친애하는 선생님 '모세 골드슈미트'(Moshe Goldschmidt)의 권면으로 필자의 강의를 녹음하게 되었으며, 더 나아가 그는 강의를 녹음하고 그것을 필사하는 데에 필요한 금전적 지원을 아끼지 않았다. 이 강의 녹음테이프들은 이 책들의 기초 자료가 되었다.

토라에는 수많은 보물과 같은 내용들이 있지만, 나로 하여금 그 어떤 것들보다 피르케이 아보트에 관심을 갖게 한 계기는 무엇이었을까? 본 주석의 히브리어판인 야헬 이스라엘(Yachel Yisrael)을 공부한 사람이라면, 이 책이 '슐한 아루크'의 네 부분의 가르침과 연관이 있음을 알 수 있을 것이다. 실제로 필자는 40년을 랍비로 살아왔으며, 탈무드와 할라카 문학 전체의 깊이와 너비를 끝없이 파헤쳐야 하는 의무를 가지고 있었음에도 아보트의 가르침에 특별히 마음이 끌렸다. 그 이유는 무엇인가?

아보트를 향한 필자의 이러한 끌림이 예시바에서의 경험으로부터 나온 것임은 두말할 나위가 없다. 무사르 운동의 아버지인 랍비 이스라엘 살란테르(Yisrael Salater)의 시대 이래로, 예시바의 학생들은 하루에 30분, 엘룰월 초부터 대 속죄일 전까지는 매일 45분씩 무사르(경건의 실천, 윤리, 토라 세계관을 다루는 고전들)를 배웠다. 뿐만 아니라 학생들은 자신의 감독관인 마쉬기아흐(Mashgiach, 학생이 음식 등 율법을 지키는 지 감독하는 감독관 - 역자 주)와 함께 무사르 강의를 수강하여야 하며, 그와 함께 그룹 토론에 참여하여야 한다. 청년 시절부터 나는 무사르 고전들과 하시드(18세기 우크라이나 서부에서 일어난 유대교 영적 회복운동 - 역자 주)의 사상을 자연스럽게 배우게 되었다. 이 둘은 나로 하여금 그분을 향한, 토라를 향한, 그리고 이스라엘을 향한 사랑에 거룩한 불을 지펴주었다. 이 모든 것들의 고향으로 가고자 하는 갈망을 가지게 되었고, 끊임없는 아보트 연구와 사색은 이러한 열망에 끊임없이 불을 지펴주었다.

아보트의 가르침들 중 하나는 바로 "לֹא הַמִּדְרָשׁ הָעִקָּר אֶלָּא הַמַּעֲשֶׂה" 즉 "연구

보다 실행이 중요하다"(1:17)는 것이다. 이 글에 계속 등장하는 구절이다. 수천 권의 책과 수천 마디의 말보다 한 사람이 친히 모범이 되어 실천하는 모습을 보여주는 것이 그것을 지켜보는 사람들에게 지대한 영향력을 준다.

"הוא היה אומר"라는 표현은 아보트 안에 반복적으로 나타나고 있는데, '그가 이르기를'이라는 뜻으로 해석하는 것이 정확할 것이다. 그러나 주석가들은 이 짧은 말에서 더욱 깊은 의미를 찾아내었다. 화자, 즉 본질적인 것이라고 할 수 있는 현자의 인격은 자기 가르침을 나타낸다는 것이다 (hyh, 즉 히브리어 '하야'는 특별히 화자의 행위가 화자의 인격을 규정하는 행동을 한다는 뜻으로 사용된다 - 역자 주). 그의 가르침은 곧 그가 실천하고 있는 것으로, 그의 가르침은 자신의 내면의 반사이다. 다른 사람들의 행동을 지적하고 고치기 전에, 먼저 자기 자신이 온전한 사람이 되어야 한다. 마찬가지로, 내가 아보트를 연구하고 가르칠 때, 연구하고 있었던 무사르와 하시드 작품들뿐만 아니라, 내가 귀한 기회를 통해 알고 또 배웠던 위대한 사람들, 내 삶에 있어서 그들의 발걸음을 따라 걷고자 하게 했던 위대한 사람들에 대해서도 집중했다.

내가 연구할 기회를 가졌던 세 곳의 예시바 학교의 위대한 지도자들에게 먼저 특별히 감사의 마음을 전하고 싶다. 첫 번째로 예시바 콜 토라 지도자였던 랍비 '게달리야 에이즈먼 슐리타'는 50년간 학생들을 가르치신 분으로, 내가 성인식을 치를 나이가 되었을 때, 그와의 첫 만남 이후 그의 가르침뿐만 아니라 인격은 아직까지도 내 안에 남아있다. 그에게 배운 사람이라면 그의 가르침을 평생 잊을 수 없을 것이다. 전문적인 교사이자 심리학자로서, 선생님은 모든 학생들 한 명 한 명에게 필요한 것이 무엇인지, 그들의 잠재력이 무엇인지를 파악하는 특별한 능력을 가지고 계셨다. 현자들의 숭고한 사상을 분석하고 또 설명하는 자신의 능력과 토라의 위대함과 함께, 선생님은 아보트의 가르침을 실천하는 것이 무엇인지를 직접 보여주셨다.

나는 콜 토라에서 '크네세트 히즈키야후'로 가게 되었으며, 그 곳에서 당대 무사르 연구의 거장이신 랍비 '엘리야후 로피안 즈쯜' 아래에서 배우게 되었다. 신학교 설립자인 랍비 '노아흐 쉬마노비쯔'가 '하존 이쉬'(Chazon Ish)에게 찾아가 혼자서는 예시바의 의무를 짊어질 수 없다고 슬픈 기색으로 말했을 때, 하존 이쉬는 그에게 랍비 엘리야를 찾아가라고 조언했다. 당시 랍비 엘리야는 은퇴 후 배움에 전념하기 위해 예루살렘에 거주하고 있었다.

"랍비 엘리야를 데려오면 모든 문제가 해결될 것이네. 랍비 엘리야를 찾아가 학당의 마시기아흐를 맡아달라고 부탁하게. 하존 이쉬가 제안했다고 하면 될 걸세." 랍비 엘리야는 하존 이쉬가 직접 그에게 개인적으로 부탁한 후에야 그 자리를 받아들였고, 그 후 예시바는 크게 발전하였다.

하존 이쉬는 당대에 위대한 무사르 세 분을 손으로 꼽았는데, 사상으로는 포니베흐의 지도자인 랍비 '엘리야후 엘리에제르 데슬러'(Rabbi Eliyahu Eliezer Dessler)의 신앙을, 마음으로는 랍비 엘리야의 신앙을 꼽았다. 마지막으로 랍비 '에헤즈켈 레벤슈타인'의 신념은 너무나도 분명하여 신앙이 그의 행동 하나하나에 면면히 나타났다고 하였다.

랍비 '슐로모 잘만 아우르바흐'(Rabbi Shlomo Zalman Auerbach)는 말하기

를 우리 모두는 "하존 이쉬에 비하면 그의 발바닥 아래 먼지와 같으며, 그는 누군가의 증언이 필요치 않은 사람이다."라고 하였다. 그럼에도 불구하고 나는 세 명의 무사르 거장들에 대한 평가가 얼마나 정확한 판단이었는지 감히 증언할 수 있다.

랍비 데슬러(Rabbi Dessler)는 개인적으로 알지는 못하지만, 그의 '미흐타브 메엘리야후'(Michtau MeEllyahu)를 연구한 사람이나, 그의 제자들이었던 랍비 '하임 프리에드랜더'(Rabbi Chaim friedlander)와 같은 사람들을 연구해본 사람이라면, 그가 제시한 날카로운 분석과 그의 신앙의 기초에 대한 깊은 통찰을 보고 놀라지 않을 수 없었다.

레브 '엘리야 로피안'은 조금 달랐다. 그는 특별히 뛰어난 수사학적 능력을 가지고 있었으므로 그의 나이가 90살을 넘었을 때에도 그는 그의 연설을 듣는 사람들의 마음을 움직일 수 있었다.

육체와 영혼이 하나가 된 것을 사람이라고 보았던 랍비 데슬러에 반해, 랍비 엘리야는 우리의 육체적인 특성(physicality)이 하나님이 내려주신 아름다운 영혼을 짓밟도록 놔두어서는 안 된다고 열변을 토했다. 우리 학생들은 불같이 뜨거운 그 선생님의 강의에서 큰 영감을 받았고, 그의 말은 아직까지도 내 귀에 울리고 있다. 랍비 엘리야 로피안은 보네베즈 예시바를 하존 이쉬와 랍비 이쎄르 잘만 멜쩨르(Rabbi Isser Zalman Meltzer)를 향해 찬사를 마지않게 만든 사람이었고, 그 찬사는 50년이 지난 아직까지도 내 마음 속에 자리 잡고 있다. 그가 하이파에서 했던 강의는 너무나 깊은 인상을 남겼으므로, 네 명의 키부쯔 공동체 구성원이 매주 안식일 마지막 때마다 방문하여 그의 강의를 들었다. 아보트의 모든 미쉬나를 볼 때, 나는 아직도 이 계명들을 자기 삶으로 실천하였던 그 사람을 마음속에 그린다. 그 사람은 따뜻한 마음으로, 카리스마 넘치는 인격으로, 하나님과의 관계와 사람들과의 관계로 계명을 실제로 실천한 사람이었다.

내가 아직 콜 토라를 배우고 있을 때, 랍비 에헤즈켈 레벤스타인(Rabbi Yechezkel Levenstein)은 예루살렘의 미레르 예시바에서 지도자로 섬기고 있었다. 그는 매주 금요일, 저녁 예배 전 무사르에 대한 강의를 하였으며, 우리의 지도자 레브 게달리야(Reb Gedaliah)도 참석하곤 하였다. 게달리야를 따라 나도 그 자리에 가곤 했는데, 당시 나는 히브리어를 잘 하지 못했으므로 모든 내용을 이해하지는 못했다. 그러나 강의에 집중하는 랍비 게달리야의 모습을 보며 듣는 방법을 배웠다. 나는 그에게서 "현인들의 발밑에 앉아 그들의 말을 목마른 듯 마셔라"(1:4)를 이해했다.

그의 강의에 참석하면서 레브 하스켈의 믿음에 대한 하존 이쉬의 평가가 얼마나 정확한지를 배우게 된 순간이 있었다. 그는 단어 선택에 매우 신중한 사람이었다. 그 날, 유난히 어두운 방을 잔잔히 밝혀주던 등잔이 기억에 선명하다. 그때 랍비 하스켈은 "영혼은… 영혼은…" 이러고는 말을 멈추었는데, 이는 그가 언제나 단어 선택에 신중했기 때문이었다. 그러던 중 그가 갑자기 눈을 뜨고는 등불을 바라보았다. 그가 마침내 적절한 단어를 생각해냈다! 그렇게 갑자기 그는 말을 이어나갔다. "영혼은 우리 몸의 어둠을 밝히는 램프이다"라고 말했다. 빛과 어둠의 대비를 보고 그는 육체와 영혼의 차이를 표현할 말을 생각해낸 것이다. 이 말을 할 때 그의 믿음은 그가 뻗었던 손으로 잡을 수 있을 만큼 너무나 선명하였고, 또 뚜렷하였다.

가돌 하도르(gadol hador), 즉 그 세대의 위대한 거장들에 대해 위에서 말한 대로, 랍비 데슬러는 '영혼', 랍비 로피안은 '마음'으로, 랍비 레벤스타인은 '신앙'을 실천함으로서 위대한 사람으로 평가를 받게 되었다. 레브 게달리야의 영향은 이 무사르의 세 장르를 이해하는데 아주 적절한 통로를 만들어주었다.

텔아비브의 남 북부, 네타니아, 텔아비브 야포를 거치면 마침내 랍비장(Chief Rabbinate)이 되기까지 매번 내 인생의 계단을 오를 때마다 하나님께 "여호와 내 하나님이여 내가 주께 부르짖으매 나를 고치셨나이다(시 30:2). 창조주시여, 내가 당신의 유산을 이해하여 전할 수 있도록 도와주소서"라고 기도했다. 한 걸음 한 걸음, 계단을 오를 때마다 필자는 하나님께 드렸던 이 기도를, 내 평생의 목적을 이룰 최고의 길은 곧 피르케이 아보트의 길이라고 믿었다. 지금까지 믿어왔고 또 지금도 믿고 있는 바, 이 책이 지렛대가 되어 하나님을 향한 사람들의 믿음을 키워주고 하나님과의 관계, 더 나아가 사람과의 관계를 발전시켜줄 것이다. 토라의 빛이 사람들로 회개하도록 한다고 전하였던 현자들의 말을 기억한다. 그 빛의 스펙트럼에는 피르케이 아보트가 함께 들어있다고, 더 나아가 피르케이 아보트가 그 빛줄기의 중심이라고 믿어 의심치 않는다. 교사들과 학생들이 나의 저서를 읽고 그 속에서 지혜를 발견한다면, 그것이 곧 나의 보상이 되리라. 특별히 '하나님을 경외하는 것이 지혜의 근본'이라는 것을 깨닫게 된다면, 그것은 나에게는 가장 귀한 보상이 될 것이다.

한글 출판사 서문

독자들에게

하나님의 한량없는 은혜로 우리나라 독자들에게 귀한 책을 소개할 수 있는 기회를 주신 하나님께 감사드립니다. 우리 출판사가 독자들에게 소개하려는 책은 구전 토라 63권의 책 가운데 한 권으로, 유대인 선조가 후손들에게 들려주는 삶의 지혜서입니다.

전 세계에 디아스포라로 흩어져 살고 있는 유대인들은 그들이 어느 나라에 살고 있든지 모든 가정에서 자녀들에게 이 책을 가르치고 있습니다. 책 제목은 '피르케이 아보트'이며 5장의 본문과 1장의 부록으로 구성되어 모두 6장으로 이루어진 책입니다.

이 도서에 관심을 가지게 된 것은 CBS TV 덕분입니다. CBS TV에서 '변순복의 탈무드 여행'이라는 이름으로 2005년부터 3년여 동안 주 2회의 본방송과 주 2회의 재방송을 방영하는 것을 통하여 귀한 도서를 알게 되었습니다. 212회에 걸쳐 방송된 '변순복의 탈무드여행' 프로그램을 매주 시청하고 함께 나누는 시간을 가졌습니다. 또한 그때 방송 교재로 도서출판 정금에서 최초로 출판한 '피르케이 아보트' 히브리어 한글 대역본을 만나게 되었습니다.

그 이후 우리 출판사 편집위원들은 탈무드에듀아카데미가 주최하는 토라연구반을 알게 되어 매주 '성문토라'와 '구전토라' 가운데 한 권인 '피르케이 아보트'를 공부하는 즐거움을 누리고 있습니다. 매주 공부 시간에 만나는 선생님은 한국인으로서는 유일하게 랍비대학원에서 '토라'를 연구한 백석대학교 변순복 교수입니다. 또한 변순복 교수는 탈무드에듀아카데미의 성경 앤 탈무드 연구소 소장으로 봉사하고 있습니다.

변순복 교수가 CBS TV '변순복의 탈무드여행' 방송교재로 편집하여 출판한 피르케이 아보트는 미쉬나 본문과 미쉬나 한글번역을 대역으로 편집하고 약간의 해설을 첨가하였습니다. 이처럼 CBS TV 방송교재로 출판된 도서 '피르케이 아보트'는 2006년 2월 13일 초판을 발행한 이후 도서출판 탈무드에듀아카데미로 출판사를 옮겨 탈무드 공부의 가장 기초적인 교재로 지금까지 계속하여 출판되고 있습니다. 백석대학교를 비롯한 몇 대학교에서 '탈무드의 교훈'이라는 과목의 교과서로 이 책을 사용하였습니다.

우리는 이런 과정 속에서 미쉬나에 대한 충분한 해설과 설명이 있는 피르케이 아보트를 출판할 수 있기를 간절히 소망하였습니다. 하나님께서는 마침내 우리의 기도를 들으시고 우리의 소망을 이룰 수 있도록 길을 열어 주셨습니다.

하나님께서 우리 출판사의 기도에 응답하셔서 피르케이 아보트를 자세하게 해설한 귀한 주석서를 발견하게 되었습니다. 이 책은 히브리어 6권으로 출판된 도서인데 마소라 출판사에서 영어로 번역하여 3권으로 출판하였습니다. 우리 출판사는 영어로 번역 출판한 마소라 출판사에 연락하여 한글로 번역하여 출판 할 수 있도록 허락해 줄 것을 요구하였습니다. 마소라 출판사는 우리의 번역 출판 요구를 흔쾌히 받아들여 한글번역본 출판을 허락하였기에 이처럼 귀중한 결실을 맺게 되었습니다.

이 귀한 책을 우리 출판사에서 출판할 수 있도록 기도와 물질과 헌신으로 온전히 후원해 주신 뿌리와 가지교회 정관창 목사님과 모든 성도님 여러분께 이 지면을 빌어 감사드립니다. 특별히 히브리어를 입력하며 교정하신 송은영 전도사님과 또한 교정보느라 수고하신 유지영 전도사님께 감사드립니다.

이 도서가 세상에 사는 모든 사람들에게 사람다운 삶을 사는 지혜와 방법을 찾는데 작은 도움이나마 되기 원하는 심정으로 이 책을 세상에 내어 놓습니다. 이 귀한 책이 한글로 번역되어 나올 수 있도록 도와주신 하나님께 다시 한 번 감사드립니다.

도서출판 하임 편집부

감사의 글

이 기회를 빌어 본 시리즈의 출판을 현실로 이루는 거룩한 작업에 도움을 준 이들에게 감사를 표하고자 한다. 예루살렘의 하예이 모세 학당 학장인 나의 사위이자 랍비인 베냐민 칸민츠는 지혜롭게, 또 열정적으로 처음부터 끝까지 히브리어판을 구성하고 또 이끌어주었다. 또 한 명의 조카인 랍비 애리얼 하코헨 슈바이처는 이 저서의 편집을 총괄하였으며, 기력을 다하여 나의 강의를 호흡 한 번 까지도 모두 녹음하고 또 필사하고 자료를 수집하는 데에 자기 능력을 발휘하기를 아끼지 아니하였다. 그의 노력은 이 저작의 근간이 되어주었다.

다양한 모습으로 나의 짐을 나눈 내 자녀들에게 특별히 감사의 말을 전한다. 네타니아 랍비회의 회원이자 콜렐 토라스 하임의 수장인 나의 장남 랍비 모세 하임에게 감사하며, 가온이자 차디크였던 나의 아버지 랍비 하임과 장인인 랍비 이츠코크 여디디야 프렌켈을 추모한다. 내 딸 레베친 미리암 소로츠킨, 테힐리야 네하마 칸민츠, 레베친 쉬라 슈바이처에게도 감사를 표한다. 또 하루도 빠짐없이 하나님께 감사함은 그분께서 내 아들들과 딸들, 사위와 며느리, 토라의 장막에 들어가 토라를 온 이스라엘에 전파한 이 의로운 세대를 내 곁에 두시는 크나큰 영광을 허락하셨기 때문이다. 내가 이러한 기쁨을 맛볼 수 있음은 나의 조상들이 남긴 기업이요, 자기 삶을 바쳐 이 아이들에게 올바른 정신을 가르치고 또 기른 나의 아내 레베친 하야 이타의 작품이라 믿어 의심치 아니한다.

프로젝트를 처음 시작할 때에 지원을 아끼지 아니한 유대문화기념회(the Memorial Conference for Jewish Culture)와 회장 야코브 호크바움 박사에게 감사를 표한다. 특별히 나의 친구 랍비 니산 모르겐슈테른에게 감사함은 그가 제일 처음으로 이 저작을 위한 "원자료"를 편집하고 또 추가하여준 사람이기 때문이다. 최종적으로는 랍비 아브라함 슈테른이 나의 히브리어판과 초기 세 권의 할라카 문답서(responsa)를 출판하여주었음에 감사한다. 그의 무한하고도 이타적인 헌신에 하나님께서 보상하시리라.

나의 친구, 랍비 즈비 리즈만에게 진심을 담아 감사를 전한다. 어릴 적부터 친구였던 랍비 리즈만은 수년간 공동체의 유익을 위해 이 저작을 쓰도록 나를 설득하였고, 또 헌신하였으며, 작업 전체를 편집할 수 있도록 해주었다.

나의 친구들이자 이웃들, 슐로모와 메이라브 맨델바움은 그들의 부모이자 보로프의 존경받는 하시드였던 랍비 느헤미야 맨델바움을 추모하며 두 번째와 네 번째 히브리어판의 저작에 헌신을 아끼지 아니하였다. 랍비 느헤미야 맨델바움은 아내 사비나와 함께 홀로코스트의 참상 속에서 생존하였으며 이토록 아름다운 가정을 이루고 자기 능력을 다하여 구호사업과 거룩한 삶을 좇음에 자신의 가진 것을 헌신하였다. 그가 소천할 때, 우리는 전쟁 전 크라카우에서부터 이어진 우리 가족의 강한 유대를 새롭게 하였다. 네 번째 판은 메이라브의 아버지인 여호수아 비츠르에게 바친다. 그는 비엔나에서 태어났으나 평생을 예루살렘에서 살았으며, 그의 아내는 예루샬미 베르트하임 가문의 사람이었다.

크라카우에서 뉴욕으로 이주한 그들의 자녀 랍비 모세 다비드와 골다 페렐 쿠퍼만, 그리고 보르브의 하시딤의 이름으로, 세 번째 판은 홀로코스트의 생존자들인 랍비 하임 즈비와 메이라브 비나, 그리고 그의 아들 므나헴 맨델 쿠퍼만에게 바친다.

다섯 번째 판과 여섯 번째 판은 익명을 요청한 두 사람에게 바치고자 한다. 마음을 아시는 하나님께서 그들의 인자함과 헌신에 보상하실 것이다.

영문판 감사의 글

나의 가장 친애하는 친구이자 가장 오래된 친구인 랍비 즈비 리즈만은 오늘날 '한 사람에게서 토라와 위대함이 나온다'()고 칭할 만한 사람이다. 랍비 즈비카는 내게 히브리어판의 저술과 동시에 영문 번역판의 출판을 허락하도록 권하였다. 그와 그의 아내 베티는 LA 유대인 공동체의 기둥이다. 그들의 집은 토라와 헤세드(사랑)의 중심지로, 그의 토라 강의는 뛰어나면서도 유명하였다. 그는 토라를 사랑하였으며, 사업을 번창시키면서도 동시에 토라를 마스터할 수 있던 몇 안 되는 사람들 중 하나였다. 그와 베티는 토라와 헤세드의 롤 모델이며, 이러한 사람들이 이 세 권의 책을 출판하는 데에 헌신해 줬다는 데에 크나큰 감사를 표하지 않을 수 없다.

야코브 다비드 슐만은 히브리어판의 핵심을 고급스럽고도 유창한, 그러면서도 깔끔한 영어로 번역해주었다. 이토록 위대한 작업을 이룬 그에게 깊은 감사를 표한다.

오래 전에 히브리어로 쓰인 이 저작의 영문판 출판을 요청하였던 랍비 마이어 쯜로토비츠와 랍비 노손 셔먼에게 감사를 표한다. 토라의 풍요로움을 셀 수 없이 많은 사람들에게 전해준 사람들로서, 그들을 통해 ArtScroll/Mesorah 시리즈를 쓴 많고 많은 위대한 저자들 중 한 명에 내가 참여하게 됨을 자랑으로 여긴다.

본 시리즈의 디자인을 맡은 디자인계의 전설적인 인물, 랍비 셰아 브랜더에게 감사한다.

훌륭하고도 아름다운 커버 디자인은 엘리 크로엔의 창의력에서 탄생한 작품으로, 그의 노력에 감사를 표하는 바이다. 더 나아가 이 책을 쓰는 데에 노력을 아끼지 아니한 패기 웨인바움, 민디 스턴, 슈미 리프시츠, 슈리 라인홀드, 그 외 멘디 헤르츠베르그와 함께한 모든 사람들에게 감사를 표한다.

랍비 이스라엘 마이어 라우
2007년 4월
Rabbi Yisrael Meir Lau
Iyar 5767/April 2007

| 서문 |

왜 『아보트』로 불리는가?

현인들은 민족의 아버지

일반적으로 탈무드 각 책의 명칭은 그 내용을 대변하지만, 때로는 첫 번째 단어나 주제가 명칭이 되기도 한다. 예를 들면, '베이짜'(Beitzah)는 절기를 다루는 책이지만, 첫 번째 단어가 그 책의 명칭이 되었다(beitzah= 계란).

그러나 '아보트'의 문자적 의미는 '선조들'(fathers) 또는 '족장들'(patriarchs)이라는 뜻으로 쓰여져 앞에서 언급된 일반적인 원칙을 따르지 않는다. 그 이유를 추론하기로는, 이 책은 선조들인 '아보트'에 의해 전수된 토라를 위하여 헌정되었기 때문인 것으로 보인다.

물론 이 추론도 이해하기가 쉽지는 않다. 왜냐하면 '아보트'라는 단어는 유대교의 세 명의 창시자인 아브라함과 이삭과 야곱을 일컫는 말인데, 이 책에는 아브라함만이 언급되어 있으며, 그것도 오직 제 5장에만 간략하게 언급되어 있기 때문이다.

람밤은 '아보트'가 넓은 의미에서 유대인들의 영적인 아버지인 유대 민족의 지도자라고 주장함으로써 이 난제를 해명하였다. 이는 타나크 (Tanach, 유대인의 성경)와 구전 토라(Oral Torah)의 수많은 사례에서도 그 당위성을 인정받는다.

예를 들면, 엘리야 선지자가 승천했을 때, 그의 제자 엘리사가 그를 "내 아버지여, 내 아버지여"(왕하 2:12)라고 불렀으며, 훗날 이스라엘의 왕 요아스는 엘리사를 "내 아버지여, 내 아버지여"(왕하 13:14)라고 불렀다.

탈무드에서는 힐렐과 샴마이가 '세상의 아버지들'(에듀요트[Eduyos] 1:4)이라고 불렸으며, 이전 세대의 현인들은 '첫 번째 아버지들'(토세프타[Tosefta], '테블 욤'[Tevul yom] 1:4)이라고 불렸다. 랍비 타르폰(Tarfon)은 '이스라엘의 아버지'('예루샬미 요마'[Yerushalmi Yoma] 1:1)로 불렸으며, 랍비 이쉬마엘과 아키바(Yishmael and Akiva) 또한 '세상의 아버지들'('예루샬미 셰칼림'[Yerushalmi Shekalim] 3:1)이라 불렸다고 한다.

마지막으로, 현인들은 모세를 가리켜 '모든 선지자들의 아버지'(드바림 라바[Devarim Rabbah] 3:9)라고 불렀으며, 대법관은 오늘날까지 '아브 베이트 딘'(Av Beis Din) 즉, 문자 그대로 '법정의 아버지'라 부르고 있다.

* * *

아보트 1-2장에서 현인들은 우리의 스승 모세로부터 미쉬나의 편집자 랍비 '예후다 하나시'(Yehuda Hanasi)에 이르기까지 스승에게서 제자로 이어지는 전통의 고리에 따라 연대순으로 나열되어 있다.

이는 토라의 스승들이 그 원천이 되는 말씀에서 끊어지지 않았다는 것을 보여준다. 더불어 이 책에 자신의 지혜를 기록했던 현인들은 시내 산에서 주어졌던 토라를 신실하게 전수하였다. 바로 그들이 우리가 지금 걷는 길의 기반을 닦은 것이다.

아버지와 아들

스승이 아버지라고 불린다면 학생은 아들이라고 불려야 한다. 현인들의 가르침에 의하면, 이웃의 자녀에게 토라를 가르치는 사람이 그 아이의 아버지가 된다고 한다. 후마쉬(Chumashe)에 있는 구절이 언급하길, '아론과 모세가 낳은 자는 이러하니라'(민 3:1) 구절 다음에는 '아론의 아들들의 이름은 이러하니'(민 3:2)라는 구절이 따라온다고 지적한다. 이는 모세의 제자들이 그의 아들로 인정되었다는 점을 암시한다는 것이다('얄쿠트 쉬모니'[Yalkut Shimoni], 바미드바르[Bamidbar] 688).

'시프레이'(Sifrei, 얄쿠트 시모니, 바에스하난[Va'eschanan] 841에서 인용)는 '네 자녀에게 부지런히 가르치며'(신 6:7)라는 구절에서 자녀가 제자들을 가리킨다고 말한다. 시프레이는 제자들이 아들로 불린다는 또 다른 증거를 제시한다. 열왕기하 2장 3절에 의하면 '선지자들의 아들들이 나아왔다'라는 구절이 있는데, 여기서 '아들들'은 선지자의 자녀가 아니라 그들의 제자였다는 것이 분명하다는 것이다.

그뿐 아니라, 유대인들에게 토라의 모든 것을 가르친 유다의 왕 히스기야는 제자들을 '아들들'이라고 불렀다(대하 29:11). 마지막으로, 솔로몬 왕은 '내 아들아 네 아비의 훈계를 들으며'(잠 1:8)라고 말한다.

'피르케이 아보트'는 민족의 영적인 아버지들의 이름과 가르침의 교훈을 담고 있다. 우리는 아버지들의 걸음을 비추던 빛을 따라 걸어가고, 그들로부터 흘러나오는 물을 마시며, 그들의 발에서 나오는 먼지 속에서 구르며 살고 있다. 그들이 우리의 아버지였듯이 우리는 그들의 아들이었다.

좋은 성품은 지혜의 아버지이다

주석가들은 '아보트'가 책의 제목이 된 것에 대한 추가적인 근거를 제시한다.

'아보트'가 제목으로 지정된 이유는, 이 책에서 논의되는 주제들이 멀리까지 영향을 미칠 '자손'(offspring)을 가지고 있기 때문이라는 것이다. 이 책에서 주제들을 분류할 때 '아보트'라는 용어가 사용된 곳(안식일에 금지된 일의 종류나 배상의 내용 등)을 보면, 그 주제들마다 '자손'(offspring)이라고 하는 하위 항목이 있다('바바 카마'[Bava Kamma] 2b).

그렇다면 이 책에서 논의되는 주제들의 '하위항목'(자손)은 무엇일까? 파르케이 아보트는 구전 토라의 방대한 문헌에 수록된 셀 수 없이 많은 윤리적 가르침의 원천 지식들로 구성되어 있다. 그들의 교훈의 원천이 모두 여기에 있다는 것이다. 메이리(Meiri)는 "이 책에 들어있지 않은 고상하고 훌륭한 성품은 찾지 못할 것이다"라고 하였다.

무엇보다도 중요한 것은 이 책이 토라 연구의 근거를 이룬다는 것이다. 우리의 현인들은 그 영혼이 온전하여 이를 받아들일 준비가 된 사람만이 토라를 얻을 수 있다고 반복적으로 가르쳐 왔다. 그들은 토라가 있기 전에 '데레크 에레쯔(Derech eretz, 땅의 길)가 먼저 생겼기 때문에 데레크 에레쯔가 없었다면 토라 또한 없었을 것'(3:21)이라고 가르친다. 이 가르침을 삶으로 구체화할 수 있는 사람만이 토라의 멍에와 그 계명(Mitzvos)을 받아들일 수 있다.

* * *

티페레트 이스라엘(Tiferes Yisrael)의 랍비 '이스라엘 리프쉬쯔'(Yisrael Lifschitz)는 미쉬나에 대한 그의 주석에서 '데레크 에레쯔가 생겨난 지 26세대가 지난 후에 토라가 생겼다'라는 미드라쉬의 구절('바이크라 라바'[Vayikra Rabbah] 9:3)을 인용하여 '아보트'를 소개하였다. 이 세상은 정확하고 논리적인 순서로 기초부터 창조되었다. 식물과 동물들이 세상이 창조되기 전에는 존재하지 못했던 것과 같은 이치로 데레크 에레쯔가 없이는 토라도 존재할 수 없었다는 것이다. 따라서 우리의 현인들은 모세가 오직 그의 뛰어난 인품으로 인해 토라를 받을 수 있었다고 가르쳤다는 것을 티페레트 이스라엘은 지적한다.

베르디체브의 랍비 '레비 이쯔하크'(Levi Yitzchak)는 사람의 성품이 토라를 배우는 태도에 영향을 미친다고 가르친다. 한 사람의 정신과 성품은 그가 토라를 배우는 태도 즉, 그가 어떻게 분석하고 배우는지, 그가 어떻게 추론하고 결론에 이르는 것까지 지대한 영향을 미치기 때문이다. 그러므로 토라 연구자는 악한 성품이 그의 생각을 흐리게 하고 토라의 빛을 그의 눈에서 가려버릴 수 있기 때문에 그러한 성품을 피해야 할 책임이 있다. 연구자는 토라가 인생의 독약이 아니라 특효약이 될 수 있도록 반드시 주의를 기울여야 한다.

하지만 좋은 성품은 토라를 받아들이는 데 필요조건을 넘어서는 의미가 있다. 이는 좋은 성품 자체가 토라이기 때문이다. 고요한 정신으로 얻은 토라와 주의가 산만한 사람이 얻은 토라, 그리고 겸손한 사람이 배운 토라와 오만한 사람이 배운 토라는 비교조차 할 수 없다.

더불어 다른 좋은 자질들 또한 연구자에게 좋은 성품과 다른 영향을 끼칠 수 있다. 예를 들면, 천성적으로 선한 사람이 배우고 내린 결론은 타협을 모르는 강직한 사람이 배우고 내린 결론과 같을 수가 없다는 것이다. 이것이 시대를 거치면서 현인들 사이에 일어난 많은 논쟁의 이유이며, 탈무드는 이것을 '두 의견은 모두 살아계신 하나님의 말씀'(에이루빈[Eiruvin] 13b)이라고 한다.

마하랄(Maharal)은 하나님이 현인들의 가르침들을 먼저 인용하고 난 뒤에 이것들을 모두 동일시한 이유가 바로 여기에 있다고 한다. '그러므로 내 아들 에비아살이 이렇게 말하였다 … 내 아들 요나단이 이렇게 말하였다 …'(기틴[Gittin] 6b). 각 현인이 생각하는 토라는 그의 지능, 성품, 그리고 인격에 따라 서로 다를 수밖에 없다(아보트 6:7에 대한 '데레크 하하임'[Derech Hachaim]의 주석).

아보트의 위치

그렇다면 올바른 행위와 도덕을 주제로 한 이 책의 위치가 주로 금전에 관한 법을 다루는 '너지킨'(Nezikin)에 자리를 잡은 이유는 무엇인가?

메이리는 그의 '베이트 하베히라'(Beis Habehirah)의 서문에서, 원래 '아보트'는 할라하에 대해서는 논하지 않는 책으로써 탈무드의 제일 뒷부분인 '타하로트'(Taharos)에서도 결론부에 등장했다고 한다. 그러나 유대인의 추방과 함께 탈무드 연구는 사람의 일상에서 부딪치게 되는 세 개의 법(모에드, 나쉼, 너지킨)을 중심으로 진행되었기 때문에 피르케이 아보트가 너지킨의 끝자락으로 이동하게 되었다는 것이다.

그러나 람밤은 '아보트'의 위치에 대한 이유를 주제와의 관련성에서 찾았다. 그는 이 책의 많은 내용들이 현인들과 사사들을 염두에 두고 기록되었기 때문에 산헤드린과 관련된 법을 논의한 뒤에 배치되어야 하는 것이 적절하다고 주장한다. 그래서 '아보트'의 첫 번째 가르침인 "판단을 내릴 때에는 신중히 하라"는 당연하게도 법률사건을 판단할 사람들에게 하는 교훈인 것이다.

더욱이 판사가 자신의 윤리와 인품을 다스리는 책임(그의 데레크 에레쯔)은 일반 유대인보다 비교할 수 없을 정도로 막중하다. 뛰어난 인품을 가지지 못한 판사는 주로 자기 자신에게만 해를 끼치게 될 나쁜 성품을 가진 일반인보다 더 많은 사람들에게 해를 끼칠 수 있기 때문이다. 따라서 '아보트'는 산헤드린의 법률 뒤에 위치함으로써 판사들에게 일반인보다 더 높은 윤리성과 인품을 가져야 한다는 자신의 의무를 일깨워 주는 것이다. 판사의 인품은 공동체에서 매우 중요한 역할을 감당해야 하는 사람이 갖추어야 할 필수조건이기 때문이다(람밤은 미쉬나에 대한 그의 주석을 소개하면서 이에 대해 길게 이야기 한다.)

* * *

랍비 '쉬므온 바르 쩨마흐 두란'(Shimon bar Tzemach Duran[Rashbatz, 라쉬바쯔])은 그의 '마겐 아보트'(Magen Avos)에서 '아보트'의 위치에 대해 다른 이유를 제시한다.

바바 카마(30a)에서 현인들은 경건한 사람, 즉 한 사람의 기본적인 의무 너머 스스로 온전한 개인으로 인정받기 위해서는 세 가지 자질을 겸비해야 한다고 가르쳤다.

첫째, 하나님이 베푸신 모든 선한 것에 감사하는 기도를 하는 것이고, 둘째, 이웃의 경제적 안정에 대하여 세심한 관심을 보이는 것이며, 마지막으로는 '아보트'에 기록된 윤리적 가르침에 따라 행동하는 것이다.

라쉬바쯔는 감사 기도문을 마음을 담아 낭송하게 되면 하나님과의 관계에서 더욱 더 경건해지고 감성이 풍부해진다고 설명했다. 이웃의 경제적인 상황에 세심한 주의를 기울이는 사람은 대인관계에서 경건해진다. 하지만 '아보트'의 윤리적 교훈의 지시를 따르는 사람은 앞선 두 분야에서 뛰어난 사람이 된다. 동일한 역량을 가지고도 하나님과 사람에게 동일하게 헌신할 수 있는 진정한 인품을 갖춘 사람을 일컫는 것이다.

라쉬바쯔는 탈무드가 감사의 복과 금전에 관한 법에 대해 논의를 마친 뒤에 사람을 가장 완전한 형태의 경건함에 이르게 하는 '아보트'의 가르침을 제시했다는 것이다. 그러한 사람은 하나님뿐만 아니라 이웃들과의 관계에서도 좋은 관계를 맺을 수 있다.

왜 피르케이 아보트는 여름철 안식일에 배워야 하는가?
피르케이 아보트-토라를 받아들이기 위한 준비

유대인 학자인 '게오님'(geonim)[1]이 언급한 바에 따르면, '피르케이 아보트'는 일반적으로 유월절과 오순절 사이에 배우게 되는데, 주된 이유는 오순절에 토라를 받기 위한 개인적인 준비 기간이 바로 이 여섯 주이기 때문이라는 것이다.

특별히 매우 소중한 선물을 받아들일 때, 우리는 그것을 받고 보존할 준비를 해야 한다. 특별하고 소중한 선물인 토라를 받아들이기 위해 우리에게 필요한 것은 무엇인가? '여호와를 경외함이 지혜의 근본이라'(시 111:10)가 암시하듯이 좋은 성품이다. '데레크 에레쯔'가 토라보다 먼저 생겨났기 때문이다.

토라를 받기 위해, 한 개인을 준비하고 교육시키는 데 '피르케이 아보트'에 비견할 수 있는 책은 없다. 따라서 '피르케이 아보트'를 읽는 것은 토라를 받아들이기 위한 영적인 준비 단계라고 할 수 있다.

* * *

본래 피르케이 아보트는 다섯 장(chapter)으로 이루어져 있었다. 얼마 후에 토라 연구에 관한 주제를 다룬 '바라이쇼트'(Baraishos) 편집본이 여섯 번째 장에 추가되었다(Baraisa[바라이사]는 랍비 예후다 하나시가 편집한 미쉬나

---

[1] 탈무드에 대한 지식과 지혜가 탁월한 유대인 학자를 일컫는다.

와 비슷한 가르침이지만 오늘날의 미쉬나에는 포함되지 않았다). 이 여섯 번째 장이 토라 연구의 가치와 바른 길, 그리고 토라 연구자에 대한 중요성을 주로 다루기 때문에 '토라의 습득'이라는 뜻의 '킨얀 토라'(Kinyan Torah)라고도 불린다.

유월절과 오순절 사이에는 여섯 번의 안식일이 있기 때문에 매 주마다 한 장씩 읽게 되면, 우리는 현인들의 가르침을 통해 온전한 성품에 대해 배우고, 토라를 받기 직전인 마지막 안식일에는 '킨얀 토라'의 장으로 막을 내리게 된다.

역사를 되돌아보면, '세피라트 하오메르'(Sefiras Ha'omer)의 나날들은 랍비 아키바의 제자들이 죽임을 당한 우울한 날이었다(슐한 아루크, '오라크 하임'[Orach Chaim] 493). 탈무드에 의하면, 랍비 아키바는 12,000 쌍의 연구 동역자를 제자로 두었는데, 그들은 유월절과 오순절 사이에 전부 죽었다. 그 이유는 그러한 능력을 가진 사람들에게서 기대할 수 있는 예의로 서로를 대하지 않았기 때문이다(예바모트 62b). 그 결과 그들은 '데레크 에레쯔가 토라보다 먼저 생겼기 때문에'(바이크라 라바 9:3), 그리고 '데레크 에레쯔가 없으면 토라 또한 없다'(3:21)라는 이유로 토라의 습득까지 닿을 수 없었다.

그들이 겪은 끔찍한 형벌은 토라를 받는데 적절한 준비가 필요하다는 것을 강조한다. 현인들은 세피라(sefirah) 기간에 몇 가지 추모의 행위를 하도록 지시하여 무엇이 일어났는지를 회상하고, 토라를 받기 전에 '데레크 에레쯔'를 배우고 익히는데 열심을 다해야 한다는 점을 가르쳤다.

결혼과 여러 즐거움을 금지하는 엄숙한 분위기는 사람이 자기 자신을 돌아보게 한다. 이런 자기반성의 분위기는 윤리적인 가르침과 책망을 받아들이는 것을 수월하게 한다. 이런 때에 무엇보다 적절한 행동은 '피르케이 아보트'를 연구하는 것이다.

이 기간에 '피르케이 아보트'의 가르침들은 연구자에게 깊은 깨달음을 주게 된다. 예를 들면, '이 세상은 미래에 오게 될 세상에 들어가기 위한 대기실과 같다. 그러니 스스로를 준비하여 연회장에 들어갈 수 있도록 하라'(4:21), 그리고 '네가 어디서 와서 어디로 가는지를 알고, 너에게 판결과 심판을 내리게 될 존재가 누구인지를 알라'(3:1)라는 이 세 가지를 기억하고 있으면 죄의 손에 떨어지지 않을 것이다.

여름은 자기반성의 시간이다

몇몇 유대인 공동체들은 세피라 기간뿐만 아니라 신년절(Rosh Hashana)까지 여름 내내 피르케이 아보트를 배우기도 한다. 이 관습은 '투르'(Tur[오라크 하임 282])와 '레마'에도 언급되어 있다(Rema[슐한 아루크 ibid. 2]).

봄과 여름은 자유를 상징하는 계절이다. 자연과 인간이 겨울의 혹독한 제약에서 풀려나는 것이기 때문이다. 비가 그치고 추위는 지나갔으며, 만물이 싱그럽게 소생하고 꽃이 피어난다. 사람들은 제한되었던 일상에서 벗어나 밖으로 나아가 기지개를 켜며 오감으로 기쁨을 맛본다.

그렇기 때문에 이 풍족한 시기에 악한 성향이 사람들의 영적인 결단력을 약화시키려 하는 것은 당연한 것이다. 따라서 우리는 악한 영향력으로부터 자신을 지키기 위해서 피르케이 아보트를 연구해야 한다. 이 책은 '우리가 누구인지', '우리가 무엇을 하는지', '네 위에 어떤 존재가 있는지를 아는 것' 그리고 '계명과 죄를 통해 얻은 것과 잃은 것'이 무엇인지를 깨닫게 하는데 도움을 줄 것이다(2:1).

* * *

피르케이 아보트를 봄과 여름에 묵상해야 하는 또 다른 이유가 있다.

겨울은 땅을 갈고 씨를 뿌리는, 즉 투자하는 계절이다. 하지만 봄은 이 투자가 열매를 맺기 시작하는 계절이기 때문이라는 것이다("지면에는 꽃이 피고 … 무화과나무에는 푸른 열매가 익었고 포도나무는 꽃을 피워 향기를 토하는구나"[아 2:12-13]).

이른 봄, 유월절은 보리를 수확하고, 그 뒤 따라오는 오순절에는 밀을 수확한다. 그 이후에는 포도와 무화과, 그리고 올리브 등의 수확이 뒤따른다. 이런 수확에는(오늘날에는 돈을 모으는 것) 전적으로 사람이 참여해야만 한다.

* * *

그러나 사람이 이와 같은 육체적 노동에 전념하여 성공했을 때 '내 능력과 내 손의 힘으로 내가 이 재물을 얻었다'(신 8:17)라고 생각하게 되어 그 성공이 오히려 그를 타락하게 할 수 있다.

이런 때에 '네 위에 어떤 존재가 있는지를 알라'고 하는 현인들의 가르침을 되짚어 보아야 한다. 돈을 모으는 것만이 존재 혹은 인생의 전부가 아니고, 궁극적인 목적도 아니라는 것을 깨달아 알아야 한다. 이 세상은 일시적이며 덧없는 것이다. 우리는 대기실에 서 있고, 연회장인 영원한 생명의 땅에 입장하기 전에 회개와 선행으로 잘 준비해야 한다.

프롤로그   קודם הלימוד

다음은 피르케이 아보트의 각 장을 읽기 전에 낭독해야 한다.

(산헤드린 10:1)

כָּל יִשְׂרָאֵל יֵשׁ לָהֶם חֵלֶק לָעוֹלָם הַבָּא,
שֶׁנֶּאֱמַר:
וְעַמֵּךְ כֻּלָּם צַדִּיקִים,
לְעוֹלָם יִירְשׁוּ אָרֶץ,
נֵצֶר מַטָּעַי מַעֲשֵׂה יָדַי לְהִתְפָּאֵר.

모든 이스라엘 백성에게는 성경에 기록된 바와 같이 내세에 그들의 몫이 있다.

"네 백성이 다 의롭게 되어
영원히 땅을 차지하리니
그들은 내가 심은 가지요
내가 손으로 만든 것으로서
나의 영광을 나타낼 것인즉"
(사 60:21).

미쉬나 1절   משנה א

בֶּן זוֹמָא אוֹמֵר,
אֵיזֶהוּ חָכָם, הַלּוֹמֵד מִכָּל אָדָם, שֶׁנֶּאֱמַר (תהלים קיט:צט),
מִכָּל מְלַמְּדַי הִשְׂכַּלְתִּי כִּי עֵדְוֹתֶיךָ שִׂיחָה לִי.
אֵיזֶהוּ גִבּוֹר, הַכּוֹבֵשׁ אֶת יִצְרוֹ, שֶׁנֶּאֱמַר (משלי טז:לב),
טוֹב אֶרֶךְ אַפַּיִם מִגִּבּוֹר וּמֹשֵׁל בְּרוּחוֹ מִלֹּכֵד עִיר.
אֵיזֶהוּ עָשִׁיר הַשָּׂמֵחַ בְּחֶלְקוֹ, שֶׁנֶּאֱמַר (תהלים קכח:ב),
יְגִיעַ כַּפֶּיךָ כִּי תֹאכֵל אַשְׁרֶיךָ וְטוֹב לָךְ. אַשְׁרֶיךָ,
בָּעוֹלָם הַזֶּה. וְטוֹב לָךְ, לָעוֹלָם הַבָּא.
אֵיזֶהוּ מְכֻבָּד, הַמְכַבֵּד אֶת הַבְּרִיּוֹת, שֶׁנֶּאֱמַר (שמואל אב:ל),
כִּי מְכַבְּדַי אֲכַבֵּד וּבֹזַי יֵקָלוּ:

벤 조마(Ben Zoma)는 말한다.
 현명한 사람이 누구인가?
 성경이 말하는 바와 같이 모든 사람에게서 배우는 사람이다.
 '내가 주의 증거들을 늘 읊조리므로
 나의 명철함이 나의 모든 스승보다 나으며'(시 119:99)
 강한 사람이 누구인가?
 성경이 말하는 바와 같이 그의 개인적 성향을 억제하는 사람이다.
 '노하기를 더디하는 자는 용사보다 낫고
 자기의 마음을 다스리는 자는
 성을 빼앗는 자보다 나으니라'(잠 16:32)
 부유한 사람이 누구인가?
 성경이 말하는 바와 같이 그의 몫에 행복해 하는 사람이다.
 '네가 네 손이 수고한 대로 먹을 것이라
 네가 복되고 형통하리로다'(시 128:2)
 이 세상에서 네가 복되고,
 다가올 세상에서 형통하리로다.
 존중받는 사람이 누구인가?
 성경이 말하는 바와 같이 다른 사람을 존중하는 사람이다.
 '나를 존중히 여기는 자를 내가 존중히 여기고
 나를 멸시하는 자를 내가 경멸하리라'(삼상 2:30).

미쉬나 1절

벤 조마는 말한다

 4장의 처음 두 구절의 저자는 저자의 아버지의 이름으로만 언급되고 있다. 이 구절의 저자는 벤[~의 아들] 조마, 즉 조마의 아들이며, 다음 구절의 저자의 이름은 벤 아자이[Ben Azzai], 즉 아자이의 아들이다.

 이 이유에 대한 가장 단순한 가설은 이 두 저자가 쉬므온이라는 이름을 함께 가지고 있으므로, 혼동을 피하기 위해 아버지의 이름을 먼저 기재하였다는 것이다(동일한 원리로 쉬므온이라 불리는 다른 탄나[Tanna]는 쉬므온 하툼니[Shimon Hatumni, 팀나의 쉬므온]라고 불리고 있다). 그러나 다른 곳에서 벤 조마를 랍비 쉬리온 벤 조마라고 분명히 언급하고 있으므로(훌린[Chullin] 83a), 이 가설은 무효가 된다.

 이 구절과 다음 구절의 또 다른 특징으로는 두 저자가 '랍비'라고 불리지 않는다는 것을 들 수 있다.

라쉬는 두 저자가 랍비로 임명될 수 있는 나이가 되기 이전에 세상을 떠났으므로 랍비라는 칭호가 붙지 않았다고 주장한다(키두쉰[Kiddushin] 59b). 그러나 벤 조마와 벤 아자이는 모두 성전이 파괴되기 전부터 성전이 파괴된 후까지 생존해 있었으므로, 그들이 어렸을 때 사망했다는 것은 이치에 맞지 않는 것으로 보인다.

이에 마하랄은 벤 조마와 벤 아자이가 아주 어렸을 때부터 토라를 공부하기 시작했으므로 이때는 그들의 아버지의 이름으로 불리다가, 성장하고 랍비로 임명을 받은 후에도 어릴 적에 불리던 이름을 그대로 유지했다고 주장하고 있다.

벤 조마는 지혜의 모범이 되는 인물이었다. 그 지혜가 너무 뛰어난 나머지 현자들은 "꿈에서 벤 조마를 본 사람은 지혜를 받으리라"고까지 주장하기도 했다(베라호트[Berachos] 57b).

한번은, 벤 조마가 유대인들이 절기를 지키기 위하여 성전으로 오는 것을 보고 "축복의 하나님이시여! 저를 섬기도록 이렇게 많은 사람들을 모두 창조하셨나이까!"(베라호트[Berachos] 58a)라고 외쳤는데, 람밤에 따르면 이는 벤 조마가 '그 세대 중에서도 특별히' 너무나 뛰어난 나머지 모든 유대인들이 그를 섬길 정도로 유명했기 때문이었다(그의 논평에 대한 미쉬나의 해설).

벤 조마는 기록된 모든 할라카의 원전을 찾는 데에 특히 뛰어났다. 이런 그의 특징은 이 구절에서도 자세히 나타나고 있는데, 벤 조마는 모든 주장에 각각 성경 구절을 인용하고 있다. 실제로 현자들은 "벤 조마의 죽음와 함께, 토라의 교훈적 가르침을 찾아내던 이들도 이를 모두 멈추었다"(쏘타[Sotah] 49a)라고 했다.

모두가 바라는 네 가지

데레크 하하임(Derech Hachaim, 2장의 도입부에서)에서 마하랄은 피르케이 아보트 각 장의 첫 구절에는 몇 가지 원리가 숨어 있다고 주장하고 있다. 이 구절은 사람이 일반적으로 간절히 바라는 네 가지 덕목을 다루고 있는데, 바로 지혜와 힘, 부유함과 명예이다. 대다수의 사람들은 이 네 가지 덕목을 특별히, 그리고 끝없이 바라며, 이 갈망은 종종 비틀린 형태로 나타나기도 한다. 이 구절에서 벤 조마는 이 네 덕목의 긍정적이면서도 내면적인 특성을 밝힘으로써 사람들이 매혹적이나 얻을 수 없는 환상의 것을 고집스럽게 추구하여 허송세월하는 대신, 가치있고 현실적인 목표를 추구하도록 이끌고 있는 것이다.

일반적으로 우리는 현명한 사람을 다른 사람들이 의지하는 선생으로 생각한다. 그러나 벤 조마는 현명한 사람이란 곧 다른 사람으로부터 배우는 사람이라고 가르치고 있다. 그리고 우리는 일반적으로 자기 의지로 다른 사람들을 한 마음으로 묶는 능력을 가진 사람을 강하다고 여긴다. 그러나 벤 조마는 진정으로 강한 사람이란 자기 자신을 정복하고 자신을 모욕한 사람을 용서하는 사람이라고 가르친다.

또한 우리는 많은 재산을 가지고 더 많은 재산을 모을 능력이 있는 사람을 부자라고 한다. 그러나 벤 조마는 진정으로 부유한 사람은 곧 자기가 가진 것으로 만족하는 사람이라고 가르친다.

마지막으로, 우리는 다른 사람들이 어울리고자 하는 사람을 명예롭다고 생각한다. 그러나 벤 조마는 다른 사람을 높이는 사람이 진정으로 명예로운 사람이라고 가르친다.

현명한 사람이 누구인가?
성경이 말하는 바와 같이 모든 사람에게서 배우는 사람이다.
'내가 주의 증거들을 늘 읊조리므로
나의 명철함이 나의 모든 스승보다 나으며'(시 119:99)

이 구절은 묻는다. "현명한 사람이 누구인가?" 그러나 그 답은 "모든 사람으로부터 배움을 얻는 자", 즉 지혜 자체가 아닌 지혜를 얻는 것에 대해 말하고 있다. 그렇다면 질문은 "현명한 자 누구인가?"가 아닌, "지혜를 얻을 자 누구인가?"가 되어야 말이 된다.

실제로 메이리는 이 구절의 질문은 "어떤 부류의 사람이 지혜로 이르는 옳은 길을 추구하는가?"라고 주장하고 있다. 진정으로 지혜를 추구하는 자는 결국 지혜를 얻게 될 것이 확실하기 때문에 이 구절은 지혜를 추구하는 자를 이미 '현명한 자'라고 말하고 있다는 것이다.

그러나 대다수의 주석가들은 이에 동의하지 않으며, 이 구절은 이미 지혜를 얻은 사람에 대해 말하고 있다고 주장하고 있다.

라베이누 요나의 견해에 따르면, 지혜로운 자는 지혜를 너무나 갈망하므로 모든 사람으로부터 이를 배우고자 하는 사람을 뜻한다.

바르테누라의 랍비 오바디야는 더 나아가 일반 지식(특별히 토라의 지식)은 '바다보다 넓으니라'(욥 11:9)고 말했다. 비교적 남들보다 더 많은 것을 알고 있다 해도, 실제로 온 우주의 지식과 비교해보면 결국 사람이 아는 지식이란 상상할 수 없을 정도로 극히 적다. 그러므로 대 랍비 엘리에제르[R` Eliezer the Great]는 죽음을 앞두고 "내가 비록 토라를 수없이 배웠으나, 스승들로부터 배운 것을 다 합쳐도 모래사장의 모래알 하나 정도 뿐이었다"(산헤드린[Sanhedrin] 68a)라고 말했다.

현명한 사람은 의미 있는 목표를 이루기 위해서 지식을 모으지만, 그는 율법을 내면화하고 계명을 수행하기 위한 목적으로 천국을 위하여 자신의 지혜를 활용한다. 이와 같은 사람을 확인할 수 있는 방법은 이 목적을 달성하기 위해 자발적으로 모든 사람에게서 기꺼이 배울 수 있다는 것이다.

진실로 현명한 사람은 언제나 학생이다.

유대인 학자가 들을 수 있는 최고의 칭송은 바로 '탈미드 하함'[talmid chacham], 즉 '현자의 제자'라는 존칭이다. 지혜는 끝이 없다. 그 누구도 드디어 완벽에 이르렀다고 말할 수 없는 것이다. 더 배울 것은 언제든지 널려 있고, 배울 사람은 수없이 많다.

그렇기에 언제나 스스로를 학생으로 여겨야 한다는 것이다. 즉, 지혜를 얻기를 끊임없이 추구하여야 한다는 뜻이다. 이런 개념은 유월절 하가다의 지혜로운 아들과 악한 아들 이야기에 표현되고 있다. 이 이야기에서 인용하는 성경 말씀은 다음과 같다. '이후에 너희의 자녀가 묻기를 이 예식이 무슨 뜻이냐?하거든'(출 12:26) 우리가 아닌 너희를 굳이 강조

함으로써 악한 아들은 스스로를 공동체에 속하지 않는 것으로 간주하고 있으므로, 이 아들은 악하다고 여김을 받는다는 것이다.

그러나 다수의 주석가들은 지혜로운 아들에게도 동일한 비판이 적용될 수 있다는 점을 지적한다. 유대인의 정체성을 말하고 있는 성경 구절에서, 이 지혜로운 아들은 우리 하나님 여호와께서 명령하신 증거와 규례와 법도가 무슨 뜻(신 6:20)이냐고 묻는다.

그렇다면 지혜로운 아들과 악한 아들의 차이는 무엇인가?

악한 아들에 대해 설명하고 있는 구절은 '네 자녀들이 말할 것이다.'라고 시작한다. 즉 악한 아들은 이미 답을 알고 있다고 생각하므로, '물어본 것'이 아니라 '말한 것'이다. 그러나 지혜로운 아들에 대한 성경의 설명은 다르다. '네 자녀가…(중략)묻거든' 이 지혜로운 아들은 모든 사람들에게서 모든 것을 배우고자 열린 마음으로 임하고 있는 것이다.

모든 사람으로부터의 배움이 가능한 일인가?

탈무드는 사람을 네 가지로 나누고 있다. 고난을 받는 의인, 부유한 의인, 고난을 받는 악인과 부유한 악인이 그것이다(베라호트[Berachos] 7a). 분명히 우리는 부유한 의인으로부터 배움을 받아 그의 행실로부터 깨달음을 얻고 그가 받는 보상으로 동기를 얻는 것을 최선으로 삼아야 할 것이다. 그렇지 않으면, 우리는 악에 종사하는 것이 가치가 없다고 여기는 고통을 받는 악한 사람에게서도 배울 수 있다.

고난을 받는 의인에게서 배우는 것은 더욱 어려운 일이다. "이게 바로 토라이며, 이게 바로 보상이란 말인가?"라는 의문이 자연스럽게 떠오를 수밖에 없기 때문이다. 그럼에도 불구하고, 최소한 고난 받는 의인으로부터 그의 의로운 행실을 배우고 그의 성품을 닮아갈 수 있다. 하지만 부유한 악인에게서는 무엇을 배울 수 있겠는가? 하시모니안 [Chashmonaic] 봉기 전 두 번째 성전 시대의 산헤드린 의장이었던 요시 벤 요에제르[Yosi ben Yoezer]의 죽음을 묘사한 미드라쉬에서 그 답을 발견할 수 있다. 이 때, 이스라엘 땅은 시리아-그리스인들과 이스라엘의 종들의 지배 아래에 놓여 있었다(그와 부의장이었던 요시 벤 요하난은 첫 주고트[zugos, 두 번째 성전 시대 200년간 유대교를 이끌었던 산헤드린의 의장과 부의장을 한 쌍으로 묶어 일컫는 말 – 역자 주]였다. 1장 주석 참고).

어느 안식일 날, 그리스 군인들이 학당으로 쳐들어올 때에, 요시 벤 요에제르는 담화를 나누던 중이었다. 결국 체포되어 끌려간 그의 죄목은 토라를 가르쳤다는 것이었다. 그는 투옥되었고, 유죄 판결을 받았으며, 사형을 선고받았다.

그가 죽음을 맞이하던 날, 군인들은 그를 말에 묶어 형장에 끌고 갔는데, 그 말에 탄 자는 다름 아닌 토라의 길을 떠났던 조카 차로로트의 야쿰(Yakum of Tzaroros)이었다. 야쿰은 그를 비웃으며 말하였다. "우리 둘 다 말을 타고 있군요. 하지만 보십시오. 당신은 사슬로 묶여 형장으로 끌려가는데, 저는 이렇게 눈치 안 보고 말 위에 앉아서 가지 않습니까."

요시 벤 요에제르는 이렇게 답하였다. "네 인생이 진실로 선하냐? 만족하느냐? 너처럼 토라를 반역한 배반자라도 살아있음을 즐기도록 주님께서 허락하신다면, 주님의 뜻을 기꺼이 따르는 자가 받을 보상은 얼마나 더 크겠느냐?"(실제로 현자들은 하나님의 보상이 그가 받는 징계보다 500배

더 크다 가르치고 있다(토세프타 쏘타[Tosefta Sotah] 4:1])).

야쿰이 답했다. "당신만큼 하나님의 뜻을 실천한 자가 또 있겠습니까? 하지만 당신의 비참한 모습을 좀 보십시오. 당신의 보상이 제가 받을 것보다 더 크다고 어찌 말할 수 있습니까?"

"주님을 섬겨온 자가 아주 작은 죄를 범하여 받을 징계가 이와 같다면, 주님을 배반한 자가 받을 징벌은 얼마나 더 가혹하겠느냐?"

요시 벤 요에제르의 말은 야쿰의 마음을 찔렀다. 그는 그 자리에서 바로 회개하였으며, 회한에 가득 찬 마음으로 유대 재판정에 스스로 나아가, 스스로에게 사형을 선고했고(그가 어떻게 스스로 사형을 선고할 수 있었는지에 대해서는 미드라쉬에 정확히 설명되어 있다), 요시 벤 요에제르가 형장에 도착하기도 전에 먼저 죽음을 맞았다.

요시 벤 요에제르는 "야쿰이 나보다 먼저 에덴동산에 들어갔구나!" "회심한 자가 선 곳은 온전한 의인이라 할지라도 설 수 없으므로"(베라호트[Berachos] 34b, 베레이쉬트 라바[Bereishis rabbah] 65:22)라고 외쳤고, 야쿰은 요시 벤 요에제르보다 에덴동산의 기업을 더 많이 받았다고 한다.

따라서 우리는 표면적으로 성공한 사악한 사람에게서라도 배울 수 있다. 그 사람을 봄으로써 우리는 의로운 사람의 보상이 얼마나 위대한가를 추측할 수 있기 때문이다.

사람의 모든 것

바그다드의 랍비 요세프 하임(벤 이쉬 하이)은 모든 사람에게서 배울 수 있다는 가르침에 대해 설명하면서 교훈적인 방식으로 이 구절에 접근하고 있다. 그가 인용하는 원전은 바로 겸손의 중요성과 오만의 끔찍한 성질에 대해 가르치는 탈무드이다(쏘타[Sotah] 5a). 랍비 요하난은 아담(사람)이란 단어는 담, 마라(각각 재, 피, 간의 분비물인 담즙)의 약어라고 말했다. 라쉬의 설명에 따르면, 이 표현은 인간이란 결국 피와 살로 이루어진 존재이므로, 사람이 스스로 자랑해서는 안 된다는 것이다. 겸손이 이 정도에까지 다다른 사람은 모든 사람에게서 배움을 얻는 데에 어려움이 없을 것이다.

주석가들은 랍비 요하난의 표현이 아카비아 벤 마할랄렐의 다음의 말과 평행을 이루는 것이라고 보고 있다. "세 가지를 보라, 그리하면 악의 손아귀에 떨어지지 아니하리라. 너 자신이 어디에서 왔는지, 어디로 가는지 알고, 또 네가 누구 앞에서 심판과 판단을 내릴지 알라"(3:1).

"너는 어디에서 왔는가?" 바로 피이다. 육체가 기본적으로 무엇으로 이루어져있는지를 묵상해본다면, 자연스럽게 스스로의 하찮음을 깨닫게 될 것이다.

"어디로 가는가?" 바로 '재', 즉 먼지와 같은 것이다. (우리의 조상 아브라함이 나는 티끌이나 재와 같사오나.(창 18:27)라고 한 것과 같다)

"누구 앞에서 심판과 판단을 내리는가?" 바로 '간', 즉 '마라'라 불리는 담즙이다. 마라의 문자 그대로의 의미는 '쓴 것'인데, 죄인에게 심판의 날은 인생에서 가장 쓴 맛을 보는 날이기 때문이다.

위 세 가지 사실 중 단 하나라 할지라도 우리가 죄를 짓지 못하도록 하는 데 충분한 것으로 보인다. 그러나 랍비 요세프 하임[R` Yosef Chaim]은 죄를 짓지 않기 위해 우리는 이 세 가지를 모두 생각해야 한다고 가르친다. 어디서 오는지만 생각한다거나 어디로 가는지만 생각한다면, 결국 사람이 육체적인 존재일 뿐이며, 먼지로부터 와서 먼지로 돌아가는 존재일뿐이라는 잘못된 결론에 이를 수 있기 때문이다. 결국 자신의 육체의 소욕을 이겨낼 힘을 잃어버리고 마는 것이다. 그러므로 우리는 누구 앞에서 심판과 판단을 내리게 될지를 함께 기억해야 한다. 악한 본능을 이겨내지 못한다면 우리가 맞이할 마지막은 쓴 맛일 뿐이라는 것을 기억해야 한다. 죄는 결국 징계와 고통을 증가시킬 것이다.

또한 '누구 앞에서 심판과 판단을 내리게 될지'만을 기억하는 것만으로도 충분하지 않다. 만일 스스로의 하찮음과 부족함을(어디에서 왔는지, 어디로 가는지를) 깨닫지 못한다면, 심판의 날을 쉽게 견뎌낼 수 있을 것이라는 바보 같은 생각을 할 수 있다.

그러므로 우리는 우리가 육체의 소욕의 이끌림을 받는 육신으로 이루어진 피조물임을 기억해야 하며, 이 욕망의 목줄에 죄어 끌려가지 않도록 주의하여야 할 것이며, 더 나아가 우리 스스로 물질적인 욕망에 끌려가고 있는 것은 아닌지 수시로 되돌아보아야 할 것이다.

즉 벤 조마는 이렇게 말하고 있는 것이다. "지혜로운 자 누구인가? 바로 모든 사람(아담)으로부터 배움을 얻는 자이다." 즉 아파르(재), 담(피), 마라(담즙) 모두에게서 배움을 얻는 사람이 바로 지혜로운 사람이라고 이해할 수도 있을 것이다.

같은 이유로 솔로몬 왕 역시 사람이 교만하면 낮아지게 되겠고(잠 29:23)라 하였다. 아담을 이루는 세 알파벳을 묵상하고, 또 그 뜻을 묵상하는 자만이 인간이 마땅히 가져야 할 겸손을 이룰 수 있다는 것이다. 이런 사람은 게힌놈의 심판에서 건져질 것이다.

강한 사람이 누구인가?
성경이 말하는 바와 같이 그의 개인적 성향을 억제하는 사람이다.

벤 조마는 어려움이 닥칠 때 진정으로 그 힘을 발휘하는 것은 바로 용기, 대담함, 평정심과 같은 내면의 가치들이라고 말했다. 그러나 역경을 견디는 자에게 가장 큰 힘을 주는 것은 따로 있다. 강한 사람이 누구인가? 바로 그의 개인적 성향을 억제하는 사람이다.

전투에서의 용기와 전의보다 자기 본성을 정복하는 것이 더 위대한 힘인 이유는 무엇인가? 주석가들은 그 이유로 일상에서는 용기가 그다지 필요치 않기 때문이라고 말한다. 즉 용기란 위급한 일부 상황에서만 필요한 것이라는 말이다. 위기의 순간에는 두려움과 절망을 이겨내지만, 그 상황이 끝나면 다시 일상으로 돌아가게 된다. 그러나 자신의 악한 본성과의 전쟁은 끝나지 않는다. 악인이 의인을 엿보아 살해할 기회를 찾으나(시 37:32), 매일 끊임없이 일어나고 또 일어난다(키두쉰[Kiddushin] 30b).

현자들은 위대한 사람일수록 악한 본성도 더 크다고 가르친다(쑤카[Succah] 52a). 비록 악한 본성을 한 번은 이겨냈다 할지라도, 이 본성은 다시 일어나 더 강해지며, 더욱 맹렬한 힘과 간교한 책략으로 우리를 공격한다. 바로 휴전 없는 전쟁이다. 하루는 새로운 전투와 함께 시작되며, 매 순간 새 힘을 요구한다.

말 그대로 끊임없고도 끈질긴 전투, 항복도 없고 휴전도 없는 전투인 것이다. 이 전투에서 악한 본성을 이겨내기 위해서는, 이 본성을 스스로 완전히 통제할 수 있을 때까지 용기와 도덕적인 힘이 필요하다.

파괴가 아닌 정복

이 구절에서는 본성을 억제하라고 가르치고 있다. 그러나 악한 본성을 힘들여 억제하기보다 완전히 제거해버리는 것이 더 낫지 않겠는가? 이 의문의 해답을 찾기 위해서 먼저 하나님께서 악한 본성을 우리에게 주신 이유를 연구해보아야 한다.

우리의 물질적 욕구로 구성된 악한 본성은 삶에서 필수적인 요소이다. 이 욕구가 없다면 세상은 존재할 수 없다. '본성'이라는 뜻의 히브리어 '예체르'(yetzer)는 '예치라', 즉 창조와 연관된 단어이다. 즉 본성으로 인해 사람은 계획해야만 하고, 창조해야만 하며, 스스로를 발전시켜야만 하는 것이다.

탈무드에 따르면, 에스라 시대에 현자들은 하나님께서 권능으로 우상을 숭배하고자 하는 악한 욕망을 완전히 제거해주시기를 간구했으므로, 하나님께서 그 기도를 들어주셨다고 한다. 그 날 이후로 유대인들은 더 이상 다른 신들을 섬기고자 하는 유혹을 느끼지 않게 되었다.

그러자 현자들은 말하였다. "때가 좋으니, 이제 육체로 죄를 짓고자 하는 욕망을 제거해주시기를 간구합시다." 이 욕망이 제거되면 더 이상

부덕한 죄들을 짓지 않게 되리라는 생각이었다. 탈무드에 따르면 현자들이 모두 동의했으나 스가랴 선지자는 현자들을 책망하며 외쳤다고 한다. "당신들은 지금 이 세상을 파괴해버리려 하는 것이오!" 이에 현자들은 이를 시험하고자 3일 동안만 욕망을 잠시 가두어 놓아달라고 기도했다. 정해진 3일이 지난 후, 현자들은 이스라엘 땅에서 새로 부화한 알을 하나도 발견할 수 없다는 사실을 깨닫게 되었다. 즉 욕망이 없었으므로 닭도 알을 낳지 않았던 것이다(요마[Yoma] 69b).

이 이야기를 통해서 본성, 즉 '예체르'가 바로 창조의 능력이며, 본성이 없이는 이 세상이 존재할 수 없다는 사실을 알 수 있다. 바로 우리가 본성을 단순히 '본성'으로 부르는 이유인데, 이는 본성(本城)이 세상을 움직이는 주 원동력, 즉 근본이기 때문이다.

악한 본성이 '심히 좋았더라'

주님께서는 창조를 마치신 후, 세상을 보시며 심히 좋았다라고 하셨다(창 1:31). 현자들은 이 '심히 좋았더라'는 말에 악한 본성이 포함된다는 놀라운 주장을 하고 있다(베라호트 라바[Bereishis Rabbah] 9:7).

미드라쉬는 "악한 본성이 진정 심히 좋은가?"라는 질문에 답을 제시하고 있다. "이것이 없다면, 사람은 집을 짓지 않을 것이요, 결혼을 하지 않을 것이며, 아이를 낳지 않을 것이고, 수고하여 일하지 않을 것이다." 남자가 여자를 원하지 않으면 인류는 더 이상 존속할 수 없다. 사람이 편안함을 추구하지 않으면 의학과 공학과 같은 다양한 과학 분야들은 발전되지 못했을 것이다.

'심히 좋았더라'는 말은 선한 것이 충만하다는 것을 나타낸다. 이 세상의 모든 물질적인 것들, 우리의 삶을 윤택케 하는 것들은 주로 '심히 좋은' 악한 본성으로부터 발현된 것이다. 그러므로 우리의 역할은 이 본성을 완전히 제거해버리는 것이 아니라 이를 통제하고 옳은 방향으로 사용하는 것임이 분명하다.

천사를 위한 것이 아니다

계명을 실천하는 데에도 악한 본성은 필요한 법이다.

슈마의 말씀에서 토라는 '마음을 다하여 주 너의 하나님을 사랑하라'고 가르치고 있다(신 6:5). 이 구절에서 '마음'은 히브리어로 레브[lev]가 아닌 알파벳 베트를 이중으로 사용하여 레바브[levav]로 쓰였다.

현자들은 이러한 언어적 특수성에서 가르침을 발견했다. 곧 토라의 '마음을 다하여' 하나님을 사랑하라는 가르침은 '네 본성을 다하여' 주님을 섬기라는 것을 뜻하는 것이다. 악한 본성 역시 주님을 섬기는 데 필요한 것이다. 예를 들어 질투심은 지혜를 얻는 동기가 될 수 있고, 분노는 불의에 맞서 싸우는 데에 활용될 수 있으며, 음식을 마음껏 먹고자 하는 마음으로 안식일과 절기를 기념하고 즐길 수 있는 것이다.

어떤 종교들은 신자에게 이 세상에서 엄격히 분리되어 일부에게나 가능한 절제된 생활을 할 것을 요구한다. 그러나 우리의 삶의 방식인 토라는 모든 유대인들이 이 세상에서 온전히 살아갈 수 있도록 우리를 지도한다. 토라는 구원의 천사들에게 주어진 것이 아니다.(키두쉰[Kiddushin] 54a, 요마[Yoma] 30a)

늙고 어리석은 왕과의 전투

전도서(4:13)는 '가난하여도 지혜로운 젊은이가 늙고 둔하여 경고를 더 받을 줄 모르는 왕보다 나으니'라고 전하고 있다. 현자들은 아기가 뱃속에서 나오고자 처음 몸을 움직이는 순간에 악한 본성이 주어진다(베레이쉬트 라바[Bereishis rabbah] 34:10)고 말한다. 반면 선한 본성은 선과 악을 분간할 줄 아는 능력을 갖춘 후에야, 즉 성인식을 거치는 나이 이후에야 주어진다. 그러므로 선한 본성이 마음에 새로 들어올 때, 이미 자리를 잡고 사람을 지배하고 있던 악한 본성과의 전투가 시작되는 것이다.

위 구절에서 선한 본성을 '젊은이'라 하는 반면 악한 본성은 '늙은 왕'이라 부르는 것은 바로 이러한 이유이다(코헬레트 라바[Koheles Rabbah] 4 참고).

> **노하기를 더디하는 자는 용사보다 낫고
> 자기의 마음을 다스리는 자는
> 성을 빼앗는 자보다 나으니라**(잠 16:32)

진정으로 강한 사람은 자기 악한 본성을 정복하는 사람이라는 주장을 강화하기 위해 벤 조마는 '노하기를 더디하는 사람은 용사보다 낫다'는 구절을 인용한다.

솔로몬 왕은 힘이란 곧 노하기를 더디하는 것, 즉 자기 분노를 조절하는 능력으로 규정하고 있는데, 이는 분노가 정복하기 가장 어려운 성질이기 때문이다. 즉 자기 분노를 극복하고 적과 마주앉을 수 있는 사람이 진정으로 강한 사람이라는 것이다.

아보트 데랍비 노손[Avos DeRabbi Nosson]의 바라이사[baraisa]는 이렇게 끝을 맺고 있다. '가장 강한 용사는 누구인가?...(중략) 적을 친구로 만드는 사람이다.' 분노를 다스리고 증오를 정복하는 것이 바로 가장 높은 수준의 강함으로 여겨진다는 것이다.

더 위대한 전투

자기 본성을 정복하는 것은 도시를 정복하는 것보다 더 위대한 업적이다.

호보트 할레바보트[Chovos Halevavos, 이후드 함마아세[Ichud Hamaashe] 5]에서 라베이누 바흐야 이븐 파쿠다[Rabbeinu Bachya ibn Pakuda]는 이와 관련하여 개선군대의 비유를 제시하고 있다. 군대가 승전하여 도시로 돌아와 개선 행군을 할 때, 왕은 그 광경을 보는 충직한 신하가 걱정스러운 표정을 짓고 있는 것을 보았으므로 그에게 무슨 일인지를 물었다.

신하는 왕에게 이렇게 답하였다. "전하, 전하께서는 작은 전투에서 이기셨습니다. 이제 더 큰 전투에 임하게 될 것인데, 저는 그 결과가 어찌될지 심히 걱정스러운 것입니다."

"무슨 말을 하는 것이냐?" 왕이 다시 물었다. 이에 신하가 다시 대답했다.

"군대의 전투가 끝난 직후에는 새로운 전투가 시작됩니다. 바로 끝나지 않는 전투, 악한 본성과의 전투입니다. 전하께서는 오늘 전투에 승리한 것을 여기저기 자랑하고 싶지는 않으십니까? 오늘의 승리를 즐기신 후에 악한 본성이 전하의 발 앞에 놓은 함정에 빠지지 마십시오."

부유한 사람이 누구인가?
성경이 말하는 바와 같이 그의 몫에 행복해 하는 사람이다.

부유한 자 누구인가? 바로 자기의 가진 것을 기뻐하는 자이다. 이런 사람은 삶에서 끊임없이 돈을 추구하지 않으며, 이루지 못할 꿈에 자기 능력과 힘을 쏟지 않는다. 뿐만 아니라 행복한 삶, 만족스러운 삶을 영위하는 사람의 좋은 모범이 된다. 이런 사람이 바로 부유한 사람이라고 할 수 있을 것인가? 그렇다. 가진 것이 많다고 부유한 것이 아니라, 부족한 것이 없어야 부유한 것이다. 자기 목표를 이룬 자, 가진 것에 만족할 줄 아는 자가 실제로 부유한 사람이라는 것이다.

더 나아가, 현자들은 가르치기를 세상을 떠날 때까지 자기 욕망의 반절도 채우지 못한다(코헬레트 라바[Koheles Rabbah] 1)고 하였다. 많이 가질수록 많이 원하는 법이다. 빈곤한 사람이 원하는 것은 빵 한 덩이요, 부유한 사람이 원하는 것은 더 좋은 집이다. 부유한 사람은 수십억 원도 부족하다고 느끼는 법이다. 소유하면 소유할수록 부족함이 더 커진다면, 돈이 많을수록 정작 사람은 가난해진다고 할 수 있을 것이다.

각자 자기 운명이 있으니

자기가 가진 것으로 진정한 행복을 키우는 것이 가능한 일이겠는가? 랍비 이스라엘 카간([R' Israel Kagan], 하페쯔 하임[Chafetz Chaim]이라고도 함)은 그 답이 이 미쉬나의 언어에 암시되어 있다고 설명하고 있다. "자기 가진 것을 기뻐하는 자(직역은 자기 분깃으로 행복한 자)이다." 즉 모든 사람은 각자 자기의 분깃, 즉 자기 소명과 역할, 운명이 있다는 것이다.

부유한 자란 곧 하나님께서 최고의 것을 채워주심을 믿는 자다. 하나님께서는 부유한 자에게는 그가 충분히 너그러운지, 가난한 자에게는 힘겨운 순간에 하나님을 배반하지 않는지를 시험하신다.

부유한 자가 그 시험을 통과하면 이 세상에서 자기의 부유함을 누릴 수 있을 것이요, 장차 올 세상에서 그를 기다리는 보상이 많을 것이다. 가난한 자가 그 시험을 통과하면, 그는 올 세상에서 두 배의 지분을 받을 것이다(셰모트 라바[Shemos Rabbah] 31:3).

하나님께서는 우리 인생이 부유할지 빈곤할지를 결정하시는데, 우리에게 주어진 인생이 부유하든 가난하든, 하나님께서 그분의 무한하신 지혜로 주신 인생이라면, 그 인생이 바로 우리에게 걸맞은 최선의 인생일 것이다. "자비로운 주님께서 하시는 모든 일이 선하다"(베라호트[Berchos] 60b).

네가 네 손이 수고한 대로 먹을 것이라
네가 복되고 형통하리로다(시 128:2)

부자가 자신의 몫에 행복해 하는 사람이라는 그의 명제를 설명하기 위하여 벤 조마[Ben Zoma]는 '네가 네 손이 수고한 대로 먹을 것이라. 네가 복되고 형통하리로다.'는 구절을 인용한다. 이 구절은 가진 것으로 기뻐하는 자를 말하고 있다. 그러나 정작 이것이 부유함과 어떤 연관이 있는 것인가?

라베이누 요나는 "이 미쉬나는 자기가 가진 것으로 기뻐하는 자가 부유한 사람이라는 견해를 지지하지 않는다. 오히려 이 구절은 욕심이 많지 않은 사람, 먹고 살 것을 벌고 이에 만족하는 것이 바로 행복한 삶이라고 가르치고 있다."고 말한다.

현자들은 이 구절에서 자기 생계를 위해 일하는 자가 하나님을 두려워하는 자보다 더 크다(베라호트[Berachos] 8a)는 가르침을 발견해냈다. 그 이유는 무엇인가? (현자들에 따르면)생계를 위해 일하는 사람은 이 세상과 장차 올 세상에서 모두 보상을 받는 반면, 하나님을 두려워하고 일하지 않는 사람은 장차 올 세상에서만 보상을 받기 때문이다.

라쉬에 따르면, 이 세상에서 정직하게 일하고 생계를 이어가는 사람은 다른 사람에게 자기의 삶을 의지하지 않으므로 이 세상에서 좋은 인생을 누리는 것이며, 정직하게 돈을 얻으므로 장차 올 세상의 기업도 얻는다고 했다.

그렇다면 이런 사람이 하나님을 두려워하는 자보다 더 나은 이유는 무엇인가?

그 답은 랍비 하나나 벤 도사와 그의 아내에 대한 마하르샤(베라호트[Berachos ibid].에 대한 키두세이 아가도트[Chiddushei Aggados]에서)의 이야기에서 찾을 수 있다.

탈무드에 따르면, 랍비 하니나 벤 도사와 그의 아내는 매우 가난하게 살았기 때문에 안식일에 무교병을 먹을 수 없는 상황에까지 이르렀다. 이에 하니나의 아내는 "언제까지 이렇게 고통을 받아야 합니까? 하나님께 자비를 베풀어달라고 기도해주세요."라고 말했다.

이에 랍비 하니나는 하나님께 기도하였고, 즉시 하늘에서 손이 내려와 순금으로 된 식탁 다리를 주었다. 그날 밤 랍비 하니나는 꿈을 꾸었다. 꿈속에서 그는 하늘나라에 다른 의인들과 함께 금으로 된 식탁에 앉아 있었는데, 그들의 식탁 다리는 네 개인 반면, 그의 식탁만 다리가 하나 없었다. 바로 그가 이 세상에서 미리 받은 것이었다.

다음날 아침 그가 꾼 꿈을 아내에게 이야기하자, 그의 아내는 이렇게 말하였다. "하나님께 자비를 구하여 이 식탁 다리를 다시 하늘로 가져가 달라고 해보세요."

마하르샤는 여기에 주석을 남기기를, 이 땅에서 열심히 일한 사람은 그 보상이 하늘에 온전히 남아있다. 반대로 가난 때문에 이 세상에서 먼저 보상을 받기를 기대하는 의인도 하늘의 보상을 받을 것이다. 그러나 그 보상은 그가 장차 올 세상에서 받을 것을 미리 받는 것이다.

그러므로 이 구절을 다음과 같이 이해할 수 있을 것이다. 부유한 사람이 누구인가? 이는 '진정한 부유, 장차 올 세상의 부유, 자기 분깃대로 얻을 부유함을 얻을 사람이 누구인가?'라는 의미이며, 이 부유함을 얻을 사람은 바로 자기 가진 것을 기뻐하는 자, 곧 생계를 위해 열심히 일하고 자기 번 것으로 만족하는 자, 장차 올 세상에서 받을 보상을 미리 받기를 기대하지 않는 자이다.

존중받는 사람이 누구인가?
성경이 말하는 바와 같이 다른 사람을 존중하는 사람이다.

유명인이 일반적으로 얻는 명예는 결국 환상에 불과하다. 사람들이 진짜로 동경하는 것은 바로 유명인 자체가 아니라 유명인이 보여주는 힘일 뿐이다. 다른 사람을 높이는 자만이 다른 사람들로부터 높임을 받을 것이다. 모든 사람에게 따뜻한 말을 건네고 선함을 발견해내는 사람은 표면적 성공이라는 함정에 걸려들지 않는다. 이런 사람은 설령 겉으로 성공하지 않았더라도 사람들로부터 따뜻한 대답을 들을 것이며 따뜻한 마음을 얻을 것이다.

바르테누라의 랍비 오바디야는 (이 구절의 위에서 말하듯)진실로 현명하고 강하며, 부유한 자라도 자만에 집어삼켜지거나 세간의 존경을 기대한다면, 존경을 굳이 받아야 할 필요가 없거나 심지어 존경을 받을 만한 자격이 없다고까지 말하고 있다.

나를 존중히 여기는 자를 내가 존중히 여기고
나를 멸시하는 자를 내가 경멸하리라(삼상 2:30)

다른 사람을 존중하는 사람이 높임을 받으리라는 주장을 위하여 벤 조마가 인용하고 있는 구절은 사무엘상 2장 30절인 '나를 존중히 여기는 자를 내가 존중히 여기고, 나를 멸시하는 자를 내가 경멸하리라.'는 구절이다.

그러나 이 구절은 하나님께서 자신에 대하여 말씀하고 계시는 내용이다. 그렇다면 이 구절은 그의 주장과 무슨 연관이 있는가?

바르테누라의 랍비 오바디야의 설명은 다음과 같다. 곧 하나님께서는 우리가 당연히 섬겨야 하는 분이시다. 하나님께서는 우리가 하나님을 높인다고 해서 우리를 존중하실 필요가 없다. 그럼에도 우리가 주님을 섬기고 존중할 때 하나님께서도 우리를 존중하신다면, 우리가 남을 높일 때에 남들로부터 얼마나 더 크게 존중을 받겠는가?

이 구절을 다른 방식으로 해석하는 것도 가능하다. 하나님을 높이는 사람은 누구인가? 곧 하나님의 형상으로 창조된 인간을 높이는 자다. 그러므로 '(내 형상으로 창조된 사람들을 존중함으로써)나를 존중히 여기는 자를 내가 존중하고, (나의 형상으로 창조된 사람을 경멸함으로써)나를 멸시하는 자는 (남들에게)수치를 당하게 될 것이다.'라고 해석될 수 있는 것이다.

바르테누라의 랍비 오바디야는 여기에서 한 걸음 더 나아가, 하나님께서는 그분의 자녀들이 하나님보다 의인들을 더욱 더 높이시기를 기대하신다는 가르침을 이 구절에서 발견할 수 있다고 전하고 있다. '나를 경멸하는 자는 수치를 당하게 될 것이다.' 말하자면 수치가 그에게 돌아올 것이라는 말이다. 그러나 하나님께서는 아브라함에게 "너를 저주하는 자에게는 내가 저주하리니"(창 12:3)라고 말씀하셨다. 곧 하나님께서 직접 나서서 아브라함의 명예를 지켜주신 것이다.

타인의 본심을 어떻게 알 수 있는가?

하스데이 아보트[Chasdei Avos]에서 랍비 요세프 하임([R` Yosef Chaim], 벤 이쉬 하이[Ben Ish Chai]라고도 함)은 이 구절의 가르침에 대하여 말하길,

남을 높이는 자는 그 보상으로 높임을 받는다고 했다. 랍비 요세프 하임의 이웃 중에는 한 부자가 있었는데, 많은 유대인들이 그에게 물질적으로 의탁하고 있었으므로, 사람들로부터 크게 존경을 받았다. 그 부자의 딸의 결혼식에는 그에게 도움을 받은 모든 사람들이 참가하여 딸의 결혼을 축하하기도 했다.

이 날, 부자는 자기를 진정으로 존중하는 자가 누구인지를 알고자 하여, 사람들이 알아보지 못하도록 하객으로 변장을 한 채 결혼식장에 들어왔다. 식장에서 사람들은 그에 대해 칭찬 대신 조소와 비방을 했고, 이를 들은 부자는 크게 실망하고 말았다. 어떤 이는 그가 부정하게 돈을 모았다고 하였으며, 또 어떤 이는 결혼식이 너무 화려하다고 비난하기도 했다.

한 달 후, 근처에 사는 다른 부자의 딸이 결혼을 하게 되었다. 랍비 요세프 하임의 이웃이었던 이 부자는 그 동네 사람들이 그를 어떻게 생각하는지 궁금했고, 이에 다시 한 번 하객으로 변장하여 결혼식에 참여했다. 그러나 그 마을 사람들은 그 부자를 칭찬하며 진심으로 딸의 결혼을 축하해주는 것이었다.

집으로 돌아온 부자는 이토록 다른 반응에 크게 놀라며 아내에게 이것을 털어놓았다. 그 말을 들은 부자의 아내는 말하했다.

"이제야 당신의 진정한 모습을 발견하였군요. 이제는 제가 솔직하게 말해도 당신이 받아줄 수 있을 거예요. 당신의 재산이 얼마인지, 당신이 얼마나 많은 돈을 어려운 이를 위해 썼는지는 크게 상관이 없어요. 진정으로 다른 사람들이 당신을 높이기를 원한다면, 당신이 그 사람들을 높이세요. 당신은 이 도시에서 제일 부유한 사람이겠지만, 다른 사람들은 당신이 가지지 못한 것을 가지고 있답니다. 어떤 사람은 당신보다 똑똑하고, 어떤 사람들은 당신보다 선하며, 또 어떤 사람들은 당신보다 더 행복한 가정을 꾸리고 있지요.

하지만 당신은 스스로에게서 장점만을 보고, 남들에게서는 약점만을 보고 있어요. 자연스럽게 다른 사람들을 아래로 보고 있는 것이지요. 그래서 사람들도 당신을 아래로 보는 거예요. 반대로 옆 동네의 부자는 모든 사람에게서 각자의 선한 면을 찾아내는 사람이기에 다른 사람들도 그의 태도에 화답하여 딸의 결혼식을 진심으로 축하한 것이에요."

그러므로 주위 사람들이 보여주는 존경이 진심인지 확인하고자 한다면 자기 자신을 먼저 들여다보는 것으로도 충분할 것이다. 타인을 존중하지 않는 사람은 결국 타인으로부터 존중받지 못한다. 그러나 다른 모든 사람들을 선하게 보고 또 선하게 대하는 사람은 다른 사람으로부터 높임을 받을 것이다.

솔로몬 왕은 "물에 비치면 얼굴이 서로 같은 것 같이 사람의 마음도 서로 비치느니라"라고 말했다(잠 27:19).

라베이누 이삭 벤 랍비 슐로모[Rabbeinu Yitzchak ben R` Shlomo]는 이 구절이 특정한 순서로 진행된다는 점을 밝히며 결론을 내리고 있다. 즉 자기의 악한 본성을 이겨내야 할 필요성을 깨닫기 위해 먼저 진정한 지혜를 얻어야 하며, 그 다음에야 이 세상의 기쁨을 추구하지 않고 자기의 가진 것을 기뻐하게 될 것이다. 이 정도에 다다르면 많이 가진 사람을 시기하지 않을 것이므로, 마음에 거리낌 없이 다른 사람들을 높일 수 있게 될 것이며, 이로 인해 다른 사람들로부터 높임을 받게 될 것이다.

미쉬나 2절 משנה ב

בֶּן עַזַּאי אוֹמֵר,
הֱוֵי רָץ לְמִצְוָה קַלָּה (כבחמורה), וּבוֹרֵחַ
מִן הָעֲבֵרָה. שֶׁמִּצְוָה גּוֹרֶרֶת מִצְוָה, וַעֲבֵרָה גּוֹרֶרֶת
עֲבֵרָה.
שֶׁשְּׂכַר מִצְוָה, מִצְוָה. וּשְׂכַר עֲבֵרָה, עֲבֵרָה:

벤 아자이는 말한다.
심지어 사소한 계명도 수행하기 위하여 노력하고 죄로부터 도망쳐라.
왜냐하면 하나의 계명이 또 다른 계명으로 이끌고,
하나의 죄가 또 다른 죄로 이끌기 때문이다.
왜냐하면 계명의 결과는 계명이고, 죄의 결과는 죄이기 때문이다.

미쉬나 2절

벤 아자이는 말한다.

랍비 쉬므온 벤 아자이([R' Shimon ben Azzai], 예바모트[Yevamos] 49a 등에서 언급되고 있다)는 그가 다수 인용한 현자인 랍비 여호수아 벤 하나니아[R' Yehoshua ben Chananiah]의 제자였으며, 랍비 아키바의 제자이기도 했으며 나중에는 그의 동료가 되기도 했다(바바 바스라[Bava Basra] 118b).

벤 아자이는 결혼을 하지 않을 정도로 토라를 배움에 매진한 사람이었다. 그럼에도 그는 스스로 가르치기를 '아이를 가지려 하지 않는 자(즉 결혼하지 않는 자)는 피를 쏟는 자로 여겨지리라'(태어났어야 할 아이가 태어나지 못했으므로, 아이를 죽인 것이다)고 했다.

동료들이 그에게 정작 자기 가르침은 따르지 않는다는 점을 지적하자, 벤 아자이는 이렇게 답하였다고 한다. "내 영혼은 토라를 심히 갈망하고, 아이를 낳는 것은 다른 사람들도 할 수 있는 일이니, 내가 어찌 해야 하겠는가?"(예바모트[Yevamos] 63a).

토사포트에 따르면 벤 아자이는 랍비 아키바의 딸과 결혼했으나, 한 순간도 토라에서 떨어져있을 수 없음을 깨닫고는 이내 이혼하고 말았다고 한다.

현자들은 "벤 아자이의 죽음으로 이제 세상에 아시두오스[학생]는 남아있지 않다"(쏘타[Sotah] 49a)라고 전한다. 벤 아자이 이후로 그와 같이 토라를 배움에 열심이었던 사람은 없었다.

벤 아자이는 경건함의 모범이었으므로, '꿈에서 벤 아자이를 본다면 그도 경건함을 기대하리라'(베라호트[Berachos] 57b)고 했다.

사소한 계명도 수행하기 위하여 노력하라

라쉬는 사소한 계명을 '쉽게 나타나는 것'으로 정의하고 있다. 즉 계명 중에서도 실천하기 어렵거나 시간을 많이 들이지 않아도 되는 계명을 뜻한다는 것이다.

티페레트 이스라엘[Tiferes Yisrael]은 '사소한 계명'(minor mitzvah)의 다섯 가지 부류를 설명하고 있다.

1. 큰 시간을 들이지 않고, 뛰어난 솜씨를 발휘하지 않아도 실천할 수 있는 계명.

2. 시간을 들여야 하지만 익숙하므로 실천하는 데 그리 어렵지 않은 계명. 그 예로는 매일 기도를 들 수 있다.

3. 토라에서 명하지 않아도 실천했을 계명. 한 가지 예로 부모를 공경하는 것과 노인을 공경하는 것 등이 있다.

4. 안식일 식사, 절기 때의 식사 등 육신의 기쁨을 누리는 계명.

5. 다른 사람을 의식하여 실천하는 계명. 테필린을 매고, 루아브와 에트로그를 흔드는 계명 등이 있다. 이러한 계명들은 (어느 정도는)자기 평판을 의식하여 실천하는 것일 수도 있다.

그렇다면 벤 아자이가 우리에게 이런 계명들을 향해 달려가라고 권고하는 데에는 어떤 가르침이 숨어있는가? 진실로 이런 계명들을 실천할 동기를 찾으라는 뜻인가?

위의 답은 벤 아자이의 의도에서 찾을 수 있다. 벤 아자이의 의도는 우리에게 이 계명들을 실천하라는 권고라기보다는 이 계명들을 열심히 실천하고자 하는 마음을 추구하라는 말이다. '사소한 계명도 수행하기 위해 노력하라'는 가르침에는 이런 그의 의도가 숨어 있다고 할 수 있는 것이다.

람밤은 이 구절에 대한 주석에서 '사소한 계명'에 대한 다른 해석을 제시한다. 후마쉬는 그가 세상을 떠나기 직전에 어떤 일이 있었는지를 말해주고 있다. 이 때 모세는 서둘러 요르단 동편 도시들 중 세 도시를 우발적으로 사람을 해한 사람이 도망칠 수 있는 도피성(신 4:41)으로 택하고자 하였다.

모세가 알게 된 이 세 개의 도시는, 이스라엘 땅에 있는 요르단 서부의 3개 도시가 선택될 때까지 피난처로써 기능하지 않을 것이라고, 그리고 그런 일이 일어나기까지 수년이 걸릴 것이라고 생각되었다. 뿐만 아니라 하나님께서는 요르단 강을 건너지 않으시겠다고 선포하셨으므로 이 명령을 완수할 수 없으리라는 것을 모세도 잘 알고 있었다. 여호수아가 다른 세 도시를 지명하기 전까지는 이 계명이 중지될 수밖에 없음에도 모세는 왜 이토록 요르단 동쪽에 도피성을 정하는 일을 서두르려 했던 것일까?

바로 모세는 하나님의 명령, 곧 계명을 완수할 여지가 조금이라도 남아있으면, 이것을 망설이지 않고 최선을 다해 수행하려 했기 때문이었다.

람밤은 "온전함과 진리를 얻으신 우리의 선생 모세는 (비록 단순히)선한 계명의 반이라 할지라도 더 넣고자 하였다."라고 전한다. 그는 '사소한' 계명, 즉 완전히 이루지 못할 계명이라도 실천하고자 그토록 원하였던 것이다. 그러므로 람밤은 평범한 사람이라 할지라도, 가장 작고 사소한 계명이라 할지라도, 완전히 실천하지 못한다 할지라도 서둘러 계명을 실천하여야만 한다고 결론을 내렸다.

죄로부터 도망쳐라.

이미 언급한 대로, 이 구절은 율법을 실천하라는 의무에 대해서 말하기 보다는, 우리가 '어떻게' 해야 하는지에 대해 초점을 맞추고 있다. 즉 하나님의 계명을 열정을 다해, 활발하게 실천해야 한다는 것이다. 라쉬의 말을 빌리자면 "계명을 좇아 달려라. 계명이 너에게 올 때까지 기다리고 있지만 말라"라고 표현할 수 있을 것이다. 마찬가지로 이 구절은 우리에게 죄로부터 도망치라고 가르친다. 죄에서 자연스럽게 풀려나올 때까지 기다리지 말고, 유혹이 일어나는 상황을 신속히 벗어나라는 것이다.

계명을 귀찮아하는 것이 천성인 인간은 자연스럽게 죄에 빠지기 쉽다. 기회가 있을 때마다 계명을 실천하지 않으면, 악한 본성이 조금씩 기어 올라와 귓속말을 속삭일 것이다. 마찬가지로 즉시 죄에서 벗어나지 않으면, 육신의 본성이 죄로 향하도록 이끌고자 할 것이다.

이 구절이 '가볍고 사소한' 계명에 대해서 말한다고 해서 '가볍고 심각한' 죄를 뜻하는 것은 아니다. 인간은 죄를 심각하게 받아들이지 않으면 자연스레 죄로 기울게 되어있다. 이런 사람에게 모든 죄는 다 '사소한 것'이다(토사포트 욤 토브[Tosafos Yom Tov], 마할랄[Maharal] 인용).

티페레트 이스라엘[Tiferes Yisrael]은 저녁 기도문의 구절을 설명하면서 이 구절을 언급하고 있다. "네 앞에서, 네 뒤에서 사단을 제거하라. 계명을 실천하러 갈 때에 사단은 네 앞에서 길을 가로막을 것이며, 악한 본성은 네 뒤에 숨어 너를 죄로 끌고 가고자 할 것이다."

하나의 계명이 또 다른 계명으로 이끌고

벤 아자이의 글은 벤 조마의 가르침을 보완하고 완성시킨다. '강한 사람이 누구인가? 곧 그의 개인적 성향을 억제하는 사람이다.' 이와 같은 벤 조마의 가르침을 배운 후에는 뭔가 만족스럽지 못한 느낌을 받게 될 것이다. 자기의 개인적 성향을 억제하는 자가 강한 자라면, 대체 그 개인적 성향은 어떻게 억제한다는 말인가? 대부분의 사람들은 삶의 일상적인 어려움을 다루기 위해 그것을 간신히 감당해 낼 수 있다. 그들에게는 도시를 정복할 만한 능력이 없는 것이다. 그러나 솔로몬 왕은 증언하기를 "도시를 정복하는 자보다 자기 영을 정복하는 자가 더 낫다"라고 말했다. 도시를 정복하는 것보다 스스로를 정복하는 것이 더 어렵고 힘든 일이라면, 자기의 개인적 성향을 정복한다는 것이 가능한 일이기는 한 것인가?

벤 아자이는 이에 대해 답을 남기고 있는 것이다. 개인적인 성향은 어느 날 갑자기 마음이 감동하여 무너뜨리고 정복할 수 있는 것이 아니다. 개인적인 성향을 정복하기 위해 먼저 해야 할 것은 바로 쉬운 계명들부터 지키는 것이다. 테필린을 매고, 식사 후에 기도를 하며, 메주자를 문에 다는 등의 '사소한 계명들' 말이다.

사소한 계명들을 실천하는 것을 시작으로 더 어려운 계명들을 실천할 수 있게 된다. 식사 후 기도를 하는 사람이라면 기도문을 제대로 읊는 것이 더욱 쉬워지는 것을 느끼게 될 것이다. 불순한 동기로라도 계명을 실천하기를 시작해야만 한다. 이면에 숨은 동기라도 순수한 동기로 변하기 때문이다(페사힘[Pesachim] 50b).
이 미쉬나는 '하나의 계명이 또 다른 계명으로 이끌고'라고 말한다. 실천하기 쉬운 계명이든 어려운 계명이든, 일단 계명을 실천하는 데에 습관을 들이면 하나님의 계명의 진가를 깨닫게 될 것이며, 시간이 흐르면 자연스럽게 계명을 지키는 자기 자신을 발견할 수 있게 될 것이다. 이렇게 한 걸음, 또 한 걸음 발전하여 '사슴과 같이 달려…(중략) 하늘에 계신 아버지의 뜻을 따르게 되느니라'(5:23)함과 같이 되는 것이다.

하나의 죄가 또 다른 죄로 이끌기 때문이다.

계명을 실천하는 데에 점차 익숙해질 수 있듯이 죄를 범하는 데에도 점차 익숙해질 수 있는 법이다. 사실 이 세상의 기쁨을 닮아가는 것이 우리의 천성이므로, 계명보다는 죄에 더 쉽게 익숙해진다.

이사야는 "거짓으로 끈을 삼아 죄악을 끌며 수레 줄로 함 같이 죄악을 끄는 자는 화 있을진저"(사 5:18)라고 경고하고 있다. 처음에 악한 본성은 거미줄 가닥처럼 그다지 크게 느껴지지 않는다. 이 단계에서 악한 본성은 쉽게 떨쳐낼 수 있는 단순한 유혹들로 사람을 꾀려 한다. 그러나 이 작은 유혹을 이겨내지 않는다면, 결국 죄는 두꺼운 수레의 줄로 그를 잡아 끌어당길 것이며, 사람은 이러지도 저러지도 못한 채 자기 욕망에 끌려가고 말 것이다.

현자들이 말한 바 "악한 본성이 쓰는 방법이 이와 같다. 곧 오늘은 '이렇게, 저렇게 해보자'라고 하고, 내일도 '이렇게, 저렇게 해보자'라고 속삭이며, 사람이 마침내 '그래, 우상을 숭배하자! 같이 한 번 해보자!'라고 말할 때까지 반복한다"(샤보트[Shabbos] 105b)고 하는 것과 같다.

그러므로 시편의 첫 구절은 '복 있는 사람은 악인들의 꾀를 따르지 아니하며, 죄인들의 길에 서지 아니하며, 오만한 자들의 자리에 앉지 아니하고'로 시작하고 있는 것이다. 이에 대하여 현자들은 질문한다. "이 구절의 순서는 걷고, 서다가, 결국 앉는다. 이런 진행에서 암시하는 것은 무엇인가? 곧 걷는 사람은 서게 될 것이요, 서는 사람은 앉게 될 것이며, 앉는 사람은 비웃게 될 것이라는 뜻이다." 죄는 하루아침에 이루어지지 않는다. "비웃는 자는 (기록된 바)'너 홀로 해를 당하리라'(잠 9:12), 자기 몫의 징벌을 받게 될 것이다"라고 하였다(아보다 자라[Avodah Zarah] 18b). 대부분의 사람들은 삶의 일상적인 어려움을 다루기 위해 간신히 감당해 낼 수 있다.

또 현자들은 말한 바 "죄가 반복되면 자기 행동이 괜찮은 것처럼 보인다"(모에드 카탄[Moed katan] 27b 및 타 자료)라고 하였다.

더 나아가 하나의 죄가 또 다른 죄로 이끌기 때문에, 벤 아자이는 죄로부터 도망치라고 가르치고 있는 것이다. 처음 죄는 빙산의 일각일 뿐이다. 보이는 것만 볼 수 있을 뿐, 보이지 않는 것이 얼마나 큰지는 알 수 없는 일이다. 이미 시간이 지나고 때가 늦은 후에야 이 보이지 않는 것을 알 수 있을 뿐이며, 그때는 이미 스스로를 완전히 파괴하여 밑바닥까지 내려간 후일 것이다.

계명의 결과는 계명이고

사람이 계명을 실천할 때, 다른 계명들도 실천할 수 있도록 하늘에서 도움의 손길이 내려와 그를 돕는다. 그러므로 계명을 하나 실천함으로 두 번의 보상을 받는 것인데, 바로 이 세상에서 실천하게 되는 계명이라는 이름의 보상과 장차 올 세상에서 받는 보상이다.

현자들은 말한다. 정결케 되는 자는 [하늘나라에서] 돕는다.(샤보트[Shabbos] 104a) 어떤 도움을 어떻게 받는가? 벤 아자이는 이에 대해 설명하고 있다. 계명의 결과는 계명이다. 다른 계명을 실천할 수 있는 기회를 얻는 것이므로 또 다른 보상을 얻을 기회 역시 얻게 된다는 것이다.

이 점에서 미루어 토라는 '어미 새를 날려 보내라'는 계명을 가르치고 있다. 이 계명은 큰 노력이 필요하지도 않으며, 돈이 들지도 않는 일이다. 그러나 이 계명을 실천함으로 받을 보상은 '복을 받고 오래 사는 것'이다(신 22:7).

어미 새를 날려 보내는 계명 바로 뒤에는 천장 둘레에 난간을 설치하라는 계명과 포도밭에 다른 씨를 뿌리지 말라는 계명, 소와 나귀로 하나의 밭을 갈지 말라는 계명과 샤츠네츠(양털과 무명실을 함께 섞어서 짠 실)로 짠 옷을 입지 말라는 계명이 이어진다. 이 계명들로부터 미드라쉬는 다음의 가르침을 찾아내고 있다. "계명은 또 다른 계명으로 이어지므로, 어미 새를 날려 보내라는 계명을 지키면 새로운 집을 짓는 축복을 얻어 천장에 난간을 설치하라는 계명을 실천할 수 있을 것이다. 그 후에 포도원과 밭을, 아름다운 옷을 얻게 될 것이다"(탄후마[Tanchuma], 키 세이찌이[Ki

Seitzei] 1).

바르테누라의 랍비 오바디야는 '계명의 결과는 계명이고'라는 말씀은 곧 하나의 계명을 실천함으로 얻는 보상은 그 계명 자체라는 것을 뜻한다고 했다. 다르게 표현하자면, 하나님께서는 주님의 종에게 축복, 즉 보상을 비처럼 내려주시기를 원하며, 계명을 실천하여 주님께 축복을 내려주실 기회를 준 그 사람은 보상을 받음으로 계명을 실천한다는 것이다.

그러나 랍비 요세프 야베쯔는 이 구절의 의미를 다르게 해석하여 계명 그 자체가 보상이라고 했다. 기쁨으로 하나님과 더욱 가까워짐을 느끼며 계명을 실천하는 사람은, 영적으로 더욱 높은 차원에 이른다는 것이다. 랍비 모세 하임 루짜토[R' Moshe Chaim Luzzatto]는 "사람은 주님 안에서 기쁨을 얻고 주님의 임재의 빛을 기뻐하도록 창조되었다. 이것이 바로 참된 기쁨이다"(메실라트 예샤림[Mesillas Yesharim], 1장)라고 기록 했다. 이런 기쁨을 크게 얻을 곳은 바로 장차 올 세상이기는 하나, 계명을 많이 실천한 사람은 그 영혼이 정결케 되어 이 세상에서도 장차 올 세상의 것을 맛볼 수 있다는 것이다. 더 높이 올라갈수록 없어질 세상에 대해서는 덜 생각하게 되는 것이며, 반대로 하나님의 임재의 빛은 더 크게 기뻐하게 되는 것이다.

죄의 결과는 죄이기 때문이다.

정결케 되는 자는 도움을 받는 것과 반대로, 더럽혀지는 자는 죄를 지을 기회를 얻는다고 현자들은 가르치고 있다.

하나님께서는 악인이라도 고난을 받기를 원치 아니하시며, 악인이라도 고의로 잘못된 길로 이끌지 아니하시는 분이시다. 그러나 자기가 원하여 죄를 짓는 자에게 하나님께서 죄를 지을 기회를 주신다는 사실은 심각한 결과를 낳게 된다. 현자들의 말을 빌리면, "사람의 악한 본성은 매일 일어나 그를 죽이려 한다…(중략) 거룩하신 주님께서 돕지 않으시면, 이것을 이겨낼 방도는 없다"(쑤카[Succah] 52a, 키두쉰[Kiddushin] 30b).

하나님께서 죄를 지을 기회를 주신다는 것은 곧 그 사람을 자기 마음대로 행하도록 내버려두셨으며, 유혹을 이겨내도록 돕지 않으신다는 것을 뜻한다. 하나의 계명을 지키면 큰 보상으로 이어지는 것과 마찬가지로, 하나의 죄를 지으면 큰 재앙으로 이어진다.

토라 파라샤(매주 읽을 수 있도록 모세오경을 54개 부분을 나눈 것 – 역자 주)의 49번째인 키 세이찌이(Ki Seitzei)의 말씀은 아리따운 여자 포로에 대한 할라카를 다루고 있다(신 21:10). 병사가 사로잡힌 여자들 중 아리따운 여인을 발견하고, 악한 본성으로 인해 그 여자를 품고자 한다면 토라는 아예 그 여인과 결혼하라고 허락해주는 것이다(키두쉰[Kiddushin] 21b).

그러나 아리따운 여인을 아내로 삼는 것은 불순한 욕망에서 비롯된 것이므로, 이 병사는 계속해서 내리막길을 걷게 되는데, 이는 다음의 주제로도 이어진다. 바로 아내와 다툰 자, 반항적인 아들, 그리고 사형이다.

현자들은 이러한 순서를 다음과 같이 설명한다. 즉 사로잡힌 여인과 결혼한 자는 결국 건강한 유대인 가정을 세우고자 하는 마음이 아닌 욕망으로 그녀를 취한 것이므로, 나중에는 아내를 미워하게 될 것이다. 마찬가지로 그의 어린 아들은 이러한 타락의 전조를 보여주게 될 것이므로,

장성하여 강도나 살인자가 되고 말 것이다. 그러므로 토라는 그가 떳떳하게 죽을 수 있도록 사형을 선고하고 있다는 것이다(산헤드린[Sanhedrin] 72a).

이 얼마나 두렵고 무서운 미래란 말인가! 결국 한 명의 병사가 자기 악한 본성에 굴복하므로 (직접적으로 죄를 짓지는 않았으나)그 아들이 결국 남을 죽이고 자기 자신도 죽임을 당하게 된다는 것이다.

죄의 보상은 무엇인가?

"죄의 결과는 죄이기 때문이다"라는 벤 아자이의 책망을 직역하면 '하나의 죄로 받을 상은…'이 된다. 그렇다면, 죄를 짓고 상을 받게 된다는 말인가?

바르테누라의 랍비 오바디야는 설명하기를, 이 구절의 '결과'는 사람이 죄를 지을 때에 느끼는 쾌락이라고 하였다. '죄의 보상'(순간의 쾌락)은 그 자체로 죄로 여겨진다. 그러므로 벤 아자이는 죄로부터 도망치라고 권면하고 있는 것인데, 이 말의 의미는 한순간 욕망에 굴복하였다 할지라도 죄로부터 큰 기쁨을 얻기 전에 최대한 빨리 벗어나 징계를 두 번이나 받지 말라는 것이다.

랍비 모세 소페르(랍비 모세 소페르[R` Moshe Sofer], 하삼 소페르[Chasam Sofer]라고도 함) 역시 탈무드에 기록된 사례를 들어 죄의 '보상'에 대해 말하고 있다. 어느 날 한 현자가 친우에게 제안하기를, 악한 본성에 굴복하지 아니한 보상을 얻기 위해 함께 사창가를 걷자고 하였다.

미쉬나 2절 **77**

하삼 소페르는 벤 아자이가 '죄로부터 도망치라'고 가르쳤다는 사실을 이 사례에 주로 남겼다. 그 이유는 무엇인가? 죄를 피하기 위해 도리어 스스로 위험한 자리에 빠지는 자는 그 보상으로 다른 죄의 유혹을 얻을 것이기 때문이다. 다르게 표현하자면, 의도적으로 스스로를 유혹에 노출시킴으로써 새로운 죄를 만들어내고 만다는 것이다. 뿐만 아니라 다음에는 유혹에 굴복하지 않으리라는 보장도 없다. 그러므로 벤 아자이는 "죄로부터 도망쳐라. 자기 욕망을 맘껏 채우는 것으로 인하여 보상으로 받으리라 기대하며 스스로를 유혹에 내보이지 말라"고 가르치는 것이다.

"죄로부터 도망치라"는 말씀을 문자적으로 해석하면 "그 죄로부터 도망치라."인데, 마치 특정한 죄를 언급하고 있는 것으로 보인다. 그렇다면 이 구절에서 지칭하는 죄는 무엇인가? 더 나아가, 벤 아자이가 죄로부터 도망쳐야 하는 이유를 제시하고 있는 이유는 또 무엇인가? 바로 어떤 행동이 금지되었다는 것 자체가 그 행동을 피할만한 충분한 이유가 되기 때문이다!

알렉산더의 랍비 하녹 헤녹[R` Chanoch Henoch of Aleksander]은 탈무드의 말씀을 통해 위의 의문에 답을 제시한다. '계명을 실천하지 않는 것보다 하늘나라를 위하여 죄를 짓는 것이 더 크다'(하라요트[Horayos] 10b). 탈무드의 이 구절 뒤로는 의인들이 하늘나라를 위하여 죄를 지었던 수많은 사례들을 열거하고 있다. 그 중 오래된 예를 하나 들자면, 바로 에스더가 유대민족을 학살에서 구하기 위해 아하수에로 왕 앞에 자기 몸을 맡긴 것이 있다.

그러나 벤 아자이는 우리에게 '죄로부터 도망치라'고 경고한다. 계명으로 여겨질 수도 있는 죄일지라도 위험해 보이면 바로 도망치라는 말이다. 왜 그런 것인가? 비록 높은 것들 중 가장 높은 것을 위하여 범한 죄라도 결국 다른 죄로 이어지게 되기 때문이다. 이런 방식으로 악한 본성은 빈틈을 찾아내고 이를 집요하게 파고든다. 그러므로 '죄의 결과는 죄이기 때문이다.' 보상을 받아 마땅한 죄일지라도, 즉 하늘나라를 위하여 범하게 된 죄라도 다른 죄로 이어진다.

반대로 가벼운 율법을 향해 달려라. 아주 작고 사소한 계명이라도, 하늘나라를 위하여 실천하는 것이 아닐지라도, 이 계명이 아니면 다른 계명이라도 실천하기 위해 달려라.

행위의 동기가 순수한가?

랍비 하니나 벤 트라드온[R` Chanina ben Tradyon]은 로마에 의해 죽임을 당한 10인의 순교자들 중 한 명이다. 하지만 그가 체포되기 전부터 랍비 요시 벤 키스마[R` Yosi ben Kisma]는 그의 마지막이 어떨지 미리 알고 있었다. 탈무드는 다음과 같이 이에 대한 이야기를 들려주고 있다. 이 이야기는 우리의 행실이 올바른지를 어떻게 확인할 수 있는지 가르쳐준다.

랍비 요시 벤 키스마가 병이 들었을 때, 랍비 하니나 벤 트라드온은 그에게 병문안을 왔다.

그러나 도리어 랍비 요시는 그를 책망했다. "하니나 나의 형제여, 나는 당신이 토라 두루마리를 붙들고, 당신이 공식적으로 토라를 가르치고 있다는 것을 들었소. 하늘나라에서 로마에 위대한 권위를 가득 부어준

것을 모르십니까? 스스로 자기 목숨을 위험에 처하게 할 권리가 있기라도 한 것입니까?"

그의 꾸짖음에 랍비 하니나가 답하였다. "하늘나라에서 자비를 보여줄 것이오."

랍비 요시가 말했다. "나는 논리적으로 말하고 있는데, 당신은 하늘에서 자비를 보여줄 것이라고 하고 계시는군요! 로마인들이 결국 당신과 토라 두루마리까지 불태워버리지 않는다면 나는 놀라움을 금치 못할 것입니다!"

랍비 하니나는 울며 말하였다. "선생님이여! 장차 올 세상에서 제가 어떤 운명을 맞이하게 되겠습니까?"

랍비 요시 벤 키스마[Yosi ben Kisma]가 대답했다. "자네는 선한 일을 행할 기회가 있었는가?"

"지난 부림절에 축제를 위해 따로 떼어두었던 돈을 실수로 어려운 이를 돕는데 쓰고 말았습니다. 자선을 위해 따로 떼어둔 돈이 또 있었고, 이를 부림절 축제를 위해 쓸 수 있었지만 결국 그 돈도 가난한 이에게 주었습니다."

이 말을 들은 랍비 요시가 말하였다. "그렇다면 내가 받을 기업이 당신의 기업이 될 것일세. 아마도 나의 운명은 당신과 같을 것일세."

이 대화는 무엇을 의미하는가? 랍비 하니나는 왜 장차 올 세상에서 자기가 받을 보상을 의심하였는가? 또 랍비 요시는 랍비 하니나가 말해준 이야기에서 무엇을 발견했는가?

무릇 사람은 생명에 위협이 되는 것을 스스로 피하는 법이다. 토라는 말하길, "그들 가운데 살아라.", 즉 명령형으로 말하고 있으며, 동시에 "그들 가운데 죽지 말라"(요마[Yoma] 88b)라고 가르친다. 굳이 죽어야 할 의무가 없음에도 순교에 자신을 내맡기는 자는 고의로 자기 목숨을 버리는 것으로 간주된다.

그러나 삶의 모든 순간을 하나님께 헌신하며 이기적인 사고에서 벗어난 소수의 사람들은 계명을 위해 자기 목숨을 기꺼이 버릴 수도 있다(니무케이 요세프[Nimukei Yosef], Rif의 페이지에서 발췌한 산헤드린[Sanhedrin] 18a, 4:2절에 대한 라베이누 요나[Rabbeinu Yonah]의 주석).

이제 우리는 이 일화의 의미를 이해할 수 있게 된다.
랍비 하니나는 랍비 요시로부터 자신이 순교할 것임을 듣고, 스스로가 토라를 가르치는 일을 위해 순교까지 마다할 만큼 영적으로 뛰어난 사람들 중 하나라는 것을 쉽게 믿지 않았다. 그러므로 그는 요시에게 묻기를 "장차 올 세상에서 제가 어떤 운명을 맞이하게 되겠습니까?"라고 하였던 것이다. 쉽게 말하자면, "저의 희생이 선한 일이 되겠습니까, 아니면 부정한 일이 되겠습니까?"라고 물은 것이다.
이에 랍비 요시는 "선행을 실천할 만한 기회가 있었는가?"라며 되물었다. 랍비 하니나에게 토라를 가르치고 난 후 제일 먼저 한 일이 무엇인지를 물은 것이었다.

'계명의 결과는 계명이고, 죄의 결과는 죄이다'라는 원리를 따라, 토라를 가르친 직후 어떤 일이 일어났는지를 확인해본 것이다. 계명이 따라왔다면, 이는 토라를 가르친 일이 계명으로 받아들여졌다는 것을 의미하므로, 그 보상으로 다른 계명이 이어질 것이다.

토라를 가르친 후 어려운 이를 도왔다는 랍비 하니나의 말을 들은 후, 랍비 요시는 그에게 "내가 받을 기업이 당신의 기업이 될 것일세"라고 말했다. 이 말은, 이제 토라를 가르치는 일에 위험을 각오하고 목숨을 바칠 자격이 그에게 있으며, 에덴동산에 자기 곁에(랍비 요시의 곁에) 앉는 분이 곧 하나님의 뜻이라는 말이었다.

이것이 바로 벤 아자이의 가르침이 의미하는 것이다. 네 행동이 옳은지를 알고자 하거든, 네 인생이 어떤 길을 걸었는지 되돌아보라. 계속해서 죄의 유혹에 맞닥뜨렸던 인생길이라면, 죄에 그 발이 묶인 것이리라. 죄의 결과는 곧 다른 죄이기 때문이다. 하지만 계속해서 계명을 실천할 기회를 맞닥뜨렸던 인생길을 걸어왔다면, 걸어온 그 길이 옳은 길이었음을 알려주는 신호로 알아야 한다. 계명의 보상은 곧 다른 계명이기 때문이며, 하나님께서는 스스로 정결케 되고자 하는 자를 도우시기 때문이다.

미쉬나 3절   משנה ג

הוּא הָיָה אוֹמֵר,
אַל תְּהִי בָז לְכָל אָדָם, וְאַל תְּהִי מַפְלִיג לְכָל
דָּבָר, שֶׁאֵין לְךָ אָדָם שֶׁאֵין לוֹ שָׁעָה וְאֵין לְךָ דָבָר
שֶׁאֵין לוֹ מָקוֹם:

[벤 아자이가]그는 말하곤 했다.
  어떤 사람을 경멸하지 말고 어떤 것을 무시하지 말라.
  왜냐하면 너희는 시간을 가지고 있는 사람이 없다면
  너는 사람을 가지지 못하고
  어떤 것을 위한 장소가 없다면
  어떤 것도 가질 수 없기 때문이다.

미쉬나 3절

[벤 아자이가]그는 말하곤 했다.
어떤 사람을 경멸하지 말고 어떤 것을 무시하지 말라.
왜냐하면 너희는 시간을 가지고 있는 사람이 없다면
너는 사람을 가지지 못하고
어떤 것을 위한 장소가 없다면 어떤 것도 가질 수 없기 때문이다.

라쉬와 바르테누라의 랍비 오바디야의 해석에 따르면, 이 미쉬나 구조는 오늘날 무력하고 순한 사람이 나중에는 힘을 얻고 남을 다치게 할 수도 있으며, 도움을 거부할 수도 있다는 가르침을 제시해주고 있다고 해석한다. 그 가능성을 미연에 방지하기 위해 우리는 그 누구도 무례하게 대해서는 안 된다는 것이다. 마찬가지로, 설령 일어나지 않을 것처럼 보인다 하더라도 잠재적인 위험을 무시하지도 말아야 할 것이다.

미드라쉬의 이야기를 참고해보면, 로마 제국의 디오클레티아누스는 티베리아스에서 살던 젊은 시절에 돼지치기로 일한 적이 있었는데, 그가 학당을 지날 때에 유대인 아이들이 그를 때리며 비웃었다. 수년이 지나고 황제가 된 디오클레티아누스는 그 일을 복수하고자 하여 티베리아스의 모든 유대인 공동체를 파괴해버리고자 결심했다.

현자들이 그를 달래려 하였으나 도리어 질책을 당할 뿐이었다. "당신들의 하나님이 당신들을 위해 기적을 펼쳤다는 이유로, 스스로 황제를 모욕해도 된다고 생각한 것이 아니더냐."

현자들이 답하였다. "이는 당신이 황제가 되기 전, 돼지치기로 일하였을 때 일어난 일입니다."

"오늘부로, 가장 낮고 낮은 로마인 한 명이라도, 그 누구라도 모욕하지 말라는 교훈을 깨달아야 할 것이다"(베레이쉬트 라바[Bereishis Rabbah] 63:8) 디오클레티아누스의 답이었다. 그 말을 끝으로, 티베리아스 사람들은 기적적으로 목숨을 구할 수 있었다고 한다(ibid. 63:8).

그러나 대부분의 주석가들은 라쉬와 랍비 오바디야의 주장에 동의하지 않는다. 그들의 설명에 따르면 이 구절의 처음 부분은 '그 누구도 하찮게 여기지 말라. 나중에 그가 어떤 업적을 이룰지 모르느니라.'라는 뜻이라고 한다. 성경의 예를 들면 바로 요셉이 있다. 형제들은 그를 조롱하여 말하기를 '그의 꿈이 어떻게 되는지를 우리가 볼 것이니라.'(창 37:20)라고 했다. 그러나 결국 형제들과 가족들을 기근에서 구한 것은 바로 그들이 조롱하고 팔아넘겼던 요셉이었다.

또 다른 예로는, 무시와 조롱을 당하던 양치기에서 일어나 온 민족을 가르치는 랍비가 된 랍비 아키바의 이야기가 있다.

모든 것이 하나님의 영광을 말한다

위의 설명에 따르면, 이 구절은 윤리적 지혜를 전하기보다는 도움이 되는 조언을 주는 것이라고 한다.

그러나 하시드 라베이누 요세프 야베츠[Chasid Rabbeinu Yosef Yaavetz]는 이런 해석을 반대하고 있다. 글만으로 실질적인 조언을 제시하고 사람의 도덕적 능력을 배양할 수 있겠는가?

하시드 야베쯔의 말에 응답하듯 라베이누 요나는 그들의 주장과 대비하여 말하길, 뛰어난 능력이나 위대한 것을 성취하지 못하는 사람들도 많다고 하였다. 그러므로 하시드 야베쯔와 라베이누 요나는 이 구절이 우리에게 그 누구라도, 설령 그에게서 가치가 있는 것이나 귀한 것을 발견하지 못한다 할지라도, 설령 죽을 때까지 낮은 상태에서 벗어나지 못한다 할지라도, 그를 무시하거나 멸시하지 말라는 가르침을 주고 있다는 것이다.

하나님께서 이 세상을 창조하신 궁극적인 이유는 주님의 영광을 드러내기 위함이다. 모든 것은 마지막 계시에 따라, 각자 자기 역할대로 움직이고 있다. 이 우주적 계획에서 각 개인이 어디에 들어맞는지 알 수 없을지라도, 하나님께서는 이 세상의 모든 요소들을 하나하나 다 아시고 모두 모아 전체로 이루신다. 사람뿐만 아니라 온 세상을 말이다. 제 자리가 없는 것은 아무것도 없으며, 모든 것은 다 제 자리에서 제 역할을 하며 궁극적인 목표를 이루는 것이다.

'여호와께서 온갖 것을 그 쓰임에 적당하게 지으셨나니…'(잠 16:4) 하나님께서 창조하신 피조물들은 모두 주님의 영광을 나타낸다. 또한 '악인도 악한 날에 적당하게 하셨느니라'(ibid.) 후일 하나님께서 징계하시고 천국에서 그분의 이름이 높임을 받을 때에, 설령 악인이라도 하나님의 영광을 나타내게 되는 것이다.

제한된 능력으로 남을 정죄하고 높임을 받을 만한 사람을 알아서 분별할 때, 우리는 실수를 범하기 쉽다.

어느 날, 랍비 여호수아 벤 레위[R' Yehoshua ben Levi]의 아들인 랍비 요세프가 중병을 앓고 사경을 헤맸다. 며칠 후 병에서 회복된 후, 그는 아버지에게 이르기를 그의 영혼이 하늘로 올라갔을 때에 '뒤집힌 세계'를 보았다고 말했다. 이 세상에서는 중요하게 여김을 받았던 사람들이 그 세계에서는 작고 작은 자가 되었으며, 이 세상에서는 존경받지 못하던 자들이 그 세계, 즉 하늘나라에서는 크게 높임을 받았다는 것이다.

이 말을 들은 랍비 여호수아 벤 레위가 답하였다. "아들아, 네가 제대로 본 것이 분명하구나"(페사힘[Pesachim] 3a).

씨가 가득한 석류

이 구절에서는 그 누구도 하찮게 여기지 말라고 가르치고 있으나, 이는 우리가 모든 사람들을 존경해야 한다는 뜻은 아니다. 메이어 네시브[Meir Nesiv]는 설명하기를, 악인도 하나님의 피조물이며 창조 세계에서 자기 역할을 하고 있으므로 그를 조롱하거나 비웃어서는 안 되지만 그렇다고 해서 악인을 존경할 수도 없다 했다. 더 나아가 '제 때를 맞은 자 그 누구도 없다.' 후에 자기 악한 행실을 후회하고 회개할 수도 있는 것이다.

때문에 악인을 욕되게 한다면, 악인이 회개할 기회는 점점 더 멀어지고 마는 것이다.

뿐만 아니라, 미드라쉬 슈무엘의 가르침에 따르면 가장 낮은 유대인이라 할지라도 선행이 가득하다 했다. 현자들은 "속이 빈 유대인이라 할지라도 씨가 가득한 석류처럼 그 안에 계명이 가득하도다"(베라호트[Berachos] 57a, 에이루빈[Eruvin] 19a)라고 말했다. 특별한 것을 아무것도 발견하지 못할지라도, 모든 사람은 각자 장점을 가지고 있으며, 선한 면모를 보여주기도 하고, 비행을 멀리 한다. '제 때를 맞은 자 그 누구도 없다.'

지혜가 모습을 드러낼 때에 받아들이라

라쉬는 이 구절에 대해 다른 해석을 제시하고 있다. '어떤 사람을 경멸하지 말고'라는 구절은 곧 나중에 하면 된다는 말로 지혜를 듣기를 미루지 말라는 뜻이다. 기회가 왔을 때, 잡고, 들으라.

다르게 표현하자면 이 구절은 우리에게 지혜를 얻는 방법을 알려주고 있는 것이다. 할 수 있을 때 지혜의 말씀에 귀를 기울여야 한다. 그 이유는 무엇인가? 바로 '제 자리를 찾은 것은 그 무엇도 없기 때문이다.' 지금 당장은 중요치 않은 것처럼 보이고, 별 도움이 되지 않아 보인다 하더라도, 지혜의 말씀은 언젠가 인생의 핵심이 될 것이다.

까마귀로부터 얻는 가르침

이 세상에서 그 무엇도 하찮게 여길 것은 없다. '여호와께서 온갖 것을 그 쓰임에 적당하게 지으셨나니'(잠 16:4)라고 했기 때문이다. 이 가르침을 처음으로 깨달은 사람은 바로 노아이다. 미드라쉬는 가르치기를,

까마귀는 방주 밖에 뭍이 드러났는지 확인하러 날아갔을 때 죄를 범하였으므로, 노아는 까마귀를 완전히 보내버리고자 일부러 밖에 놔주려 했다. 그러나 하나님께서는 노아에게 까마귀가 다시 방주로 돌아올 수 있도록 하라고 명하셨다. 언젠가 이 세상이 까마귀를 필요로 할 것이었기 때문이다. 실제로 선지자 엘리야가 아합 왕을 피하여 광야로 도망하였을 때, 그에게 음식과 물을 가져다준 것은 바로 까마귀였다(베레이쉬트 라바[Bereishis Rabbah] 33:7).

아합을 저주한 후 엘리야는 그와 그의 수하들을 피해 광야로 숨어들었다. 그때에는 가뭄으로 온 이스라엘이 고통을 받고 있었다. 하나님께서는 엘리야를 먹이시기 위해 까마귀를 선택하셨는데, 이는 그에게 신랄한 교훈을 주시기 위함이었다. 바로 제 자리를 찾은 것 그 무엇도 없다고 하는 가르침(세상에 모든 것이 귀하다)을 까마귀를 통해 배울 수 있듯이, 제 때를 맞은 자 그 누구도 없다는 가르침을 깨달아야 한다는 것이었다.

하늘나라의 영광을 수호하기 위하여 큰 용기를 내었던 그의 모습이 존경을 받아 마땅하나, 그 누구도 마땅히 하찮게 여김을 받을 수는 없다는 것이다. 모든 사람은, 세상에서 가장 악한 악인이라 할지라도 회개의 기회가 있으며, 그 기회의 문을 닫아서는 안 되기 때문이다. 악한 왕 아합이라 할지라도, 모든 사람은 각자 자기의 때가 있으며, 그때에 하나님의 감동으로 회개하고 그 길을 돌이킬 수도 있을 것이다. 그러므로 하나님께서는 아합을 그토록 가혹하게 대해서는 안 된다는 것을 엘리야에게 가르치고자 하셨던 것이다.

이런 시각은 새로운 견해로 우리를 인도한다. 곧 단 한 시간 동안이라도 사람이 얼마나 많은 것을 얻을 수 있는지를 깨닫는다면, 시간의 가치를 소중히 여기게 될 것이라는 사실이다. 하루라도 특별한 날로 소중히 여기게 될 것이며, 한 순간이라도 운명적인 순간으로 받아들이게 될 것이다. 시간은 되돌아오지 않는다. 장차 올 세상을 얻을 기회, 그 찰나의 순간도 다시는 되돌아오지 않는다.

모든 것에는 목적이 있다

하나님께서는 모든 것을 아름답게 창조하셨다. 모든 것에는 각각 목적이 있으며, 각자 자기가 해야 할 역할을 충실히 수행하고 있다.

이것이 바로 다윗 왕이 체득한 교훈이다.

현자들은 말하길, 다윗 왕은 하나님께 이렇게 기도했다고 한다. "온 세상의 주님, 미치는 것 빼고는 세상의 모든 것이 다 쓸모가 있다는 것, 이해합니다. 그렇다면 미친 사람은 이 세상에서 어떤 역할을 맡고 있습니까? 미친 사람은 남을 위해 아무것도 하지 않습니다."

이에 하나님께서는 이렇게 답하셨다 한다. "다윗아, 미치는 것이 진실로 필요한 것인지 묻는구나. 네가 언젠가 미쳐야 할 날이 올 것이다"(얄쿠트 쉬모니[Yalkut Shimoni], 슈무엘[Shmuel] 131).

후에 다윗은 사울을 피하여 가드의 왕 아기스에게로 도망하였다. 아기스의 신하들은 다윗이 골리앗을 죽인 용사인 것을 알고, 왕에게 그를 죽이라 간언하였다.

이 말을 엿들은 다윗은 스스로 미친 척을 했다. 성문 앞에서 날뛰고 부딪치며 수염에 침을 흘렸다. 그 모습을 본 아기스는 신하들에게 말하였다. "아니, 미친 녀석이 아니냐? 왜 저런 자를 나에게 끌어 왔느냐? 나에게 미치광이가 부족해서 저런 자까지 데려다가 내 앞에서 미친 짓을 하게 하느냐?" 현자들의 말에 따르면, 아기스 왕에게는 딸이 하나 있었는데, 정신이 나갔으므로 집안에서 뛰어다녔으며, 다윗은 밖에서 뛰어다녔다 한다(삼상 21:11-16).

그렇게 다윗은 목숨을 건졌다.

현자들은 또 가르치기를, 거미를 잡아먹는 말벌을 본 다윗이 하나님께 물었다 한다. "주님께서 이 세상 모든 것을 창조하셨고, 만드신 이유를 다 알고 있습니다. 그러나 두 피조물만은 이해하지 못하겠습니다. 그 저 침을 쏘고 꿀벌을 잡아먹어 꿀을 내지 못하게 하는 저 말벌은 무슨 쓸모가 있으며, 거미줄을 펼쳐 다른 곤충들을 잡아 죽이기나 하는 저 거미는 무슨 쓸모가 있습니까?" 이에 하나님께서는 이렇게 답하셨다. "네게 말벌과 거미가 필요한 날이 올 것이다"(벤 시라의 세페르 하'오시오트[Sefer Ha'osios of Ben Sira], 오타르 하미드라쉼[Otzar Hamidrashim]).

후에 다윗은 사울을 피하여 어느 동굴에 숨게 되었다. 사울의 군사들이 다윗이 숨은 굴 근처에 당도하자, 하나님께서는 거미를 보내어 굴 입구에 거미줄을 치게 하셨다. 거미줄을 본 군사들은 거미줄이 친 입구 안에는 그 누구도 들어가지 않았을 거라 생각했으므로, 동굴 안을 수색하지 않았다(슈무엘[Samuel] 124).

사무엘상 26장에서는 이러한 일화가 소개된다. 어느 날 밤, 다윗은 사울의 진영으로 들어가 그의 창을 가져왔다. 스스로 사울에게 적의가 없음을 증명하려는 행동이었다. 미드라쉬는 말하길, 그때 사울은 장막에서 곤히 자고 있었는데, 사울의 장군 아브네가 장막의 입구를 지키고 있었다. 다윗은 아브네의 구부러진 다리 사이를 기어서 사울의 장막으로 잠입하는 데에 성공했다. 그러나 나올 때가 문제였다. 아브네가 몸을 펴서 나갈 길을 막아버렸기 때문이었다.

다윗은 기도하였다. "내 하나님이여 내 하나님이여 어찌 나를 버리셨나이까"(시 22:1) 하나님께서는 그 기도에 응답하셔서 말벌을 보내어 아브네의 발을 쏘게 하셨다. 그러자 아브네는 잠결에 다리를 다시 구부렸고, 다윗은 무사히 장막을 탈출할 수 있었다. 그러므로 다윗은 하나님께서 '하나님이 모든 것을 지으시되 때를 따라 아름답게 하셨고'(전 3:11)라는 것을 배우게 된 것이다.

한 시간 안에 올 세상을 얻을 자 누구인가

현자들은 도덕적으로 방탕한 삶을 살았다 하더라도 마지막 순간에는 하늘나라에까지 올라간 수많은 사람들에 대한 이야기를 전하고 있다. 아보다 자라[Avodah Zarah] 10b, 17a, 18a)에서는 순교를 받아들인 세 사람에 대한 이야기를 발견할 수 있는데, 랍바[rabbah]는 이들에 대해 말하길 "어떤 사람들은 수년에 걸쳐 장차 올 세상을 얻었으나, 또 어떤 이들은 한 시간 만에 올 세상을 얻었다"라고 하였다.

'제 때를 맞은 자 그 누구도 없다' 하였으므로, 그 누구도 폄하해서는 안될 것이다. 더 나아가 한 시간 동안 사람이 얼마나 많은 것을 얻을 수 있는지를 깨닫게 된다면 시간의 소중함을 더욱 절실히 깨닫게 될 것이며 매일을 특별한 하루로, 매 순간을 운명적인 순간으로 여기게 될 것이다.

단 한 시간 만에 사람은 장차 올 세상을 얻을 수 있으며, 이 한 시간이 지나면 그 기회는 다시 되돌아오지 않는다. 바로 현자들이 "올 세상에서 평생을 보내는 것보다 이 세상에서 회개하고 선행을 이루는 한 시간이 더 낫다."(4:22)라 말한 이유이다.

일생일대의 도전

사람이 한 순간 회개에 집중하여 장차 올 세상에서 자기 지분을 얻을 수 있다 하더라도, 정결함과 거룩함에 바친 인생에는 비할 수 없다. 적이 토라와 죽음 중 하나를 택하라 하였을 때에 많은 유대인들이 순교를 선택했으며, 그 중에는 유대교로 회심한 지 일주일 정도 된 사람들도 있었고 공동체에 적대적인 사람도 있었다. 이는 한 순간의 희생이 평생을 거룩하게 사는 것보다 어느 정도는 더 쉽다는 것을 암시한다. 사람들은 평생 거룩하게 사는 것을 시도조차 하지 않기 때문이다.

독일과 프랑스를 점령했을 당시, 십자군은 유대인들에게 신앙을 버리도록 강요했다. 신앙을 버리지 않으면 공동체로부터 버림을 받을 것이었으며, 곧 십자군에게 죽임을 당할 것이었다.

어느 도시에서는 십자군들이 유대인들을 교회 마당에 불러 모아 기독교로 개종할지, 아니면 죽임을 당할지를 택하라 했다(그때에는 당연시되던 일이었다).

이 때 대주교는 특히 사악한 발상을 냈다. 그는 유대인들에게 말하기를 "내가 교회 입구에 촛불을 켜겠소. 이 초가 타는 동안 교회로 들어갈지 말지 결정하시오. 이 초가 다 꺼질 때까지 교회로 들어가지 않는다면 죽임을 당할 것이오"라 했다. 이 말과 함께 촛불에 불이 켜졌고, 그는 교회 안으로 들어가 나약한 유대인들의 항복 선언을 기다렸다.

랍비는 교회 앞마당에 함께 모인 유대인들의 얼굴을 둘러보고 그들 중에 경건하지 못한 사람들도 있다는 것을 알게 되었다. 어떤 이는 안식일을 거의 지키지 않았으며, 또 어떤 이는 이미 기독교 공동체에 완전히 녹아들어 있기도 했다. 이런 사람들이 자기 목숨을 구하려 교회 안으로 들어가는 쉬운 발걸음을 마다하겠는가?

그러나 그 누구도, 단 한 명도, 한 발자국도 움직이지 않았다.
하루 같은 한 시간이 흘렀고, 촛불이 거의 꺼질 듯 했지만, 교회 입구에는 그 누구도 들어가지 않았다. 마침내 촛불이 꺼지자 그 자리에 있던 사람들 모두가 배교하지 않고 죽임을 당했다.
왜 그랬을까? 그들 중 몇몇은 기독교인과 거의 구분할 수 없을 정도였다. 무엇이 그들을 그 자리에 서서 죽음을 기다리도록 만든 것일까? 바로 '제 때를 맞은 자 그 누구도 없기 때문이다.' 한 시간 만에 사람은 그 정도의 수준까지 높아질 수 있는 것이다. 그러나 일생을 거쳐 이처럼 높은 영적 수준에 이를 만큼 분투해야 할 상황을 겪는 사람은 소수이다. 자기 목숨을 바치기까지 뜨거운 열정을 평생 지속하는 것은 불가능한 일이다. 열정은 시간이 지나며 닳아 헤어지고, 매일 맞닥뜨리는 걱정거리들은 사람의 진정한 의무를 잊게 만든다. 장차 올 세상을 위해 자기 일생을 헌신하는 것보다 한 순간 자기 목숨을 버리는 것이 더 쉬운 것이다. 어느 무사르의 대가가 말한 바 "유대인으로 죽는 것보다 유대인으로 사는 것이 더 어려운 일이다"라 한 것과 같다.
이런 원리는 우리의 조상 아브라함의 삶에서도 드러나고 있다. 현자들은 말하길, 그가 아브라함은 어렸을 때에 법에 따라 우상을 숭배하느니 차라리 풀무불에 제 발로 뛰어들어버리려 하였다고 한다. 그러나 성경에는 이 이야기가 기록되지 않았다. 대신 성경은 하나님께서 아브라함에게 명령하시는 것으로 시작된다. "네 친척 아비 집을 떠나…" 동시에 하나님께서는 아브라함에게 축복을 약속하셨다. "내가 너로 큰 민족을 이루고, 너를 축복할 것이며, 네 이름을 크게 하리라."

처음 아브라함의 희생이 성경에 기록되었으며, 하나님께서 그의 희생을 보시고 축복하셨다고 생각할 수도 있을 것이다. 그러나 이는 사실이 아닌데, 하나님을 위한 한 순간의 영웅적인 희생은 일생 맞닥뜨리는 도전만큼 강렬하지 않기 때문이다.

마찬가지로, 이삭을 묶어 번제로 바치려던 이야기를 성경은 다음과 같이 표현하고 있다. '하나님이 아브라함을 시험하시려고…'(창 22:1), 그러나 이삭은 아버지 아브라함의 행동을 묵인하고 죽음을 받아들임으로, 그 역시 아브라함과 같이 험난한 시험을 받은 것이 아니겠는가? 그 답은 이렇다. 이삭은 이 사건을 단발적이고 영웅적인 순교의 순간으로 경험했다. 반면 아브라함은 이 일 이후, 평생 아들을 죽인 자로 조롱을 당할 것이었다. 하나님께서는 이미 인간을 희생제사로 드리는 것을 받지 않겠다고 하셨는데도 말이다. 그러므로 아브라함이 받은 시험이 이삭이 받은 시험보다 더 컸던 것이다.

그럼에도 불구하고 한 순간 위대함을 보여주었던 사람들은 위기의 때에 몸소 위대함이 무엇인지를 보여준 것이 사실이다. 그러므로 벤 아자이는 '그 누구도 하찮게 여기지 말'고 가르치는 것이다. 평소에 보이는 모습만으로 사람을 판단하지 말라. 두렵고 떨리는 시험을 맞닥뜨릴 때에, 바로 그들이 위대한 것을 이룰 수 있을 것이다.

미쉬나 4절 משנה ד

רַבִּי לְוִיטָס אִישׁ יַבְנֶה אוֹמֵר,
מְאֹד מְאֹד הֱוֵי שְׁפַל רוּחַ, שֶׁתִּקְוַת אֱנוֹשׁ
רִמָּה.

야브네의 랍비 레비타스는 말한다.
영적으로 매우매우(완전히) 겸손해져라.
왜냐하면 죽을 운명의 사람이 가질 것으로 예상되는 결말은
구더기이기 때문이다.

미쉬나 4절

**야브네의 랍비 레비타스는 말한다.
영적으로 매우매우(완전히) 겸손해져라.**

이 구절은 피르케이 아보트의 다른 곳에서는 찾을 수 없는 독특한 표현을 사용하고 있다. '매우 매우(완전히)'라는 표현으로, 화자는 이를 통해 사람이 총체적이고 완전한 겸손을 위해 분투해야 함을 암시하고 있다.

탈무드는 '자만'이 허용되어서는 안 되는 것이라고 말한다. 랍비 히야[Rav Chiya]는 말하길 토라 학자의 자만심은 64분의 1을 넘어서는 안 된다 하였으나, 랍비 나흐만[Rav Nachman]은 이에 반대하여 말하길 아주 조금의 자만심이라도 있어서는 안 된다고 했다.

랍비 레비타스는 랍비 나흐만의 말과 일치하는 것이 분명하다. 람밤과 라베이누 요나 역시 이러한 견해를 지지한다. 실제로 라베이누 요나는 '이것이 바로 할라카이다'라 했는데, 즉 도덕과 인성 함양을 이루는 토라 문학에서 가장 독특한 용어라는 것이다.

남의 장점을 보고, 네 결점을 보아라

'매우, 매우(완전히)'라는 반복 어구는 겸손의 두 가지 면을 말하고 있다. 첫 번째는 (벤 아자이에 따르면) 바로 타인을 높이는 것이다. 두 번째는 본 구절에서 표현되는 것과 같이 바로 자신의 결점을 아는 것이다.

라베이누 바흐야는 호보트 할레바보트([Chovos Halevavos], 샤아르 하흐니야[Shaar Hachniyah] 10장)에서 어느 랍비의 이야기를 들려주며 이러한 생각을 묘사하고 있다. 사람들은 그 랍비에게 그보다 더 큰 현자들도 거부를 당하였거늘 왜 그의 권위를 받아들여야 하냐고 물었다.

랍비는 대답했다. "나보다 더 낫지 않은 사람을 한 번도 만나지 못했기 때문입니다." 그리고는 이에 대해 설명을 이어나갔다. "나보다 더 지혜로운 자를 만나면 그가 나보다 더 잘 알고 있으므로, 나보다 더 하나님을 두려워하는 줄 알았습니다. 나보다 더 똑똑하지 않은 사람을 만나면, 스스로 이르기를 내가 죄를 범하면 다 알면서도 하는 것이나 저 사람이 죄를 범하면 실수와 오해일거라 하였습니다. 나보다 더 나이가 많은 사람을 만나면 나보다 더 많은 계명을 실천할 수 있었던 사람이므로 존경하였습니다. 나보다 나이가 더 어린 사람을 만나면 젊은 시절의 나보다 더 죄를 적게 범하였으므로 칭찬하였습니다. 나보다 더 부유한 사람을 만나면, 스스로 이르기를 그가 어려운 이를 도울 기회가 나보다 더 많았으리라 하였습니다. 나보다 더 가난한 사람을 만나면, 그가 고난을 받으므로 나보다 더 많은 속죄를 받았으리라 생각하였습니다."

라베이누 바흐야가 이 현자의 태도를 말하며 인용하고 있는 구절이 바로 이 구절이다. "진실로, 진실로 겸손하라."

이 장의 첫 구절에서 벤 조마는 가르치기를, 다른 사람을 존중하면 자기도 존중받는다고 말했다. 이 구절에서 랍비 레비타스는 한 걸음 더 나아가 스스로 겸손하여 다른 사람을 자기보다 더 나은 것으로 여기라고 말한다. 하시디즘에서는 사람에게 눈이 두 개 있는 이유를 한 눈으로는 다른 사람의 덕을 보고, 나머지 한 눈으로는 자기의 부족함을 보기 때문이라고 설명한다.

이 구절을 동일하게 해석하고 있는 하시드 라베이누 요세프 야베츠[Chasid Rabbeinu Yosef Yaavetz]는 말하길, 겸손한 사람은 다른 사람을 높일 뿐만 아니라 설령 모욕을 당할 때에도 침묵한다 했다. '모욕을 당하나 모욕하지 아니하고, 망신을 들으나 답하지 아니하는'(기틴[Gittin] 36b) 자가 바로 이러한 자라는 것이다. 결국 '주를 사랑하는 자들은 해가 힘 있게 돋음 같게 하시옵소서'(삿 5:31)라는 말과 같이 그들이 내뿜는 빛은 모든 사람의 눈에 비칠 것이며, 모두가 태양을 보듯 그의 성품을 분명히 보게 될 것이다.

그러므로 랍비 레비타스는 '진실로, 진실로 겸손하라', 즉 남을 높이고 모욕을 참으라고 가르치고 있는 것이다.

네 나약함보다 더 크신 하나님의 위대하심을 보라

'매우, 매우(완전히)'라는 반복 표현은 진정한 겸손을 얻기 위해서 거쳐야 할 두 단계를 암시하는 것으로도 해석될 수 있다. 첫 번째 단계는 하나님의 위대하심을 묵상하는 것이며, 두 번째 단계는 자기의 부족함을 인정하는 것이다. 이 세상을 통해 하나님의 위대하심을 엿볼 수 있다. '너희는 눈을 높이 들어 누가 이 모든 것을 창조하였나 보라'(사 40:26) 이 세상에 그분의 영광을 선포하시는 하나님의 위엄 앞에선 그 어떤 것도 하찮은 것이 되어 버린다. 창조의 지혜와 창조주 하나님의 능력이 그 놀라운 창조 역사에 희미하게 반영되어있는 것을 깨닫게 된다면 스스로를 자랑할 수 없을 것이며, 보잘것없는 자기 지식과 작고 작은 능력으로 존경을 얻고자 하지도 못할 것이다.

하시드 야베쯔는 두 형제의 비유를 인용하고 있다. 이 형제는 가진 돈은 똑같았으나 형은 작은 마을에, 동생은 수도인 대도시에 살고 있었다. 작은 마을에 사는 형은 자기의 부유함을 자랑하여 남들을 아래로 내려다보며 살았다. 그러나 동생이 사는 대도시에는 왕과 귀족들이 가득하였으므로, 자기가 가진 것이 적다고 생각하여 이를 자랑하지 않았다.

그러나 하나님의 위대하심을 묵상하는 것만으로는 넘치는 자기 자아를 꺾기에 부족하다. 그러므로 하나님의 위대하심을 보는 동시에 자기의 부족함을 함께 볼 줄 알아 '인간의 희망은 벌레일 뿐이니'라는 가르침을 마음에 새겨야 하는 것이다. 다시 한 번 하시디즘의 가르침을 떠올려보자. 사람은 한 눈으로는 하나님의 위대하심을 보고 다른 한 눈으로는 자신의 부족함을 본다고 했다.

네쉬키츠의 랍비 모르드개[R` Mordechai of Neshkhiz]는 말하길 자기의 연약함을 볼 줄 모르는 자는 발람과 같이 타락할 수 있다 했다. 발람은 스스로를 일컬어 "눈을 감았던자"라고 했다(민 24:15). 발람은 한 눈은 감고 있었으므로, 하나님의 위대하심을 볼 수 있었던 것이다. 그러나 그는 다른 눈은 쓰지 않았으므로 자신의 하찮음은 볼 수 없었던 것이다.

하나님 앞에서, 사람 앞에서 겸손하라

탈무드는 하나님 앞에서 스스로를 "티끌이나 재밖에 안 된다"고 말했던 아브라함의 겸손함과, 이스라엘 사람들이 원망할 때에 "우리가 누구이기에 너희가 우리에게 대하여 원망하느냐"(출 16:7)라 말했던 모세와 아론의 겸손을 비교하며 말하길, 모세와 아론이 보여주었던 겸손함이 아브라함의 것보다 더 크다고 했다(훌린[Chullin] 89a).

쉽게 생각하면, 이는 아브라함이 스스로를 세상을 구성하는 네 원소(불, 바람, 흙, 물)에 비유했기 때문이다. 티끌과 재는 크게 가치가 있지 않을 뿐더러 작고 사소한 것이지만, 그럼에도 이 세상에서 최소한 쓸모는 있는 것들이다. 그러나 모세와 아론은 스스로를 일컬어 아무것도 아니라고 하였다.

하지만 랍비 여호나산 에이베슈쯔[R` Yehonasan Eibeschutz]는 어느 대속죄일, 자신이 겪은 일로 인해 깨닫게 된 새로운 해석을 제시하고 있다. 에이베슈쯔는 매년 대속죄일이 되면 일반 사람들과 함께 기도하며, 그들의 순수한 열정과 눈물에 감동을 받는 자리를 가지곤 하였다.

그 해에 그는 여행 중이었는데, 날씨가 좋지 않았으므로 대속죄일까지 그가 살던 프라하로 돌아올 수 없는 상황이었다. 그리하여 에이베슈쯔는 어쩔 수 없이 어느 마을에 머물러 대속죄일을 보낼 수밖에 없게 되었다. 작은 마을이라 민얀(예배를 드리는 데에 필요한 최소 인원 - 역자 주)을 거의 채우지도 못할 정도였다. 그 마을에 도착하여 회당으로 들어간 랍비 에이베슈쯔는 한 남자가 깊고 진심어린 기도를 하는 것을 발견하고, 그의 옆에서 함께 기도하였다. 저녁 예배의 뜨거운 기도가 끝나고, 랍비 에이베슈쯔는 그 사람이 자기가 한 기도를 이해하고 있는지를 확인하고자 하여 그가 히브리어로 기도한 기도문의 뜻을 알려 달라고 했다. "나는 일생에 티끌이로다. 내가 죽을 때에 먼지보다 더 하랴." 그 남자의 답이었다.

다음 날 아침, 랍비 에이베슈쯔는 다시 그 남자의 곁에 서서 함께 기도하였는데, 그의 기도는 하늘나라에 닿을 정도였다. 그러나 에이베슈쯔의 감동은 토라 낭독 시간에 산산조각나고 말았다. 방금 전까지만 해도 뜨겁게 기도하던 그 남자가 갑바이(gabbai, 유대교에서 회당을 관리하고 예배를 돕는 사람 – 역자 주)에게 저주를 퍼붓는 것이 아닌가. 자기를 토라를 낭독하는 자리에 올리지 아니하였다는 이유에서였다.

랍비 에이베슈쯔는 그에게 말하였다. "이해를 못하겠소. 방금 전까지만 해도 당신은 '내가 티끌이요!'라고 외치며 기도하지 않았습니까? 티끌이 존경받지 못한다 하여 이토록 화를 낼 수 있습니까?"

그러자 그 남자가 답하였다. "내가 티끌에 지나지 않다는 말은 하나님께 한 기도였습니다. 하나님 앞에서 나는 진실로 티끌과 같습니다. 그러나 지금은 나보다 하등 더 나을 것 없는 사람에게 말하고 있는 것입니다!"

랍비 에이베슈쯔는 탈무드에서 모세와 아론의 겸손을 아브라함의 겸손보다 더 높다고 한 이유를 이 일화를 기반으로 설명하고 있다. 즉 아브라함은 '티끌이나 재밖에 되지 않습니다'라는 고백을 하나님께 하였는데, 사실 하나님 앞에서는 그 누구라도 겸손해질 수밖에 없다는 것이다.

인간의 희망은 벌레일 뿐이니

'인간의 마지막은 벌레일 뿐'임은 논란의 여지가 없는 사실이다. 그러나 이 구절에서는 '인간의 희망은 벌레일 뿐'이라고 하고 있는데, 그 이유는 무엇인가? 그 누가 이토록 비참한 결말을 희망하겠는가?

주석가들은 이 의문에 몇 가지 답을 제시하고 있다.

피르케이 모세[Pirkei Moshe]에서, 랍비 모세 알모스니노[R` Moshe Almosnino]는 이 구절의 '인간'이라 번역된 단어 에노쉬를 분석했다. 인간, 즉 사람을 지칭하는 단어는 총 세 개가 있는데 바로 아담, 이쉬, 에노쉬이며, 이 단어들은 각각 서로 다른 것을 지칭한다.

아담은 '영적 인간'이라고 번역하는 것이 좋다. 이 단어는 하나님의 형상을 담은 존재로서의 인간을 지칭한다. '아담'이라는 단어에는 '~와 비슷한'이라는 뜻이 있는데, 즉 하나님과 어느 정도는 비슷한 성품이 있음을 뜻한다. 그러므로 기록된 바 '지극히 높은 이와 같아지리라'(사 14:14)라고 함과 같다. 다음으로, 이쉬는 온전하고 뛰어난 존재로서의 인간을 지칭한다. 그리하여 모세와 모르드개, 욥, 모세가 보낸 정탐꾼들은 '이쉬'라 불렸던 것이다.

마지막으로 에노쉬는 육신을 가지고, 그 육신의 끌림에 지배를 받는 존재로서의 인간을 뜻한다. 에노쉬로서 인생을 사는 사람은 벌레가 되고자 하는 사람과 같이 행동하는데, 이는 '살코기가 많이 있는 곳에 구더기도 많다'(2:8)와 같기 때문이다.

그러나 이 세상의 모든 쾌락이 결국 벌레와 구더기로 향하고 있음을 깨닫게 될 때에야 사람은 큰 겸손을 이루게 될 것이다.

미드라쉬 슈무엘은 다른 해석을 제시한다. 그에 따르면, 이 구절은 몸에서 육신의 모든 것이 빠져나간 후에야 영혼이 쉴 곳을 찾는다(샤보트[Shabbos] 152b 참고)는 현자들의 가르침의 문맥 안에서 이해되어야 한다. 만일 현자들의 말씀이 맞다면, 육신이 벌레에게 뜯어 먹히는 것이 영혼의 유일한 소망이라고 할 수 있다.

하시드 야베쯔는 이 구절을 다른 관점에서 접근하고 있다. '진실로, 진실로 겸손'한 사람은 모욕을 들어도 침묵한다. 모욕에 대꾸할 필요를 느끼지 못하는 것인데, 이는 대꾸를 하든 말든 상관없이 그를 모욕하고 괴롭히는 사람들은 언젠가 모두 죽을 것임을 잘 알고 있기 때문이다. 겸손한 사람에게 있어 '인간의 희망'(겸손한 자의 소망)은 그를 괴롭히는 모든 자들이 결국 '벌레'의 먹이가 되는 것이다.

마지막으로, 랍비 욤 토브 립만 헬러[R` Yom Tov Lipman Heller]는 토사포트 욤 토브[Tosafos Yom Tov]에서, 희망이라고 번역된 히브리어 티크바트[tikvas]의 어근이 '카우'[kau]임을 들어 이 단어를 '희망'이 아닌 '줄'로 해석하였다(수 2:18 참고).

이 경우 이 구절은 삶의 끈, 즉 삶의 흐름을 뜻한다. '높은 곳에 뜻을 두지 않은, 육신을 입은 인간의 [삶의]끈은 벌레일 뿐이니.' 물질적인 것에 삶의 중심을 둔 사람의 마지막은 결국 벌레, 즉 절멸이라는 것이다.

하나님과 사람을 가로막는 장벽, 자아

"누가 자신을 은밀한 곳에 숨길 수 있겠느냐 여호와가 말하노라"(렘 23:24) 몰래 죄를 짓는다고 하여 하나님께서 이를 모르시겠는가?

메제리치의 마기드(동유럽에서 토라를 가르치는 교사를 일컫는 말 - 역자주)인 랍비 도브 베르[R` Dov Ber]는 이 말씀을 다르게 분석하고 있다. '누가 자신을 은밀한 곳에 숨길 수 있겠느냐 여호와가 말하노라'는 구절은 남들이 모르게 스스로를 헌신한 의인을 뜻하고 있다. 그러나 그는 여전히 '나'를 느끼고 있다. 자기의 헌신에 아직 자부심을 가지고 있는 것이다. 이 구절은 다음과 같이 이어진다. '내가 그를 보지 않으리라. 나 주의 말이다.'

다른 해석도 가능하다. '만일 사람이 은밀한 곳에 숨긴다면, 내가 아닌' 즉 남들 몰래 아주 심각한 죄를 범하였다 하더라도 최소한 '나는 아닌', 즉 깊이 겸손하여 스스로를 꺾는다면, '내가 그를 보리라. 나 주의 말이다.'

더 나아가 코츠커의 랍비 므나헴 멘델[R` Menachem Mendel of Kotzk]은 자만을 두고 모든 악한 것들의 조상이라 했다. 모세는 시내산에서 토라를 전달할 때에 '내가 여호와와 너희 중간에 서서…'(신 5:5)라고 말하였는데, 즉 나, 사람의 자아는 자기 자신과 하나님 사이에 서 있다는 말이다.

미쉬나 5절 משנה ה

רַבִּי יוֹחָנָן בֶּן בְּרוֹקָא אוֹמֵר,
כָּל הַמְחַלֵּל שֵׁם שָׁמַיִם בַּסֵּתֶר, נִפְרָעִין מִמֶּנּוּ בַּגָּלוּי.
אֶחָד שׁוֹגֵג וְאֶחָד מֵזִיד בְּחִלּוּל הַשֵּׁם:

랍비 요하난 벤 버로카는 말한다.
누구든지 은밀히 천국의 이름을 더럽히는 자는
공공연히 그로부터 형벌을 받을 것이다.
우연이든 의도적이든 간에,
모두 똑같이 그 이름을 더럽히는 것으로 간주된다.

미쉬나 5절

랍비 요하난 벤 버로카는 말한다.

위 구절에 나타난 랍비 레비타스의 겸손에 대한 말씀과 랍비 요하난 벤 버로카의 하나님을 모독하는 것에 대한 말씀은 하나의 구절로 구분된다. 이 두 가르침의 상관관계에 대하여 수많은 설명들이 제시되어 왔다.

미드라쉬 슈무엘은 랍비 욤 토브 벤 아브라함[R' Yom Tov ben Avraham, Ritva]의 설명을 인용하며 사람이 (첫 반절 구절과 같이) '진실로, 진실로 겸손' 하다 할지라도 하나님의 이름이 모독을 당하거나 현자들이 모욕을 당하는 것을 본다면 겸손과 자중을 내던져버릴 것이라고 했다.

같은 맥락에서 현자들은 말하길, 비느하스는 살루의 아들 지미르가 노골적으로 죄를 범하고 하나님의 이름을 욕되게 하는 것을 보자, 모세의 판결을 기다리지 아니하고 스스로 할라카를 결정하여 지미를 죽였다고 하였다(민 25:6-8). 비느하스는 "하나님의 이름이 욕을 당할 때에는 [판결을 기다림으로써]랍비에 대한 존중을 나타내지 않습니다"라는 말로 자신의 행동을 변호했다(산헤드린[Sanhedrin] 82a).

어떤 이들은 몰래 마음을 깊이 숨김으로 지나친 겸손을 보이기도 한다. 그러나 실은 그 마음속에 자만이 가득하다. 이러한 자의 마음속은 할랄, 즉 공허로 가득한데 이 할랄이라는 단어는 힐룰, 즉 '모독'과 연관된다. 즉 하나님을 높이고자 하는 마음이 없는 것이다. 미쉬나는 말하길, 결국 이러한 사람의 원래 인성이 낱낱이 드러나게 될 것이라고 했다.

마음속에 자기 자만심을 숨기는 자는 모든 사람들 앞에서는 겸손하나 하나님 앞에서는 겸손하지 못하므로, 곧 하나님을 잊었음을 나타낸다 할 수 있다(랍비 돈 이쯔하크 아브라바넬[R` Don Yitzchak Abrabanel], 미드라쉬 슈무엘[Midrash Shmuel] 인용).

누구든지 은밀히 천국의 이름을 더럽히는 자는

하나님의 이름을 더럽히는 행동은 어떤 것일까? 현자들은 행동 자체가 아닌 그 행동으로 나타나는 인상(impression)이 적절한 기준이라고 가르치고 있다(요마[Yoma] 86a). 겉으로는 죄가 되지 않을지라도 잘못된 방향으로 해석될 경우 하나님의 이름을 모독하는 것으로 여겨질 수 있다는 것이다.

일례로, 랍비가 외상으로 고기 덩어리를 사면 하나님의 이름을 모독하는 것으로 간주될 수 있는데, 이는 주위 사람들이 보기에는 랍비가 자기 지위를 이용하여 이득을 얻는 것일 수 있기 때문이다.

마찬가지로, 아바예[Abaye]는 동료들이 운영하는 가게에서 물건을 살 때엔 가게를 운영하는 다른 동료에게도 모두 제값을 주었는데, 이는 그가 돈을 내지 않고 물건을 가져갔다는 의심을 받지 않으려는 것이었다. 후에 가게를 운영하는 동료들을 함께 만날 때에 돈을 두 번 내었기 때문에 한 쪽은 다시 되돌려 받았다고 한다.

마지막으로 랍비 요하난은 말하길, 토라를 배우지 않거나 테필린을 차지 않고 네 규빗 이상을 걷는 사람은 하나님의 이름을 욕되게 하는 것으로 여겨질 수 있다고 했다. 이 말을 할 때에 랍비 요하난은 병상에 있었으므로 아무 것도 할 수 있는 것이 없었다. 그러나 자신이 병상에 누운 모습을 보고 사람들이 토라를 배우지 않으며 테필린을 매지 않을 것을 안 랍비 요하난은 자주 밖에 나가 사람들에게 자기 모습을 보였다 한다.

어떻게 은밀한 중에 천국의 이름을 더럽히는가?

라쉬는 '죄를 짓고 다른 사람도 죄를 짓도록 하는 것'이 곧 하나님의 이름을 더럽히는 것이라고 규정하고 있다(요마[Yoma] ibid.). 분명한 사실은, '하나님의 이름을 더럽혔다'는 말이 성립되기 위해서는 그 행위가 공개적이어야 한다는 것이다. 그렇다면 이 구절에서는 어떻게 '은밀한 중에' 하나님의 이름을 더럽힌다는, 모순어법으로 보이는 표현을 사용하고 있는 것인가?

마하랄은 설명하기를, 토라 학자들 중 한 명이 죄를 지었다는 사실이 사람들에게 알려진다면, 그들 중 누가 죄를 범하였는지는 알려지지 않더라도 토라 학자들 전체가 모욕을 당한다고 하였다. 이 구절의 가르침이 이와 같다는 것이다.

토사포스 욤 토브[Tosafos Yom Tov]는 말하길 한 무리의 사람들이 죄를 지었는데 현자의 제자가 그 중에 있었다면, 그 무리는 자기들의 죄가 '그리 무겁지는 않다'고 믿게 된다는 것이다. 다른 주석에서는 '은밀한 중에'가 그 행위를 목격한 사람이 적었다는 것을 뜻한다고 해석하고 있다.

그러나 라베이누 요나는 문자 그대로 하나님의 이름을 은밀한 중에 욕되게 하는 것이 가능하다고 했다.

바로 하나님의 이름을 더럽히는 것에도 두 종류가 있기 때문이다. 하나는 사람들 앞에서 옳지 못한 행동을 하는 것인데, 이로써 하나님의 이름은 더럽혀진다. 그러나 우상숭배, 거짓 맹세와 같은 어떤 죄들은 하나님의 이름을 본질적으로 모욕하는 것으로, 얼마나 많은 사람들이 그 죄를 목격했는지는 크게 상관이 없는 것이다.

우상 숭배의 핵심, 즉 우상 숭배의 존재 이유는 바로 하나님의 위대하심을 부정하고 심지어 그분의 존재까지도 부정한다는 데에 있다. 마찬가지로 거짓을 증언하기 위하여 하나님의 이름을 사용하는 자는 곧 하나님이 능력이 없으신 분이라고 말하는 것과 같은 것이므로, 하나님의 영광을 모욕하는 것이다. "너희는 내 이름으로 거짓 맹세함으로 네 하나님의 이름을 욕되게 하지 말라"(레 19:12).

티페레트 이스라엘은 더 나아가 의식적으로, 즉 영으로 하나님을 배반하여 범하는 죄는 비록 은밀히 일어났다 할지라도 하나님의 이름을 더럽히는 것이라고 했는데, 이는 죄인 스스로 하나님을 향한 경외를 잃어 버린 것이기 때문이다. 그러나 순간적인 욕망, 즉 충동으로 인하여 범한 죄는 다른 사람들 앞에서 일어나야 하나님의 이름을 더럽힌 것으로 간주된다. 이러한 죄는 자기 충동이나 욕망을 제대로 제어하지 못해서 일어난 것이므로, 다른 사람이 이를 보았을 때에만 하나님의 이름을 더럽힌 것이라고 하는 것이다.

보상은 사람들 앞에서

이 구절에 따르면, 개인적으로 하나님의 이름을 더럽혔다 할지라도 그 징계는 다른 사람들 앞에서 받게 될 것이다. 그렇다면 이는 '눈에는 눈, 이에는 이'라는 명제의 원리를 정면으로 위반하는 것이 아닌가?

위에 언급한 대로, 어떤 주석가들은 '은밀한 중에 천국의 이름을 더럽히는 것'을 죄를 본 사람이 몇 명 없다는 것을 의미한다. 이 경우, 그 죄를 본 사람들이 하나님의 징계가 없다고 생각하지 않도록 하나님께서는 그 징계를 다른 사람들 앞에서 공개적으로 내리실 것이다.

다른 주석가들은 은밀한 중에 천국의 이름을 더럽힌 사람이 공개적으로 징계를 받으므로 다른 사람들이 그를 의로운 사람으로 믿어 그 행동을 따라하지 못하게 한다고 주장하고 있다.

티페레트 이스라엘은 은밀한 중에 천국의 이름을 더럽힌 사람이란, 곧 다른 사람들 몰래, 하나님을 거역하는 영으로(마음으로) 죄를 지은 사람을 의미한다고 설명한다. 이런 사람은 하나님을 전혀 생각하지 않으며 자기 평판만을 중히 여기므로, 그 평판이 더럽혀짐으로써 그 징계를 받을 것이다. 바로 '눈에는 눈, 이에는 이'의 원리이다.

은밀한 중에 천국의 이름을 더럽힌 사람의 본성을 더욱 깊이 파헤쳐보면, 이 죄가 얼마나 중한지를 알게 될 것이며, 이로 인해 그가 공개적으로 징계를 받게 되는 이유를 알 수 있을 것이다. 죄인은 하나님의 능력을 부정하거나 그분의 존재를 부정하는데, 그러한 사람이 사람들 앞에서 죄를 범하지 않을 이유가 있겠는가? 이런 사람은 분명 하나님을 두려워하지 않을 것이며, 반대로 다른 사람들의 평판을 두려워할 것이다. 즉 그의 거짓된 경건함, 그 자체가 바로 천국의 이름을 더럽히는 것으로 다른 사람들 앞에서 징계를 당하는 것이 당연하다는 것이다.

천국의 이름을 더럽힌 자는 신용을 받지 못하리라

키두쉰[Kiddusin]에 나타나는 견해는 '공공연히 그로부터 형벌을 받을 것이다'라는 이 구절의 말씀을 조명하고 있다. 이 견해에 따르면 "하나님의 이름을 더럽힌다면, 알고 범하였든지 모르고 범하였든지, 에인 마키핀[ein makifin], '신용을 받지' 못할 것이다"(키두쉰[Kiddushin] 40a). 이 언급에서 나타난 신용이라는 단어는 상인이 물건을 팔고 그 값을 후에 받을 수 있을 것이라 기대하는 것에 똑같이 적용되는 말이다. 하나님께서는 보통 죄를 바로 징계하시지 않으신다. 오래 참으시고, 또 회개함으로써 '그 값을 속죄할' 시간을 주신다. 하나님의 이름을 더럽힌 자는 '신용을 받지 못할 것이다'라는 말씀에 대해 현자들은 두 가지 해석을 제시하고 있다. 첫 번째, 다른 종류의 죄를 범한 사람들과는 달리 하나님의 이름을 모독한 악인은 그 길을 돌이킬 만큼 충분한 시간을 받지 못하고 그 즉시 제 값(즉 징계)을 치르게 된다는 것이다.

두 번째 해석은 다음과 같다. 곧 보통 사람의 죄와 그가 받을 기업은 서로 정확하게 균형을 이룰 때, 하나님께서는 회개할 기회를 주신다. 그러나 이 죄들 중 하나가 바로 하나님의 이름을 모독한 죄라면, 죄의 무게

가 기업보다 더 무겁게 되므로 그 균형이 깨지고 만다. 따라서 그의 기업보다 죄가 더 큰 것과 같이 심판을 받게 된다는 것이다(마하르샤[Maharsha] ibid. 참고).

우연이든 의도적이든지 간에,
모두 똑같이 그 이름을 더럽히는 것으로 간주된다.

모르는 중에 하나님의 이름을 더럽힌 자가 받을 징계가 일부러 그 이름을 더럽힌 것과 같다는 것은 어떻게 설명이 될 수 있는가? 모르고 지은 죄가 알고 지은 죄보다 더 가벼이 여김을 받는 것이 옳지 않겠는가?

람밤은 말하길, 이 구절은 알고 지은 모독죄와 모르고 지은 모독죄 모두 그 징계의 형태가 같을 것이라고 했다. 즉 모두 사람들 앞에서 징계를 받게 될 것이라는 말이다. 그러나 모르는 중에 하나님의 이름을 더럽힌 사람은 알고 그 죄를 지은 자보다 더 가벼운 징계를 받게 될 것이다.

그렇다고 하여 모르는 중에 죄를 지은 것까지도 꼭 징계를 받아야 하는가? 라베이누 요나는 설명하기를 모르고 죄를 짓는다 하여도 이는 그가 마음이 느슨해진 것을 나타낸다고 했다. '우연히 지은 죄'라고 하여도 상황에 완전히 끌려가서 죄를 범하게 되었다는 것을 의미하지는 않는다. 본인이 충분히 주의를 기울이지 않았으므로 피해야 할 상황에 오히려 끌려가고 말았다고 말할 수 있을 것이다.

어찌 잊을 수 있으랴?

하지만 일부 주석가들은 이 구절의 말씀을 문자적으로 해석하고 있다. 천국의 이름을 더럽힌 것이 의도적이었든 우연이었든 동일한 강도의 징계를 받게 된다는 것이다.

그렇다면 알고 한 사람과 모르고 한 사람이 동일한 징계를 받아야 하는 이유는 무엇인가?

라베이누 요셉 벤 슈샨[Rabbeinu Yosef ben Shushan]은 설명하기를, 토라의 말씀을 부지중에(모르고)범하는 데에도 두 가지 길이 있다고 하였다. 바로 토라를 진짜로 '모르고' 죄를 짓는 것과 토라의 말씀을 '잊어버리고' 죄를 짓는 것이다.

어쩌면 죄가 죄인지 모르고 천국의 이름을 더럽히는 경우가 생길 수도 있다. 특별히 형식상으로는 죄가 아니라고 생각하였으므로 본의 아니게 천국의 이름을 더럽히게 되는 것일 수도 있다. 이 경우 모르고 죄를 지은 사람이 일부러 죄를 지은 사람만큼 비난을 받을 만한 일은 아니다.

그러나 죄가 죄인 것을 '잊고' 우연히 죄를 지어 천국의 이름을 더럽힌 사람은 의도적으로 한 사람과 같은 죄를 지은 것으로 여김을 받을 것이다. 단 한 순간이라도 그를 창조하신 창조주 하나님의 이름을, 그분의 영광에 해가 가지 않도록 지켜야 한다는 것을 어찌 잊을 수 있는가? 사람은 언제나 마음속에 하나님께서 함께 하심을 새기고 살아야 한다. "내가 주님을 언제나 따를 것이라." 하나님을 경외하는 마음이 가득한 사람은 주님의 영광을 수호해야 한다는 의무를 절대로 잊지 않을 것이다. 이 의무를 마음에 담아두지 않는 것 자체만으로도 하나님의 이름을 더럽히는 일인 것이다.

돌이킬 수 없는 죄

데레크 하하임[Derech hachaim]에서, 마하랄[maharal]은, 모르고 천국의 이름을 더럽힌 죄가 알고 그 죄를 지은 것보다 더 무겁게 징계를 받은 사례가 성경에 기록되어 있음을 지적하고 있다.

우연히 지은 죄는 회개나 제사로 속죄가 가능하지만, 살인의 경우 모르고 죄를 범하였다 할지라도 죄인은 무리 중에서 추방되어야 한다. 남에게 상해를 입힌 경우 또한 마찬가지이다. 우연히 상해를 입혔다 할지라도 의도적으로 한 것과 마찬가지로 그가 입힌 상해만큼 상대방에게 보상해야 한다. 이러한 판결의 이유는 무엇인가?

바로 남을 상하게 하거나 살인하는 것은 죄를 범한 자의 책임의 크기를 막론하고 돌이킬 수 없는 죄이기 때문이다. 이 경우 회개와 용서만으로는 충분치 않다.

마하랄은 언급하기를 천국의 이름을 더럽히는 죄에도 같은 개념이 적용된다고 하였다. 죄를 지었으나 천국의 이름이 더럽혀지지 아니하였다면 자기 자신과 하나님 사이의 관계가 영향을 받은 것일 뿐이다. 이는 회개나 제사를 통해 회복이 가능하다. 그러나 천국의 이름이 더럽혀졌으므로 다른 사람의 믿음에까지 영향이 간다면, 회개와 속죄만으로는 충분치 않은 것이다. 그러므로 죄인은 공개적으로 징계를 받아 모두가 하늘나라의 영광이 다시 회복되었음을 보도록 해야 하는 것이다.

자만이 하나님의 이름을 더럽힌다

하나님의 이름을 더럽힘으로 다른 사람들까지 제 길을 잃어버린다면, 그만큼 슬픈 일이 또 없을 것이다. 라쉬는 말하길 "죄를 지어 다른 사람이 또 죄를 짓도록 함으로써 하나님의 이름은 더럽혀진다"(요마[Yoma] 86a)고 하였다. 여로보암이 위 사례의 극단적인 예를 보여준다. 그는 이스라엘 열 지파로 하여금 죄를 짓고 우상을 숭배하도록 이끌었고, 결국 그 결말은 파멸이 되었다. 선지자는 정확히 같은 말을 그에게 전한다. "악을 행하여 이스라엘로 범죄하게 하였다"(히브리어 성경 왕하 15:16, 한글성경 왕하 15:18).

처음에는 여로보암도 사람들에게 선한 영향력을 준 사람이었다. 언젠가 솔로몬은 이집트의 공주와 결혼할 때에 다윗 성의 성벽에서 뚫린 부분을 모두 봉하여 예루살렘 성문을 지나는 사람은 누구든 그 비용을 내게 하여 궁전 건축 비용을 충당하려 했다. 여로보암은 이 일에 반대하며 말하길, "할아버지 다윗이 벽을 뚫은 이유는 절기 때마다 유대인들이 예루살렘에 쉽게 들어올 수 있도록 하기 위함이었습니다. 하지만 왕께서는 파라오의 공주를 위해 세금을 올리고자 뚫린 곳을 다시 막으시는군요."

이 일 이후로 여로보암은 솔로몬을 피하여 이집트로 도망해야만 했다. 이윽고 솔로몬이 세상을 떠나자 그는 이스라엘에 다시 돌아왔고, 솔로몬의 아들 르호보암의 고압적인 정책에 고통을 받아온 열 지파는 여로보암을 왕으로 선택했다. 현자들은 말하길 그가 솔로몬을 꾸짖었으므로 그 보상으로 왕이 된 것이라고 하였다(산헤드린[Sanhedrin] 101b).

이 시기부터 여로보암의 탈선이 시작됐다. 랍비 나흐만[R` Nachman]에 따르면, 그의 탈선은 자만심으로 인한 것이었다(산헤드린[Sanhedrin] ibid.). 성경에서 보는 대로, "여로보암의 마음에 이스라엘 왕국이 예루살렘의 주님의 집, 성전에 바쳐진다면, 왕국이 다시 다윗 가문으로 돌아갈지도 모른다는 생각이 들었다." 그렇게 되면 여로보암은 왕위를 잃고 말 것이었다. 그러므로 그는 "두 금송아지를 만들고 무리에게 말하기를 너희가 다시는 예루살렘에 올라갈 것이 없도다 이스라엘아 이는 너희를 애굽 땅에서 인도하여 올린 너희의 신들이라"(왕상 12:26-30). 이에 하나님께서는 여로보암에게 선지자를 보내셔서 그를 꾸짖으셨다.

그러나 '이 일 후에도 여로보암은 악한 길을 돌이켜 회개하지 않았다.' '이 일 후에도'라는 말씀의 의미는 무엇인가? 현자들은 하나님께서 여로보암의 옷을 쥐고 그에게 이렇게 말씀하신 것이라고 설명한다. "회개하라! 그리하면 나와 너와 유다의 아들(다윗 왕)이 함께 에덴동산을 거닐 것이다."

분명히 이는 특별한 보상이었으나, 여로보암은 그 말이 성에 차지 아니하였다. "이를 이끌 자는 누구입니까?" 그가 하나님께 대답하자 하나님께서 말씀하셨다. "유다의 아들이 이끌 것이다." 그러나 여로보암의 대답은 "그러면 별로 생각이 없습니다"였다(산헤드린[Sanhedrin] 102a).

여로보암은 그의 자만심이 하늘을 찔렀으므로 하나님과 다윗 왕과의 연합을 거절했는데, 이는 다윗이 그보다 더 크게 존경을 받을 것이기 때문이었다. 그 결과 여로보암은 유대인들에게 우상을 섬기도록 종용하였고, 이스라엘 왕국은 포로기가 되기까지 두 나라로 분열되고 만 것이었다.

사람들 앞에서 하나님의 이름을 높이라

하나님의 이름을 더럽힌 죄는 비록 우연히 그랬다고 할지라도 일생의 어떤 일로도 속죄할 수 없다고 이 구절은 말하고 있다. 마찬가지로 요마[Yoma]에서는 회개와 대속죄일, 고난과 죽음만이 이 죄를 속죄하는 길이라고 말하고 있다.

의문이 들 수도 있다. 말씀은 "선을 행하고 전혀 죄를 범하지 아니하는 의인은 세상에 없기 때문이로다"(전 7:20)라고 하고 있지 않는가? 살면서 단 한 번이라도, 모르는 중에 하나님의 이름을 더럽히게 될 수도 있지 않은가. 실제로 위대한 사람일수록 일거수일투족이 평가를 받고 또 많은 기대의 대상이 되므로, 잘못을 범할 기회가 더 많은 것이 사실이다. 그렇다면 이 세상에는 정녕 속죄할 기회, 희망이 없다는 말인가?

이에 대하여 라베이누 요나는 말하길 하나님의 이름을 욕되게 함으로 생긴 균열을 메꿀울 수 있는 방법이 있다고 했다. 바로 사람들 앞에서 하나님의 이름을 높이는 것이다(샤아레이 테슈바[Shaarei Teshuvah], Gate 4, 4-5). 그는 기록하기를, "고칠 수 없는 병이 있듯 영이 바로잡을 수 없는 죄도 있다…(중략) 죽음이 죄를 지은 육체와 영을 갈라놓기 전까지. 이것이 바로 하나님의 이름을 더럽힌 죄이다." 그러나 다음의 말이 계속 이어진다. "이런 불치병(하나님의 이름을 욕되게 하는 것)도, 주님의 토라를 사람들 앞에서 높이고 주님의 전지전능하심과 그 주권의 영광스러운 위엄을 가르치도록 하나님께서 도우신다면, 그 죄에서 벗어날 수 있을 것이다."

모든 사람이 평생 많은 사람들에게 토라를 전할 수 있는 것은 아니다. 그러나 모든 사람은 정직함과 친절함으로 모범이 되어 하나님의 이름을 높일 수 있다(요마[Yoma] 86a).

미쉬나 6절　　　　　　　　משנה ו

רַבִּי יִשְׁמָעֵאל בַּר רַבִּי יוֹסֵי אוֹמֵר,
הַלּוֹמֵד תּוֹרָה עַל מְנָת לְלַמֵּד, מַסְפִּיקִין בְּיָדוֹ
לִלְמוֹד וּלְלַמֵּד.
וְהַלּוֹמֵד עַל מְנָת לַעֲשׂוֹת, מַסְפִּיקִין בְּיָדוֹ לִלְמוֹד
וּלְלַמֵּד לִשְׁמוֹר וְלַעֲשׂוֹת.

랍비 이스마엘 바르 랍비 요세이는 말한다.
가르치기 위해 토라를 연구하는 사람은
연구하고 가르칠 수단들이 주어졌다.
수행하기 위해 연구하는 사람은
연구하고 가르치고 관찰하고 수행하기 위한 수단들이 주어졌다.

미쉬나 6절

랍비 이스마엘 바르 랍비 요세이는 말한다.

데레크 하하임[Derech Hachaim]에서 마하랄은 설명하기를, 하나님의 이름을 욕되게 하는 죄의 중함을 이전 구절에서 다룬 후에 본 구절에서는 반대로 주님의 이름을 높이는 자를 찬양하고 있다고 하였다.

이처럼 하나님의 이름을 높이는 사람들을 두 부류로 구분할 수 있다.

먼저 '가르치기 위해' 배우는 사람들이다. 이런 사람들은 일생을 바쳐 아무런 금전적 이득을 얻지 않고 토라를 배우는 데에 헌신한다. 이들의 유일한 목적은 토라의 빛을 전하기 위하여 자신이 아는 것을 다른 이들에게 가르치는 것이다. 이런 사람은 하나님의 이름을 특별히 크게 높이는 것이다.

그러나 이보다 더 큰 사람이 있으니, 바로 '행하기 위해' 배우는 사람들이다. 즉 자선과 선행을 통해 토라의 빛을 느끼지 못한 사람들에게 그 빛을 조명해 줌으로써, 이 세상에서 하늘나라의 영광을 더욱 확장시키는 사람들이다.

라베이누 요셉 야베쯔는 순전한 동기가 없이 토라를 배운다면 그 길에 많은 위험이 도사리고 있다고 말하였다. 주로 토라를 가르치는 사람의 옳지 못한 행동으로 인해 하나님의 이름이 더럽혀진다는 이전 구절의 뒤에 이 구절이 배치된 이유가 바로 이것이다.

더 나아가 이 구절은 토라를 배우는 자의 동기가 순전하다 할지라도 그 배움에 선행이라는 이름의 관을 씌우지 않으면 아직 천국의 이름을 높인 것이라고 할 수 없다고 가르친다.

가르치기 위해 토라를 연구하는 사람은

이 미쉬나 구절은 '가르치기 위해 연구하는 사람' 사람과 '행하기 위해 연구하는' 사람을 비교하고 있다.

이는 가르치기 위해 연구하는 사람은 자신의 가르침을 실천으로 옮기지 않는다는 것을 의미한다. 이런 사람도 보상을 받을 만한 것일까? 오히려 징계를 받아야 할 것이 아닌가! 실제로 현자들은 배우기는 하나 그 연구한 것을 실천하지 않는 사람을 맹렬히 비판하며, 실천이 없는 연구를 죽음의 영약이라고 표현하고 있다. 하나님의 뜻을 실천하고자 하는 동기가 없이 토라를 연구하는 사람은 크게 가혹한 징계를 받을 만하기 때문이다. 그러므로 주석가들은 말하길 본 구절에서 '가르치기 위해 토라를 연구하는' 사람이 자신이 연구한 것을 실천으로 옮기지 않는 사람을 암시한다는 추론을 경계한다. 즉 '가르치기 위해 토라를 연구하는' 사람은 자신이 연구한 것을 행동으로 옮기려 하나 그 연구의 의도가 가르침에 더 초점이 맞추어져있는 사람을 뜻한다는 것이다.

연구하고 가르칠 수단들이 주어졌다.

주석가들은 '가르치기 위해 토라를 연구하는' 사람을 불순하고 자기중심적인 동기로 토라를 연구하는 사람이라고 설명한다. 그러나 이런 사람들도 '연구하고 가르칠 수단들이 주어졌다.' 그러므로 자기가 토라를 연구하는 동기가 이기적이라 할지라도, 결국 올바른 동기를 배우게 될 것이므로 그 연구를 멈추어서는 안 된다는 것이다(페샤힘[Pesachim] 50b).

현자들은 "계명을 실천함으로 받는 보상은 이 세상의 것이 아니다."(키두신[Kiddushin] 39b)라고 가르치고 있다. 그러나 반대로 토라는 토라를 연구하고 계명을 지킴으로 이 세상에서 보상을 받을 것이라고 자주 언급하고 있다. 일례로, 성경은 "너희가 내 규례와 계명을 준행하면 내가 너희에게 철따라 비를 주리니 땅은 그 산물을 내고 밭의 나무는 열매를 맺으리라"(레 26:3-4)라고 말씀하고 있다.

주석가들은 이에 대하여 말하기를, 계명을 실천함으로 얻을 영적이고 영원한 보상이 이 물질 세계에서 받기에는 너무나 위대하고 숭고하다고 했다. 즉 위에 언급된 토라의 약속은 이제 막 토라의 길을 시작하는 사람에게 그 길을 장려하도록 얹어주는 장학금과 같은 것이다.

수행하기 위해 연구하는 사람은

'수행하기 위해 연구하는' 사람은 곧 하나님의 뜻을 실천하기 위하여 토라를 연구하는 사람을 뜻한다고 이해할 수 있다. 그러나 바르테누라의 랍비 오바디야의 견해에 따르면, '수행하기 위해 연구하는' 사람은 곧 토라를 배우는 것을 넘어서 인자한 마음으로 남을 돕는 일에 투신하기까지 하는 사람을 뜻한다. 이러한 사람은 배움의 초점을 실천에 두어야 함을 결코 잊지 않으며, 남을 도움으로써 배움을 게을리하게 될까 걱정하지 않는다.

랍비 오바디야는 가르치기 위해 배우는 자의 예를 랍바[Rabbah]로, 행하기 위해 배우는 자의 예를 아바예[Abaye]로 들고 있다. 이 두 사람은 모두 엘리의 집안 자손으로, 두 사람 모두 단명하는 저주를 받았다(삼상 2:31). 랍바는 토라를 배움으로써 이 저주가 끊어질 수 있으리라 생각한 반면, 아바예는 배움을 넘어서서 선행을 실천해야 한다고 생각했다. 배움에 투신한 랍바는 40세까지 산 반면, 선행에 투신한 아바예는 60세까지 살았다(토사포트[Tosafos]의 주석은 더 나아가 랍바 역시도 선행을 실천했으나, 아바예만큼은 아니었고, 그가 실천보다는 배움에 주로 초점을 맞추었다고 전하고 있다).

그러나 본 구절에 대한 랍비 오바디야의 설명은 어느 정도 압박으로 느껴지기도 하는데, 이는 이 구절에서는 연구하는 동시에 행하는 사람이 아닌, '행하기 위해 연구하는 자'에 대해 말하고 있기 때문이다. 그러므로 이 구절에서 '수행하기 위해 연구하는 자'는 곧 옳은 행동을 실천하는 것이 바로 토라의 최종 목적임을 마음에 새기고 사는 사람이라고 보는 것이

대안이 될 수 있을 것이다.

연구하고 가르치고 관찰하고 수행하기 위한 수단들이 주어졌다.

미드라쉬 슈무엘에 따르면, 이 미쉬나의 구절을 통해 우리는 세 종류의 학생의 모습을 배울 수 있다고 한다. 첫 번째 부류는 이 구절에는 기록되어있지 않으나 추정할 수 있는데 바로 지식과 지혜를 얻고 영적인 성장을 도모하는 등 자기 자신을 위하여 토라를 배우는 사람이다.

이런 사람은 다른 사람을 가르치는 데 시간을 들이거나 계명을 실천하기를 주저하거나 마지못해 한다.

그 다음으로는 '가르치기 위해 연구하는' 사람이다. 이런 사람은 다른 사람을 가르칠 시간을 따로 떼어두며, 어둠 속을 걷는 사람에게 등대가 되어준다. 이런 사람은 돈이 모자라 배움을 멈추는 일이 없을 것이며, 다른 사람을 가르치는 데에 자기 시간을 들인다는 사실에 의해 흔들리거나 해가 되지 않을 것이다. 세 번째 부류는 바로 '행하기 위해'(돕기 위해) 연구하는 사람이다. 이런 사람은 토라를 배울 뿐만 아니라, 다른 이들을 가르치고 계명과 선행에 투신하는 그때에, 스스로 깨달음을 얻기까지 할 것이다.

가르치기 위해 배우는 자의 의무

솔로몬 왕은 '인애의 법(토라)'(잠 31:26)이라는 말을 사용하고 있다. 그러나 현자들은 토라에는 상냥한 토라와 상냥하지 않은 토라, 두 토라가 있다고 하지 않았던가? 토라를 연구하는 목적이 남을 가르치는 것에 있다면, 토라연구 자체로도 선행을 실천하는 것으로 여김을 받을 것이라고 현자들은 가르치고 있다. 반면 현자들은 또 가르치기를, 토라를 연구하나 그 지식을 나누지 않는 사람을 가리켜 광야에 자라는 도금양과 같아서 향기를 풍기나 그 누구도 그 향기를 맡지 못한다고 하기도 했다(로쉬 하샤나[Rosh Hashanah] 23a).

더 나아가 다른 사람들을 가르칠 능력이 있으나 이를 가르치지 않는 사람은 살인자에 비유하기까지 하는데, 이는 이런 사람은 다른 사람들에게서 진실된 삶을 살아갈 기회를 빼앗은 것과 같기 때문이다(아보다 자라[Avodah Zarah] 19a).

빌나 가온[Vilna Gaon]이 아직 어릴 때, 사람들이 그에게 묻기를 "토라 전체가 십계명을 암시한다는 것을 알고 있습니다. 그렇다면 남을 판단할 능력이 없으나 판단을 하는 사람과 판단할 능력이 있으나 판단하지 않는 사람에 대한 계명은 토라 어디에서 찾을 수 있습니까?"라고 했다.

그러자 어린 빌나 가온은 "십계명에 모음 구두점을 찍는 방법이 두 가지가 있다고 들었습니다. 하나는 모두의 앞에서 읽을 때를 위한 것이며, 다른 하나는 일반적인 구절의 구분에 따른 것입니다. 모두의 앞에서 십계명을 읽을 때, '살인하지 말라'는 계명은 마지막 절이 아니기 때문에 마지막 단어인 '살인'에 모음인 파타흐(ַ)가 붙어서 '티르차크'로 읽습니다. 하지만 일반적인 구절의 구분에서, '살인하지 말라'는 마지막 절이기 때문에 '살인'이라는 단어는 모음 카마츠(ָ)가 붙어 '티르초크'라 읽습니다. 즉 '살인하지 말라'는 계명은 두 종류의 살인자를 말한다고 이해할 수 있습니다. 하나는 '파타흐'로 살인하는 자로, 감추어야 할 지식의 창고를 활짝 여는(포테야크, '열다'라는 뜻) 사람입니다. 즉 다른 이를 이끌 능력이 없으면서도 이끌어 올바른 길에서 벗어나게 하는 사람이 바로 이런 사람입니다. 다른 하나는 '카마츠'로 살인하는 자로, 지식을 자기 머릿속에 꽁꽁 숨겨놓고 그 문을 닫아(카마츠, '닫음') 다른 사람에게 생명의 축복을 나누지 않는 사람입니다."라고 대답했다.

실천의 말씀, 할라카를 배우다

다른 주석가들은 이 구절이 토라를 배우는 방법을 목적에 따라 두 가지로 나눈 것이라고 보고 있다.

라베이누 요나는 '가르치기 위해 연구하는 자'란 공부의 목적이 실천적인 할라카를 배우는 데에 있지 않은 사람을 뜻한다고 설명한다. 이런 사람들은 배움에 있어서도 바닥이 보일 때까지 깊이 파고들지 않으며, 완전히 이해할 때까지 공부하지 않는다. 순전히 '가르치기 위해' 연구하는 것으로, 지금 당장 흥미로운 생각이나 식견을 어느 정도 알고 나면 그 지식이 완전히 자리를 잡지 않더라도 흥미를 잃어버리고 마는 것이다.

반면 '행하기 위해 연구하는 자'는 실제로 어떻게 해야 하는지를 배우고자 한다. 라베이누 요나의 말을 인용하면 이런 사람들은 "진정한 결론을 찾기 위해 분석하려 한다. 작고 세세한 부분이라도 며칠, 몇 년을 파고든다. 행하기 위해 연구하는 자의 생각의 요지는 자기가 배운 진리에 따라 '실제로 행하고' 살아가기 위한것이다."

'티페레트 이스라엘'[Tiferes Yisrael]의 저자인 랍비 이스라엘 리프시츠[R` Yisrael Lifshitz]는 위의 라베이누 요나에 뒤이어 두 가지 방법의 예를 통해 그 차이를 설명하고 있다.

'가르치기 위해 연구하는 자'는 토라를 공부하면서도 대부분의 시간과 에너지를 철학적인 주제나 희생제사법 등 실천과는 직접적으로 관련이 없는 부분에 투자한다. 반면 '행하기 위해 연구하는 자'는 삶에 실제적으로 적용되는 할라카와 탈무드와 관련된 글을 먼저 배운다.

물론 본 구절에서 실천과 관련이 없는 주제를 공부하지 말라는 것이 아니다. 오히려 토라를 배울 때에 어디에 더 중점을 두어야 하는지에 대해 알려주고 있는 것이다.

미쉬나 7절   משנה ז

רַבִּי צָדוֹק אוֹמֵר,
אַל תַּעֲשֵׂם עֲטָרָה לְהִתְגַּדֵּל בָּהֶם, וְלֹא קַרְדֹּם
לַחְפּוֹר בָּהֶם.
וְכָךְ הָיָה הִלֵּל אוֹמֵר,
וּדְאִשְׁתַּמֵּשׁ בְּתָגָא, חָלָף. הָא לָמַדְתָּ, כָּל הַנֶּהֱנֶה
מִדִּבְרֵי תוֹרָה, נוֹטֵל חַיָּיו מִן הָעוֹלָם:

랍비 짜도크는 말한다.
 공동체에서 너희 자신을 분리시키지 말라.
[심판관으로 직무를 수행할 때] 변호사처럼 행동하지 말라.
토라를 자기 자신을 영광스럽게 하기 위한 왕관으로 만들지 말고,
파기 위한 삽으로도 만들지 말라.
또한 힐렐은 말한다.
[개인의 이익들을 위해 토라의] 왕관을 이용하는 사람은
사라져 없어질 것이다.
이것으로부터 누구든지 토라의 말씀으로부터
개인적인 이득을 구하는 사람은
세상으로부터 그의 생명이 제거된다는 것을 너희는 알 수 있다.

미쉬나 7절

랍비 짜도크는 말한다

랍비 짜도크는 탄나임들 중 첫 번째 세대에 속하는 학자로, 그의 아버지와 아들, 손자도 모두 탄나였다. 랍비 짜토크는 샴마이의 제자였으나 힐렐 학파의 관습을 받아들였다 (예바모트[Yevamos] 15b).

성전의 파괴를 막기 위해 짜도크는 40년 동안 말린 무화과 외에는 아무것도 먹지 않고 금식하여, 그의 몸은 매우 말랐으며, 무언가를 먹으면 음식이 창자를 거치는 것이 다 보일 정도였다고 전한다(기틴[Gittin] 56a).

랍반 요하난 벤 자카이가 로마군에게 포위된 예루살렘에서 몰래 빠져나온 이야기는 매우 유명하다. 성에서 빠져나온 자카이는 당시 군대를 이끌던 베스파시안에게 세 가지를 요청하였다고 하는데, 그 중 하나가 바로 금식을 하던 랍비 짜도크를 치료할 의사를 들여보내주는 것이었다. (ibid 56b) 베스파시안은 그 요청을 들어주었다고 한다.

베스파시안이 있는 곳으로 수척한 모습의 짜도크가 들어오자, 랍반 요하난은 자리에서 일어나 예를 표하였다. 그 모습을 본 베스파시안은 요하난에게 물었다. "이 허름한 노인 앞에 예를 표하는 이유는 무엇인가?" 이에 요하난이 대답했다. "그와 같은 유대인이 예루살렘에 단 한 명만 더 있었더라면, 장군께서는 두 배의 병력으로도 유대를 정복하지 못했을 것입니다."

"그의 힘은 어디에서 나오는가?" 베스파시안이 묻자, 요하난이 대답했다.

"그는 작은 나무열매 하나에서도 수천 가지 토라의 교훈을 배울 수 있는 사람입니다"(에이하 라바[Eichah Rabbah] 1:5).

성전이 파괴된 후에도 랍비 짜도크는 머리에 재를 쓰고 울며 하나님 앞에 이스라엘 백성들의 자비를 구하기를 멈추지 않았다. 언젠가 그가 파괴된 성전 터에 갔을 때에 하나님께 이렇게 울부짖었다. "하늘에 계신 우리 아버지여, 당신의 손으로 당신의 도시를 부수시고 당신의 성전을 불태우셨습니다. 어찌 이리도 아무 말이 없으신지요?"

이렇게 외친 후 그는 바로 잠에 빠져들었다. 꿈속에서 만난 하나님과 천사들은 성전이 파괴된 광경을 보시고 울고 계셨다.(엘리야후 라바[Eliyahu Rabbah] 28) 이 일 이후 그는 갈릴리의 타바라는 마을로 가 거기서 야브네의 산헤드린 공회로 향했다. 마침내 그가 야브네에 도착하자, 사람들은 그를 그 세대의 지도자로서 환대하였으며 라반 가말리엘의 우편에 앉게 했다 (예루샬미 산헤드린[Yerushalmi Sanhedrin] 1:4).

랍비 짜도크는 장수했다. 그의 아들인 랍비 엘라자르 역시도 탄나였으며, 그의 손자의 이름 역시 짜도크였고 토라 지식에 박식했다고 한다(샤보트[Shabbos] 157a).

토라를 자기 자신을 영광스럽게 하기 위한 왕관으로 만들지 말고

토라의 말씀을 '자기 자신을 영광스럽게 하기 위한 왕관으로 만들지 말고'라는 구절을 대다수의 주석가들은 토라의 말씀을 이용해 개인의 명예를 얻지 말라는 경고로 보고 있다. '네 하나님 여호와를 사랑하고 그의 말씀을 청종하며 또 그를 의지하라'(신 30:20)는 구절 역시도 현자들은 비슷한 관점으로 보고 있다. 즉 이 신명기의 구절도 '열심히 토라를 배워서 나도 학당의 높은 자리에 앉아 현자, 랍비, 어른으로 대접받아야지'라는 생각을 하지 말라는 것이다(네다림[Nedarim] 62a).

그러나 위와 달리 다른 문헌에서 현자들은 부적절한 동기로 토라를 배우는 것을 받아들일 만한 것으로, 심지어 적절한 것으로까지 기록하고 있다. 비록 처음에 토라를 배우는 동기는 적절하지 못하였을지라도 나중에 그 동기가 올바르게 될 것이기 때문이다(페사힘[Pesachim] 50b).

마하랄은 이토록 분명히 보이는 모순에 대하여 데레크 하하임[Derech Hachaim]에서 설명하고 있다. 토라의 왕관을 자기 자신의 유익을 위해 사용해서는 안 되나, 토라 연구를 아예 그만 두는 것보다는 낫다는 것이다. 비록 동기가 잘못되었을지라도 토라 배움을 시작해야만 하는 이유가 바로 이것이다. 처음에는 자기의 영광을 위해 토라의 말씀을 왕관으로 삼은 사람도 마지막에는 온전히 하나님의 뜻을 실천하기 위해 토라를 배우게 될 것이다.

그렇다면 '옳지 않은 동기로 토라를 배우는 자는 차라리 태어나지 않았으면 더 좋았으리라(베라호트[Berachos] 17a)'는 현자들의 원색적인 모욕은 어떻게 보아야 하는가? 라쉬와 토사포트는 이 말이 다른 사람들을 부끄럽게 하기 위해 자신의 토라 지식을 사용하는 사람들에게 던지는 말이며, 단순히 명예를 얻고자 토라를 배우는 사람이라면, 참작의 여지가 있는 것이라고 설명하고 있다.

파기 위한 삽으로도 만들지 말라.

"(토라의 말씀을)파기 위한 삽으로도 만들지 말라"는 구절은 자신이 배운 토라 지식을 재물을 얻기 위해 사용하는 것을 금지한다는 의미이다. 돈을 위해 토라를 이용하는 것은 마치 황금 왕관으로 땅을 파는 것과 같은 것이다.

람밤이 본 구절에 남긴 주석에 따르면 토라 지식으로 재물을 얻는 데 쓰지 말라는 계명은 절대적인 것이다. 사람이라면 누구나 스스로 먹고 입을 수 있을 만큼 기술을 배워야 한다. 환자나 노인과 같이 스스로의 생계를 책임질 수 없는 사람이라면 다른 사람에게 도움을 받을 수도 있다. 그러나 "토라를 배움에 투신하면서 자기 생계를 위해 일하지 않으며 남의 도움으로 살아가려는 자는 하나님의 이름을 더럽히는 것이요, 토라의 명예를 짓밟는 것이며, 신앙의 빛을 꺼트리는 것이요, 또 스스로를 악하게 하는 것으로 이러한 자는 이 세상에서 이미 토라의 말씀으로 이익을 얻었으므로 올 세상에는 그를 위한 자리가 없을 것이다"(탈무드 토라[Talmud Torah] 3:10).

하지만 많은 토라의 권위자들은 위와는 반대의 견해를 가지고 있다. 람밤 그 자신도 이 구절의 주석 처음 부분에는 대다수의 현자들(어쩌면 모든 이들)이 자신의 견해에 반대했다고 인정하고 있다. 저서 마겐 아보트[Magen Avos]와 답서에서 라쉬바쯔[rashbatz]는 이 구절이 실천적 명령이라기보다는 특별히 경건한 사람에게 권하는 조언이라고 결론을 내리며 실제로 당시, 즉 탈무드 시대와 미쉬나 시대에 현자들이 토라 연구와 가르침을 지속하기 위해 생계의 도움을 받았다는 다수의 증거를 인용하고 있다.

라쉬바쯔의 개인 일기에 따르면 그는 스페인에 거주할 적에 의사로 일하며 생계를 이어갔다고 한다. 하지만 당시 기독교인들의 박해를 피해 스페인을 떠난 후에는 스스로 생계를 이어갈 수 없었으며, 랍비로서 급여를 받았다고 밝히고 있다. 일기의 말미에 그는 이렇게 적었다. '지금 우리가 사는 이곳이 의사로서 자기 생계를 벌 수 있는 곳이었더라면, (그 돈을) 받지 않았을 텐데.'

랍비 요셉 카로 또한 저서 케세프 미쉬나(Kesef Mishnah, 탈무드 토라 [Talmud Torah] ibid.)에서 람밤의 말에 반대의 입장을 보이고 있다. 본 말씀에 관한 람밤의 해석이 옳다고는 하더라도, 토라 연구를 위해 금전적 지원을 받을 수 있다는 주장을 뒷받침할 만한 말이 아직 많이 남아있다는 것이다. '그들이 주의 법을 폐하였사오니 지금은 여호와께서 일하실 때니이다'(시 119:126)라는 말씀과 같이, 토라를 지키기 위해 명령이 폐해져야 하는 상황이 있을 수도 있다. 실제로 랍비 예후다 하나시(또는 유다 하나시,

나시는 유대교를 이끌던 수장을 뜻함 – 역자 주)는 이 구절에 대한 해석을 이유로 미쉬나 회의에서 구전 토라를 기록하는 것을 허용했다. 실제로 미쉬나와 탈무드로 시작하는 무궁무진한 토라 문학이 바로 이 구절에 근간을 두고 있다고 할 수 있는 것이다. 수 세대가 지난 오늘날에는 자기 생계를 충분히 책임지면서 토라를 배움에 많은 시간을 할애할 수 있는 사람을 찾을 수 없다. 랍비 카로는 말한다. "만일 토라를 가르치는 자와 배우는 자 모두 소득이 보장되지 않는다면, 토라를 공부하는 수고를 지려 하지 않을 것이고, 토라는 잊힐 것이며 천국의 문은 굳게 닫히고 말 것이다."

지금에 이르러서는 토라 연구가 토라 학자들에 대한 사회의 지원으로 이어지고 있으므로, 이러한 지원이 필요하며 또 용인할 만한 것이라는 점은 의심의 여지가 없다.

**또한 힐렐은 말한다.
[개인의 이익들을 위해 토라의]
왕관을 이용하는 사람은 사라져 없어질 것이다.
이것으로부터 누구든지 토라의 말씀으로부터
개인적인 이득을 구하는 사람은
세상으로부터 그의 생명이 제거된다는 것을 너희는 알 수 있다.**

본 미쉬나는 "토라의 말씀으로부터 개인적인 이득을 구하는 사람은 세상으로부터 그의 생명이 제거된다"라고 끝난다. 라쉬와 람밤은 이 구절이 이제 장차 올 세상을 뜻하는 것으로 보고 있다. 위와 같은 사람은 자기가 가진 영원한 생명을 이 세상의 썩어질 것으로 바꾸는 것이므로, 미

래에 받을 보상을 잃게 되는 것이다.

그러나 다른 현자들은 이 구절을 이 세상에 대한 것으로 보았다. "토라를 사랑하여 배우는 자에게 토라는 생명의 영약이 될 것이요, 토라로 무언가를 얻고자 배우는 자에게 토라는 치명적인 독약이 될 것이다"(타니트[Taanis] 7a). 즉 부적절한 동기로 토라를 배운다면, 곧 살 날이 줄어든다는 것이다.

랍비 오바디야에 따르면, 이런 이유는 토라의 말씀으로 이득을 취하는 것은 마치 성전에 바쳐진 것을 자기를 위해 사용하는 것과 같기 때문에, 성전에 바쳐진 것을 취하는 자에게는 하늘에서 죽음이라는 이름의 징벌을 가한다.

모든 것은 의도에 달렸다

토라 연구로부터 얻는 개인적인 이득이 무엇인지 정의함에 있어 가장 중요하게 고려해야 할 사항은 바로 의도이다. 명예나 생계 등을 위해 토라를 연구한다면 곧 거룩한 것을 개인을 위해 사용하는 것과 다름없다. 이에 대한 랍비 오바디야 스포르노[Ovadiah Sforno]의 말은 다음과 같다. "토라의 말씀이 거룩한 것들 중 가장 거룩한 것이므로, 먹을 것이나 이 세상의 현상 등 세속의 것을 위해 토라의 말씀을 이용하면…(중략) 곧 거룩한 것을 모독하는 것이다." 그러나 이 세상의 헛된 것들을 위하지 아니하고 순전히 토라를 배우기 위해 기부를 받는다면, 그는 거룩한 것을 더욱 거룩하게 하기 위해 사용하는 것이다.

대다수의 주요 주석가들의 견해가 위의 해석과 조화를 이루는 것은 자명하다. 람밤의 견해도 위에 동의한다고도 할 수 있으며, 그의 반대의 글은 모든 것을 천국을 위하여 하라는 유언을 잊은 사람들에게 하는 말이라고 볼 수 있다. 그 증거는 세미타와 요엘의 율법[laws of Shemittah and Yovel]에 대한 그의 글의 끝에서 찾을 수 있다. 여기에서 그는 레위인에게 이스라엘 땅의 지분이 돌아가지 않은 이유는 그들이 스스로 자원하여 하나님을 예배하고 이스라엘에 토라를 가르치는 데에 자기 삶을 헌신했기 때문이라고 쓰고 있다.

이어서 람밤은 동일한 원리가 하나님을 예배하고 토라를 연구하는 데에 스스로를 바치기로 정한 사람에게도 적용된다고 말한다. 이러한 사람은 곧 '거룩한 자들 중에 가장 거룩한 자'로, 레위인으로 태어나는 것과 같은 것이다. 제사장들과 레위인들이 이스라엘 왕국의 지원을 받았듯이 이러한 사람들도 이 땅에서 지원을 받게 될 것이다.

미쉬나 8절   משנה ח

רַבִּי יוֹסֵי אוֹמֵר,
כָּל הַמְכַבֵּד אֶת הַתּוֹרָה, גּוּפוֹ מְכֻבָּד עַל הַבְּרִיּוֹת.
וְכָל הַמְחַלֵּל אֶת הַתּוֹרָה, גּוּפוֹ מְחֻלָּל עַל הַבְּרִיּוֹת.

랍비 요세이는 말한다.
 누구든지 토라를 경외하는 사람은
그 자신이 사람들에 의해서 존경받는다.
그리고 누구든지 토라를 불명예스럽게 하는 자는
그 스스로도 다른 사람들에 의해 불명예스럽게 된다.

미쉬나 8절

랍비 요세이는 말한다.

랍비 요시 벤 할라프타[R' Yosi ben Chalafta]는 탄나임의 네 번째 세대에 속한 사람이다. 그의 가족은 바빌론에서 이주하여 왔으며(요마[Yoma] 66b, 라쉬[Rashi], 타나크[Tanach]), 성전의 파괴와 바르 코흐바의 반란 후 갈릴리의 찌포리[Tzipori]에 집을 지어 거기에 거주했다(산헤드린[Sanhedrin] 32b).

랍비 아키바의 제자 24,000명이 모두 떠나고, 랍비 요시는 토라를 잊지 않은 다섯 수제자들 중 한 명이 되었다(예바모트[Yevamos] 62b, 베레이쉬트 라바[Bereishis Rabbah] 61:3은 일곱 수제자라 한다). 미쉬나를 편집하고 랍비 요시를 수백 번이나 인용한 라비 예후다 하나시가 랍비 요시의 제자들 중 하나이다(다음 구절들에서는 다른 네 수제자들의 말씀을 인용할 것이다).

랍비 요시는 랍비 예후다 벤 바바[R' Yehudah Ben Bava]로부터 비밀리에 랍비 임직을 받은 사람들 중 한 명이었다(이 책의 3장 3절 참고). 하드리아누스의 사망과 함께 로마의 반 유대인 칙령이 해제되었고, 랍비 요시와 그의 동료들은 과거 유대교의 영광을 회복하기 시작했다.

랍비 요시의 성품

랍비 요시는 하나의 주제를 깊이 파고들고 적절한 근거를 들어 자신의 견해를 피력하는 데에 뛰어난 사람으로 유명했다. 그러므로 현자들은 말하기를 "랍비 요시는 언제나 유리한 논리를 가지고 있다"고 했다(기틴[Gittin] 67a). 그가 동료의 견해에 반대할 때에는, 그의 견해에 따라 할라카를 정하는 것이 일반적이기까지 했다. 어떤 이들에 따르면, 심지어 다른 모든 동료들이 반대한다 할지라도 그의 견해가 할라카에 반영될 때도 있었다고 한다(에이루빈[Eiruvin] 46b).

랍비 요시는 역사적 사건들을 연대기 순으로 정리한 책인 '세데르 올람'을 편찬하기도 하였다(예바모트[Yevamos] 82b). 토라를 가르침으로써 소득을 얻지는 않았으나, 무두장이로 일하며 생계를 이어갔다(샤보트[Shabbos] 49a-b, 라쉬 할라카[Rashi halachah]).

랍비 요시의 삶은 겸손과 세심함, 평화를 사랑함으로 나타났다. 그는 스스로에게 이르기를 "나는 단 한 번도 내 동료의 말을 거역하지 않았으며, 물러야 하는 말은 하지도 않았다"라고 했다. 즉 다른 사람에 대해 한 말이 그의 귀에 들어가더라도 전혀 부끄러울만한 이야기는 하지 않았다는 것이다. 더 나아가 랍비 요시는 기도하기를, "의심받을 수는 있으나 죄에서 자유로운 자들 중에서 내 기업이 있게 하소서"(샤보트[Shabbos] 118b)라 했다.

그는 마주하는 모든 사람들과 모든 것들로부터 선한 것을 발견했다.

그러므로 "내 아내에게 '나의 아내'라 하지 아니하고 내 소에게 '내 소'라 하지 아니하였느니라. 아내는 나의 집으로, 내 소는 나의 밭으로 불렀느니라"(ibid.)라고 하였다. 그의 집안이 아내에게, 그의 소득이 소에게 달려 있음을 잘 알고 있었던 것이다.

수많은 제자들 외에도 그에게는 다섯 아들이 있었는데, 모두 당대에 위대한 탄나였으며, 아버지의 힘을 입어 탄나가 된 것이 아니었다(샤보트[Shabbos] ibid.).

랍비 요시의 제자인 랍비 예후다 하나시는 말하길 "우리 세대와 랍비 요시의 세대 간의 차이는 거룩한 것들 중 가장 거룩한 것과 가장 세속적인 현실 사이의 차이와 같다"(예루샬미 기틴[Yerushalmi Gittin] 6:7)라고까지 했다. 또 현자들은 말하기를 랍비 요시의 죽음과 함께 "이해가 멈추었다"(예루샬미 쏘타[Yerushalmi Sotah] 7:7)라고 했다. 그는 사람들로부터 크게 사랑을 받았으므로, 그가 세상을 떠날 때에는 그 슬픔이 너무나 커서 하수관에 피가 흘렀다고 했다(모에드 카탄[Moed Kattan] 25b).

누구든지 토라를 경외하는 사람은
그 자신이 사람들에 의해서 존경받는다.

라베이누 요나는 이 구절의 가르침을 "토라를 높이는 사람은 하늘에서 도움의 손길이 내려와 다른 사람들이 그를 존경케 한다."라고 해석했다. 그에게서 무시를 받을 만한 것이나 흠 잡힐 만한 일이 드러날지라도 사람들의 존경은 멈추지 않을 것이다.

마찬가지로 미드라쉬 슈무엘은 해석하기를 "토라를 높이는 사람은, 토라를 자기 이익을 위해 이용하려 하지 않고, 도리어 자기 명예가 더럽혀질 것을 각오하는 사람은, 토라로 자기 이익을 얻지 않고 토라를 높이기 위해 물 긷는 자와 같이 일하고자 각오할 때, 거룩하신 축복의 주님께서 사랑의 실타래를 내려주사 그 신분에 상관없이 사람들로부터 존경을 받게 하실 것이다"라고 했다.

랍비 요시는 무두장이로서 수입을 얻어 생계를 이었다. 당시 무두장이는 평판이 아주 좋지 않은 직종이었는데, 현자들은 말하길 "슬프도다, 무두장이로 생계를 잇는 자여"(바바 바스라[Bava Basra] 15b)라고까지 하였다. 무두장이 일은 독한 냄새가 주위로 퍼졌으므로 보통 무두장이들은 다른 사람들로부터 멀리 떨어져 살았다. 그럼에도 사람들은 그가 무두장이라는 이유로 존경하지 않는 법이 없었다.

토라 그 자체를 높이다

일부 주석가에 따르면, 이 구절에서 주제로 삼는 토라를 높이는 것은 곧 토라를 찬미해야 하는 의무로써, 모든 유대인들이 짊어지고 있는 것이다.

랍비 요셉 벤 수산은 토라를 높이는 세 가지 방법을 말하고 있는데, 바로 토라의 가르침을 높이는 것과 현자들을 높이는 것, 그리고 토라 책을 높이는 것이다.

첫 번째에 대하여 랍비 수산은 말하길 "정금 장식품으로도 바꿀 수 없으며(욥 28:17) 모든 것을 이에 비교할 수 없음이니라(잠 8:11). 토라의 숭고한 덕을, 그 위대한 가치를, 언제나 마음에 새겨야 한다."고 했으며, 더 나아가 "토라의 무한한 덕을 느끼고 이를 배운다면, 토라를 배울 때에 갈급한 영과 정결한 육으로…(중략) 깨끗한 손과 장신구와…(중략) 두렵고 떨리는 마음으로 임하여야 한다는 것을 깨닫게 될 것이다"라고 했다.

하나님께서는 토라를 주실 때 토라와 함께 이 세상에서 주님의 이름을 짊어질 영광을 함께 주셨다. 그러므로 랍비 요셉 벤 수산은 이어 말하기를 "이제 토라의 덕을 인정하고 토라가 영원한 삶으로 향하는 옳은 길을 가르치는 진정한 지혜임을 아는 사람은 이러한 아침 기도문을 암송할 때에 기뻐할지라. '축복의 하나님, 주님의 영광으로 우리를 창조하시고, 잘못을 범하는 자들로부터 우리를 멀리 하시며, 진정한 토라를 주신 하나님.' 이 말씀을 말할 때에 맹렬한 불길에서 저 높은 곳을 향하여 끌려올라가는 자기 모습을 보게 되리라."

랍비 요셉 벤 수산의 이 말은 "회당에서 토라를 낭독할 때에는 시내 산에서 울리는 말씀으로 여기며 들으라, 토라가 그 자리에서 주어지는 것으로 여기며 들으라"와 같이 끝나고 있다.

바르테누라의 랍비 오바디야는 관을 씌우지 않은 문자도 특별한 것으로 여기며 토라의 모든 것에서 그 이유, 즉 의미를 찾아야 한다는 사실을 아는 것이 바로 토라를 높이는 것이라고 하였다.

라쉬는 주석으로 남기기를 '토라를 높이는 자'는 곧 '가치가 없는 학생에게는 가르치지 않는 자'를 뜻한다고 했다. 곧 기록된 바 가르칠 만한 학생에 대해서는 '네 근원이 넘쳐흐르리라'라 하였으며, 가치가 없는 학생에 대하여는 '너와 함께하는 나그네에게는 미치지 아니하리라'라고 했다(잠 14:15, 한글/영어 성경 번역과는 다름 – 역자 주).

토라를 배우는 자를 높이다

토라를 높이는 두 번째 방법은 바로 우리가 하늘나라를 섬기는 것과 같이 현자들을 존경하고 또 공경하는 것이다(페사힘[Pesachim] 22b, 바바 카마[Bava Kamma] 41b 참고).

현자들이 하나님의 뜻을 실현시키기 위하여 하나님의 말씀에 자기의 개인적인 의견을 섞지 않고 그대로 우리에게 가져다준다는 것을 받아들이며 그들이 세운 법에 순종하는 것, 다른 무엇보다도 이런 자세 자체가 바로 그들을 향한 존경을 나타낸다.

우리가 토라 두루마리를 높인다면, '토라 두루마리를 거니는'(마코트[Makkos] 22b 참고) 현자들은 얼마나 더 높여야 하겠는가. 토라 학자들(즉 토라의 길을 걷는 모든 유대인)은 침묵하고 있는 토라의 메시지를 삶으로 옮기는 사람들이다. 배움과 더불어 토라를 삶으로 실천하는 모습을 통해 그들은 하나님의 목적을 완전히 드러내고 있다. 그러므로 라바[Rava]는 말하길 "토라 두루마리 앞에는 서나 위대한 현자 앞에는 서지 않는 자여, 그 얼마나 어리석은가"(마코트[Makkos] 22b).

반대로 토라 학자들은 다른 사람들이 자신에 대한 존경을 잃고 더 나아가 하나님을 향한 충성이 약해질 만한 일은 하지 말아야 할 의무가 있다. 예를 들면, 토라 학자의 옷에는 얼룩이 없어야 하며 상황에 맞지 않는 행동은 하지 말아야 한다. 그러므로 현자들은 말하기를 "얼룩진 옷을 입은 토라 학자는 죽을 만하도다. 기록된 바 '나를 미워하는 자는 사망을 사랑하느니라'(잠 8:36)라 함과 같으니, '나를 미워하는 사람'이라 읽지 말고 '나를 미워하게 한 사람'이라 읽을 것이라"(샤보트[Shabbos] 114a)고 하였다.

두루마리와 토라 책을 높이다

슐한 아루크[Shulchan Aruch]는 가르치기를, 특별한 장소에는 토라 두루마리와 다른 토라 책들이 비치되어 있어야 한다고 했다. 토라 두루마리가 옮겨지는 것을 보거든, 토라가 땅에 내려지거나 자기 뒤로 가 시야에서 사라질 때까지 서 있어야 한다고도 했으며, 토라 두루마리가 놓여 있는 의자에는 앉지 말라고도 했다.

토라 책을 집어 던지거나 하는 등 무례하게 대하는 사람은 당연히 없을 것이다. 우리는 낡고 헤어진 토라를 처리할 때에도 토라를 높이는 마음을 담아서 처리한다. 마지막으로, 토라의 겉표지는 아름답게 장식해야만 한다(요레 디아[Yoreh Deah] 282).

악인이라 할지라도

북이스라엘 왕국의 왕들 중에서도 가장 악한 왕을 꼽는다면 바로 아합을 들 수 있다. 아합은 장차 올 세상의 몫을 거부한 세 왕들 중 하나였다(산헤드린[Sanhedrin] 90a), 그럼에도 그는 20년 동안이나 왕좌에 앉아 왕국을 통치하는 특권을 누릴 수 있었다. 그 이유는 무엇이었는가? 악인 중의 악인이라도 이러한 특권을 얻을 수 있다는 것인가? 현자들은 말하길 (ibid. 102) 그가 20년이라는 시간을 얻을 수 있었던 이유는 그가 히브리어 알파벳 22자로 기록된 토라를 높였기 때문이라고 하였다. 위에 기록된 것과 같이 왕국이 아람의 정복전쟁 앞에서 풍전등화의 상황에 있을 때,

아합 왕은 자기의 모든 금은보화와 심지어는 아내, 자식들까지도 넘겨주어 전쟁을 피할 각오를 하고 있었다. 그러나 아람 왕이 토라 두루마리를 요구하자 그는 이를 거부하고 정복자에게 기꺼이 모욕을 당했다. 이에 기적이 일어나 아합의 왕국은 구원을 받았으며 또한 그는 오랫동안 통치를 할 수 있게 되었던 것이다.

진리는 변하지 않는다

하시드 야베쯔는 우리가 토라를 높이든 높이지 않든 상관없이 영향을 받지 않는다고 가르친다. 사람이 토라를 높이더라도 실제로 높아지지 아니하며, 악평을 던져도 오명으로 더럽혀지지 않는다는 것이다.

토라는 진리를 담은 보고이며, 진리는 변하지 않는다. 그 가치는 높아지거나 낮아지지 아니하며, 뿌리째 뽑혀져서 멸절되지도 않는다. 그저 받아들이거나, 마음에서 지워버리거나, 둘 중 하나의 선택만이 있을 뿐이다. 그러므로 이 구절이 '토라를 경외하는 사람은 그 자신이 사람들에 의해서 존경받는다'고 가르치는 것은, 토라를 높인다 하여도 자기가 높임을 받을 '뿐'이라는 것을 알려주기 위함이다. 토라의 권위는 우리가 높인다고 해서 높아지는 것이 아니다.

육신을 높이다

문자 그대로 이 구절을 번역하면 '토라를 높이는 자는 사람들이 '그의 육신을 높일 것이요'라고 읽을 수 있다.

일부 주석가들은 이를 토라 두루마리와 토라 책이 받아야 하는 명예에 비교한다. 토라 책의 양피지, 종이, 잉크는 하나님께서 주신 토라라는 거룩한 말씀을 담는 보고이므로, 물질이라 하더라도 높임을 받아야 한다. 그러므로 거룩한 영을 담는 그릇인 인간의 육신 역시도 높임을 받아야 하며, 영이 육신을 떠난 후에라도 그 육신은 함부로 취급되어서는 안 된다.

인간의 육신은 그 영혼이 떠난 후에도 장례식을 통해 높임을 받는다. 이 장례식 때에야 우리는 평생 진실로 높임을 받아온 사람과 외적인 이유만으로 높임을 받은 사람을 구분할 수 있게 된다. 말하자면, 토라를 높인 사람은 그의 육신도 토라와 같이 높임을 받을 것이다. 반면 일생에서 돈과 권력 때문에 높임을 받아온 사람이라면 그가 쓸모없어질 때에 사람들에게 더 이상 높임을 받지 못할 것이다(랍비 요나탄 아이브츠츠[R` Yehonasan Eibeschutz], 얄쿠트 하게르슈니[Yalkut Hagershuni] 인용).

토라를 불명예스럽게 하는 자는
그 스스로도 다른 사람들에 의해 불명예스럽게 된다.

랍비 요시의 가르침은 자기 유익을 위하여 토라를 이용하는 자는 이 세상에서도 고난을 당하리라 가르치는 이전 구절을 보완하고 있다.

현자들은 다음과 같이 가르치고 있다. 보통 사람들은 토라의 현자를 어떻게 보는가? 처음에는 금 항아리로 볼 것이며, 그와 세속적인 대화를 나누어본 후에는 은 항아리로 볼 것이고, 그에게서 이득을 얻은 후에는 토기 항아리로 볼 것이다(산헤드린[Sanhedrin] 52b).

현자들 역시도 이 세상의 것을 목표로 추구하는 일반 사람들과 다름 없다고 느낀다면, 현자의 평판은 급격히 추락하게 되는 것이다. 또한 현자가 무지한 이로부터 돈을 얻어 생계를 얻어야 하고 또 무지한 사람들의 면전에서 일해야 한다면, 그의 평판이 떨어질 뿐만 아니라 토라를 배우는 모든 사람들의 평판 역시 땅에 떨어지고 말 것이다(미드라쉬 슈무엘[Midrash Shmuel], 리트바[Ritva]를 인용).

그러므로 이 구절에서 랍비 요시는 '토라를 욕되게 하는 자는 사람들이 그를 낮출 것이다'라고 가르치고 있는 것이다.

미쉬나 9절   משנה ט

רַבִּי יִשְׁמָעֵאל בְּנוֹ אוֹמֵר,
הַחוֹשֵׂךְ עַצְמוֹ מִן הַדִּין, פּוֹרֵק מִמֶּנּוּ אֵיבָה
וְגָזֵל וּשְׁבוּעַת שָׁוְא.
וְהַגַּס לִבּוֹ בְהוֹרָאָה, שׁוֹטֶה רָשָׁע וְגַס רוּחַ:

[랍비 요시의] 그의 아들 랍비 이스마엘이 말한다.
 재판을 철회하는 자는
 그 자신으로부터 미움, 약탈 그리고
 불필요한 맹세[에 대한 책임]를 제거하는 것이다.
 그러나 법적 판결을 언도함에 있어서
 너무 자기 확신에 찬 사람은
 영적으로 어리석고 사악하고 그리고 거만한 사람이다.

미쉬나 9절

랍비 요시의 아들 랍비 이스마엘이 말한다.

랍비 이스마엘[R' Yishmael]은 랍비 요시 벤 할라프타[R' Yosi ben Chalafta]의 아들로, 아버지의 토라 지식을 거의 대부분 물려받았으며 그의 가르침을 자주 인용하였다. 랍비 이스마엘은 찌포리에서 부모와 함께 살았으며, 아버지인 랍비 요시가 세상을 떠난 후에 독립했다(샤보트[Shabbos] 51a, 에루빈[Eruvin] 86b, 라쉬[Rashi]를 함께 참고하라).

랍비 이스마엘은 랍비 예후다 하나시보다 더 위대하였음에도 산헤드린의 의장직을 바로 받지 않았는데(ibid.), 라쉬의 설명에 따르면 이는 그가 그 자리를 쉽게 생각하지 않고 있음을 알려주기 위해서였다.

랍비 이스마엘은 겸손했고 또 관대했다. 이런 그의 품성은 다음의 이야기에서 나타나고 있다. 랍비 예후다 하나시가 학생들을 가르치러 학당에 들어올 때에 모든 사람들은 서둘러 자리에 앉아야 했다. 랍비 요시는 몸이 무거워 걸음이 느렸는데, 때문에 모든 사람들이 그가 앉을 때까지

서서 기다려야 했다. 랍비 예후다 하나시의 제자인 아브단[Avdan]은 이를 비웃으며 말하기를, "거룩한 이들의 머리를 밟는 자 그 누구인가?"라고 했는데, 즉 학당의 학생들을 못살게 구는 사람이 누구냐고 놀리는 것이었다.

랍비 이스마엘은 이에 답하였다. "바로 나, 랍비 요시의 아들 이스마엘, 토라를 배우러 오는 자입니다."

그러자 아브단이 그를 조롱하며 말하였다. "당신은 그에 걸맞은 사람인가?"

랍비 이스마엘의 답은 다음과 같았다. "모세도 하나님께 배우는 데에 걸맞은 사람이었습니까?"(이토록 심한 결례를 범하였으므로, 아브단은 하늘나라로부터 가혹한 징벌을 받았다고 한다 (예바모트[Yevamos] 105b)).

랍비들도 랍비 이스마엘에게 의견을 묻는 경우가 많았으며(샤보트[Shabbos] 113b), (랍비 히야와 함께)랍비 이스마엘에게는 "당신이 살고 있는 이 세대가 매우 복됩니다"라고까지 했다고 한다(Yerushalmi Megillah 4:1).

재판을 철회하는 자는

토라는 분명히 '재판장들과 지도자들을 둘 것이요 그들은 공의로 백성을 재판할 것이니라'(신 16:18)고 가르치고 있으며, '너는 마땅히 공의만을 따르라'(신 16:20)라고 가르치는데, 랍비 이스마엘은 어떻게 판결하기를 피하는 사람을 찬양하고 있는 것인가?

라베이누 요나는 이에 대해 다른 사람이 판단과 심판을 할 수 있는 경우에는 나서서 판사처럼 행동하지 말라는 의미라고 설명한다. 법 질서를 세우는 것은 공동체의 책임이지, 어느 정도 배운 사람 개인이 법관의 역할을 나서서 할 책임은 없다는 것이다. 그러나 '사람들이 없는 곳에서 사람이 되도록 힘써라'(2:6)는 것은 명백한 사실이다.

람밤 역시 이 구절을 비슷하게 해석한다. 다른 사람이 판사가 될 수 있음을 알고 스스로 판사의 자리를 피하는 자는 칭송을 받으리니, 이는 그가 원한과 정직하지 못함과 거짓 맹세에서 스스로 벗어나기 때문이라(힐코트 산헤드린[Hilchos Sanhedrin] 20:8).

더 나아가 판사의 자리에 나서지 않는 것은 곧 겸손의 표현이기도 하다. 그러므로 람밤은 기록하기를 '초기 현자들은 자기 외에는 자리를 맡을 만한 사람이 전혀 없거나, 자기 외에는 공의를 섬길만한 자가 없는 때 외에는 공적인 자리에 서지 아니하였으며 판사의 자리에 서기를 크게 주저했다. 그러나 사람들과 장로들이 그들을 높이고 또 애원하기 전에는 그 자리에 함부로 서지 않았다'(ibid. 3:10)고 한다.

중재에 이르는 길

일부 주석가들은 랍비 이스마엘이 법 판결을 피하는 현자들을 찬양하면서 소송 당사자가 절충안을 받아들이도록 최선을 다하여 상대방을 설득해야 한다는 점을 가르치고 있다고 해석하고 있다.

타협을 유도하는 것은 그저 좋은 생각이 아닌, 판사의 의무이다. 성경은 '화평한 재판'(슥 8:16)에 대해 말하고 있기도 하다. 하지만 현자들은 묻는다. '판사가 있는 곳에는 평화가 없으며, 평화가 있는 곳에는 판사가 없느니라.'는 말씀은 무엇을 뜻하는가? 겉보기에는 모순으로 보이는 이 구절에 대해 랍비 여호수아는 중재에 대해 말하고 있는 것이라고 설명하며 이 문제를 해결하고 있다(산헤드린[Sanhedrin] 6b).

미드라쉬 슈무엘은 이 구절의 '재판을 철회하는 자'가 고소인, 즉 소송 당사자를 뜻한다고 해석한다. 이 구절은 남에게 소송을 하려는 자에게 법정에서보다는 법정 밖에서 먼저 합의를 하라고 권면하고 있다는 것이다.

법정에서는 정직하지 못하고 거짓 맹세를 할 위험이 있다. 더 나아가 문제를 법정에까지 끌고 가는 것은 양 당사자 사이의 원한을 해결하는 데에 도움이 되지 못하고 오히려 재판 그 자체가 삶에서 짐이 될 수도 있을 것이며, 중상모략 등으로 남을 수치스럽게 하는 것과 같은 죄를 무덤까지 가져갈 수도 있을 것이다. 그러므로 서로 받아들일 만한 합의점을 찾는 것이 법정에 가는 것보다 더 낫다.

그 자신으로부터 미움, 약탈 그리고 불필요한 맹세[에 대한 책임]를 제거하는 것이다.

이 구절이 말하고 있는 대상은 진실되고 정직한 사람이다. 하지만 정직한 사람이라도 '자기 죄는 보지 못하는'(케투보트[Kesubos] 105b) 것이 또 사람의 본성이다. 즉 진리를 추구하는 사람은 자기의 좁은 식견을 벗어나는 것이 어려운 일임을 미리 알고 있다는 것이다(라쉬[Rashi]).

모든 소송에서는 판사나 고소인이나 위증의 위험이 있으므로, 판결이 일정 부분 왜곡될 여지가 있다. 고소인이 자기 쪽으로 유리하게 판결을 이끌기 위해 진실을 일부러 말하지 않을 수도 있다. 소송에서 사건 당시의 상황을 정확히 재구성하는 데에 실패할 경우, 소송 당사자가 한 맹세는 거짓 맹세가 되어버린다.

판사 역시 실수로 소송 당사자들 중 한 명에게 맹세를 하라고 명할 수 있으므로, 하나님의 이름을 쓸데없이 선포하지 말라는 계명을 범할 수 있다. 뿐만 아니라 판사가 잘못된 판결을 한다면, 이는 '맹인 앞에 장애물을 놓지 말고'(레 19:14)라는 계명을 어긴 것이 된다.

법적 판결을 언도함에 있어서 너무 자기 확신에 찬 사람은

'법적 판결을 언도함에 있어서 너무 자기 확신에 찬 사람'은 자기 결정을 되돌아보지 않으면서 겉으로 상황을 판단한 것만으로 성급히 남의 죄와 과실을 판결하는 사람을 뜻한다.

토라의 깊이는 무한하며, 그 단계도 무한하다. 그러므로 끝없고도 심오한 배움이 필요한 법이다. 또 토라의 너비는 감히 측량할 수 없을 정도로 넓으므로, 토라 해석과 실천적 적용, 즉 할라카 법에 있어 극히 조심해야 한다.

바로 랍비 이스마엘의 아버지인 랍비 요시 벤 할라프타가 판사 직분을 요청받을 때마다 판결을 거부하며 "저는 토라의 법을 모릅니다"(예루샬미 산헤드린[Yerushalmi Sanhedrin] 1:1)라고 한 이유가 바로 이것이다. 마찬가지로 랍비 쉬므온 바르 요하이는 "판결하는 법을 모르오니, 하나님 감사합니다"라고 말하곤 했다(ibid.). 그러므로 프네이 모세[Pnei Moshe]는 그가 잘못된 판결을 하지 않았다고 했다.

영적으로 어리석고 사악하고 그리고 거만한 사람이다.

'법적 판결을 언도함에 있어서 너무 자기 확신에 찬 사람'은 '영적으로 어리석고 사악하고 그리고 거만한 사람'이라고 한 이유는 무엇인가? 나서서 남을 판결하려 하는 사람은 실수를 범하기가 쉬우므로 온 세상이 그를 두고 어리석다 할 것이다. 또한 그의 잘못된 결정은 남을 실족하게 하므로 악하다고 여김을 받을 것이요, 남을 심판하기 위해 나서는 모습은 그가 토라를 업신여기고 있다는 사실을 보여줄 것이다.

판결 과정에서 혹시나 잘못된 것은 없는지 확인하기 위해 자기 행동을 되돌아보지 않으므로, 이런 판결은 비난을 받을 만하다 할 것이다. 또한 이런 사람은 오만하게 심판에 임하였기에 자기의 어리석음을 인정하지도 않을 것이다.

판결의 자리로 나서는 모습은 그가 토라를 업신여기고 있음을 보여주는데, 이는 그가 올바른 판결을 도출해내는 데에 관심이 없다는 것을 스스로 보여주는 격이기 때문이다. 토라를 하나님의 말씀으로 받아들이고 공경하는 사람은 율법과 그 영향을 매우 조심스럽게 공부하기 전에는 절대 판결을 내리지 않는다. 그러므로 이런 판사는 자기 어리석음과 악함, 그리고 오만함을 보여준다고 할 수 있다.

판단에서 자아를 제거하다.

'재판을 철회하는 자'라는 구절은 문자 그대로는 '판결에서 자기 자신을 드러내지 않는 자'라고 해석된다. 네스키츠의 랍비 모르드개[R' Mordechai of Neshchiz]는 설명하기를 판결에서 자기 자아를 완전히 제거하여 개인적인 동기가 판결에 아무런 영향을 끼치지 않을 때에야 진정으로 '원한과 정직하지 못함과 거짓 맹세에서 자유로운' 판사가 될 수 있다고 했다(리쿠테이 바사르 리쿠테이[Likutei Basar Likutei] 인용).

미쉬나 10절   משנה י

הוּא הָיָה אוֹמֵר,
אַל תְּהִי דָן יְחִידִי, שֶׁאֵין דָּן יְחִידִי אֶלָּא אֶחָד.
וְאַל תֹּאמַר קַבְּלוּ דַעְתִּי, שֶׁהֵן רַשָּׁאִין וְלֹא אָתָּה:

[랍비 이스마엘이] 그는 말하곤 했다.

홀로 재판관 같이 행동하지 말라.

왜냐하면 한 분을 제외하고 홀로 재판하는 사람은 아무도 없다.

그리고 '나의 관점을 받아들이라'고 말하지 말라.

왜냐하면 그들은 그렇게 할 것을 허락받았지만 너는 아니다.

미쉬나 10절

**[랍비 이스마엘이] 그는 말하곤 했다.
홀로 재판과 같이 행동하지 말라.**

이전 구절에서 토라 판결에 있어 도사리고 있는 위험에 대해 설명한 데 이어, 본 구절은 이 위험을 피하는 방법을 조언해 주고 있다.

위에 언급된 대로, 현자가 자기 외에 다른 사람이 있다면 그에게 판결을 맡기는 것이 가장 이상적이다. 이렇게 현자에게 판결의 권한을 맡게 된 사람은, 비록 권한이 자기에게 주어졌다 할지라도 혼자서 판결에 임해서는 안 된다. 오히려 다른 사람들과 함께 배심원을 구성하고 이에 참여해야 한다. 비록 함께 판결에 임하는 사람들이 자기보다 조금 부족한 사람들이더라도 혼자서 판결을 해서는 안 된다. 판사들이 서로 협력하여 함께 일할 때에 올바른 법을 발표할 수 있는 기회가 더 많아지는 이유가 바로 이와 같다.

두 사람이 한 사람보다 나음은 그들이 수고함으로 좋은 사상을 얻을 것임이라 혹시 그들이 넘어지면 하나가 그 동무를 붙들어 일으키려니와 홀로 있어 넘어지고 붙들어 일으킬 자가 없는 자에게는 화가 있으리라(전 4:9-10). 라쉬는 이 구절의 의미를 설명하기를, "자기가 배운 것을 잊어버린다면 그의 동료가 그에게 배운 것을 다시 생각나게 해줄 것이다."라고 했다. 더 나아가 동등한 입장에서 이루어지는 대화는 그 집단의 판단을 더욱 날카롭게 하며 올바른 의사 결정으로 이끌어준다.

철이 철을 날카롭게 한다(잠 27:17)는 구절을 현자들은 영적으로 해석하여 이르기를, 이 구절이 토라 현자들을 뜻한다고 하였다. 철 한 조각이 다른 철들을 날카롭게 하듯이, 토라 현자들도 다른 할라카의 대가들을 더욱 날카롭게 한다(메길라[Megillah] 7a).

배심원으로 섬김의 유익

배심원이 소송을 이끈다면, 그 소송의 결과, 즉 판결은 다수결 투표로 이루어지게 된다. 따라서 유죄 판결을 받은 피고인은 누가 유죄 투표를 했는지 모를 것이므로, 판사 및 배심원들은 원한에서 벗어날 수 있다(하지만 피고인이 자기를 미워하고 또 해하려 한다는 것을 안다 하더라도, 판사는 정확한 판결을 해야 할 의무가 있다. 토라는 판사들에게 '사람의 낯을 두려워하지 말라[신 1:17]고 가르치고 있기 때문이다).

하시드 야베쯔는 말하기를 다른 판사들과 함께 재판을 섬기는 일이 혼자 재판을 이끄는 것보다 더욱 유익하다고 했다. 이전 구절은 판결에 너무 자신감을 가지는 것에 대하여 경고하고 있다. 판사가 오만하며 자기 경력을 과신하는 경우, 다른 판사들의 참여는 그저 그 평결이 신뢰성이 있음을 지지하는 것 외에는 별 의미가 없게 되어 버리고 말 것이므로, 오만한 판사는 자기의 주장이나 편견을 주장하고자 하는 의욕이 적을 것이다.

다른 사람들과 함께 판결하는 것이 나은가

홀로 판결하지 말라는 이 구절의 금언은 '돈에 관한 문제는 세 명의 판사가 판결하거나, 전문 판사가 홀로 판결할지니라'(산헤드린[Sanhedrin] 5a)는 법과 모순되는 것으로 보인다. 이에 어떤 이들은 이 구절이 전문 판사에게는 적용되지 않는다고 주장하기도 한다. 그러나 대다수의 주석가들은 이러한 차이를 구분하지 않고 있다. 오히려 람밤과 라베이누 요나는 이 구절을 할라카가 아닌, 엄격히 지켜야 할 율법으로 해석하고 있다.

그러나 토사포트[Tosafos]의 산헤드린[Sanhedrin] 장 다음 구절에서는, 랍비 나흐만[Rav nachman]은 말하길 그와 같은 사람은 돈과 관련된 소송에서는 스스로 판사의 자격을 얻는다고 하였다. 그렇다면 우리는 랍비 나흐만의 행동이 적절치 못하다는, 만족스럽지 못한 추론으로 이 모순을 끝내야 하는가?

토사포트는 본 구절이 할라카도, 엄격히 지켜야 할 율법을 다루고 있지 않다고 주장함으로써 이 문제를 해결하고 있다. 오히려 이 구절은 판사라면 누구나 받아들여야 할 귀한 조언이라는 것이다. 더 정확히 설명해보자면 다음과 같다. 판사는 원한 등 악한 것들을 피하기 위하여 혼자서 판결을 하지 않는 것이 좋다. 랍비 나흐만 역시도 이러한 조언을 실천적으로 따랐다. 그가 전한 위의 말의 의미는 곧 그가 돈에 관한 재판을 이끌 만한 자격이 있다는 이론적인 말이었다. 그는 홀로 재판을 끌어야 한다는 규칙에 적용되지 아니하였다. 그러므로 그는 홀로 재판을 섬길 수 있을 정도로 전문적이고 경험이 많았다는 것이다.

다른 주석가들은 이 구절을 직접적으로 해석하여 홀로 재판관 같이 행동하지 말라는 구절이 곧 소송 당사자가 모두 참석하기 전에는 한 명만의 증언을 듣지 말라고 판사들을 책망하고 있다고 했다. 이런 견해는 너희의 형제 중에서 송사를 들을 때에 쌍방간에 공정히 판결할 것이며.(신 1:16)라는 구절에서 나온 것이다. 이 구절은 두 소송 당사자가 반드시 함께 참석한 상태에서 재판이 진행되어야 함을 뜻한다(슐한 아루흐[Shulchan Aruch], 코셴 미슈파트[Choshen Mishpat] 18:5 참고). 여기에는 두 가지 이유가 있다. 첫째, 판사가 한 편만의 증언을 들을 경우 공정한 재판이 이루어지지 않을 여지가 크다. 둘째, 홀로 재판에 참석한 소송 당사자가 자기에게 유리한 쪽으로 증언을 할 위험이 크다.

왜냐하면 한 분을 제외하고 홀로 재판하는 사람은 아무도 없다.

이 구절은 홀로 판결하시는 분은 오직 한 분이라고 가르친다. 이 구절의 첫 번째 해석에 의하면 이 문장은 전문 판사를 뜻한다. 전문 판사는 흔치 않다는 의미에서 오직 '한 명'이라는 것이다.

그러나 대다수의 주석가들은 이러한 해석을 거부하며, 이 구절에서 언급하는, 홀로 판결할 수 있는 '한 분'이 사람의 마음 속 가장 깊은 곳까지 모두 꿰뚫어보시는 한 분 하나님이라고 해석한다. 하지만 현자들은 정작 하나님께서도 하늘나라의 재판 때에는 다른 존재들과 함께 판결을 하신다고 전하고 있다. 일례로, 하나님께서 우리가 사람을 만들자(창

1:26)고 선포하신 것은 곧 천사들에게 의견을 구하신 것이라고 설명된다.

라쉬는 말하기를 하나님께서는 그분께서 직접 창조하신 피조물들에게 조언을 들으실 필요가 전혀 없으시지만, 이 세상에서 가장 뛰어난 사람이라도 결정은 다른 이들과 함께 해야 한다는 예를 보여주시기 위해 일부러 천사들에게 의견을 구하신 것이라고 했다. 라쉬는 이어 말한다. 하나님의 창조는 하나님 자신을 돕는 일이 아니었으나(이 구절로 인해 하나님께서 다른 존재의 허락이 없이는 아무것도 하실 수 없다는 해로운 해석을 주장하는 이단들이 등장하였다), 이 구절은 우리에게 올바른 행동이 무엇인지, 또 겸손이 무엇인지 가르쳐주기 위하여 기록된 것으로 위대한 사람이라도 자기보다 낮은 이들에게 허락과 조언을 구하도록 하신 것이다.

**그리고 '나의 관점을 받아들이라'고 말하지 말라.
왜냐하면 그들은 그렇게 할 것을 허락받았지만 너는 아니다.**

이 문장은 누구에게 적용되는 말인가? 람밤과 라베이누 요나는 이 문장이 다른 판사들과 협력하여 일하는 전문 판사에게 전하는 가르침이라고 해석하고 있다. 처음 부분에서는 전문 판사가 혼자서 소송을 이끌지 말고 배심원들과 함께 판결을 하라고 가르쳤다면, 이제는 다른 사람들과 판결을 함께 할 때에 그들이 서로 동등한 위치에 있어야 하며, 다수결의 원칙에 따라 판결이 이루어져야 함을 가르치고 있다는 것이다.

어느 한 명의 판사가 다른 판사들이나 배심원들보다 더욱 뛰어난 지식을 가졌다 할지라도 다른 이들의 의견을 무시할 수는 없다. 처음부터 홀로 판결을 할 수 있는 자격을 얻었으므로 동료들의 결정을 무시할 권한이 함께 주어졌다고 말하지 않을 것이다. 우리는 다수결을 따르므로, 그 누구도 무시당해서는 안 된다(세모트[Shemos] 23:2).

그러나 라쉬는 이 구절이 판사가 아닌 소송 당사자에 대한 가르침이라고 주장한다. 전문 판사만이 홀로 판결을 이끄는 것이 규범이기는 하나, 배심원이나 재판에 참여한 다른 판사 등 다수가 예외를 만들 수 있다는 것이다. 양쪽 소송 당사자가 동의하는 경우에는 소송 당사자들이 홀로 판결을 내릴 사람을 결정할 수 있다. 이 경우 양측 소송 당사자들이 정하는 판사의 전문성은 상관이 없다(산헤드린[Sanhedrin] 5a).

이런 점을 미루어 볼 때 이 구절은 '나의 관점을 받아들이라!'고 말하지 말 것을 가르치고 있다. 전문 판사라도 그가 진행하는 재판에 참여하도록 강제할 수는 없다. "그들은 그렇게 할 것을 허락받았지만, 너(그 판사)는 아니다." 자의적으로 동의할 경우에만 판사 한 명이 진행하는 판결을 받아들일 권리가 있는 것이다.

메이리는 조금 다른 방식으로 본 구절에 접근하고 있다. 그의 견해에 따르면, 이 구절은 판사가 소송 당사자들에게 자기를 홀로 판결을 할 수 있는 판사로 지명해 달라고 구해서는 안 된다는 가르침을 전하고 있는데, 이는 스스로 자기 성품이 오만함을 나타내기 때문이다. 뿐만 아니라 이러한 사람의 간청은 필히 거부되고 말 것이므로, 자기 평판에도 오점을 남기고 말 것이다.

창조의 동반자

현자들은 말하길 판사가 온전하고 진실된 법을 판결하는 것은 곧 거룩하신 주님, 축복의 주님의 창조 역사에 협력하는 것과 같다(샤보트[Shabbos] 10a)고 하였다.

공의와 진리, 평화는 이 세상을 존재토록 하는 세 요소이다(1:18). 그러므로 정직한 판결을 하는 판사는 곧 이 세상을 존재하게 하는 하나님의 창조 역사에 참여하는, 창조의 동반자인 것이다. 따라서 '홀로 재판관 같이 행동하지 말라'는 이 구절은 판사가 거짓 없이 진실한 판결을 하기 위해 최대한 힘써야 하며, 이로써 하나님의 동반자가 된다는 것을 가르치고 있다고 할 수 있다(제호트 아보트[Zechus Avos], 리쿠테이 바사르 리쿠테이[Likutei Basar Likutei] 참고).

미쉬나 11절

משנה יא

רַבִּי יוֹנָתָן אוֹמֵר,
כָּל הַמְקַיֵּם אֶת הַתּוֹרָה מֵעֹנִי, סוֹפוֹ לְקַיְּמָהּ
מֵעֹשֶׁר.
וְכָל הַמְבַטֵּל אֶת הַתּוֹרָה מֵעֹשֶׁר, סוֹפוֹ לְבַטְּלָהּ
מֵעֹנִי:

랍비 요나탄은 말한다.
 누구든지 가난에도 불구하고 토라를 이행하는 사람은
 궁극적으로 부요함 안에서 그것을 이행하는 것이다.
 그러나 누구든지 부요함 때문에 토라를 게을리 하는 사람은
 궁극적으로 가난함 안에서 그것을 게을리 하는 것이다.

미쉬나 11절

**랍비 요나탄은 말한다.
누구든지 가난에도 불구하고 토라를 이행하는 사람은
궁극적으로 부요함 안에서 그것을 이행하는 것이다.**

이 구절은 두 가지 시나리오를 보여주고 있다. 하나는 가난함에도 불구하고 토라를 배우고 따르는 것이고, 또 하나는 부유함 때문에 토라를 배우지 않고 또 따르지 않는 것이다. 그러나 이 구절에서는 다른 두 가지의 있을 법한 시나리오는 언급하지 않고 있다. 바로 가난 때문에 토라를 배우지 않는 사람과 부유함에도 불구하고 토라를 배우는 사람이다.

랍비 모세 알모스니노[R` Moshe Almosnino]는 이 구절이 극단적인 사례를 나타내기 위하여 위의 두 시나리오를 선택하였다고 해석한다. 즉 토라를 배우기에 가장 힘든 상황(가난)과 토라를 배우기 가장 쉬운 상황(부유함)이 그것이다.

하지만 다른 주석가들은 가난의 시험보다 부유함의 시험이 더욱 어려운 것임을 확인하였다. 아굴은 "나를 가난하게도 마옵시고 부하게도 마옵시고 오직 필요한 양식으로 나를 먹이시옵소서 혹 내가 배불러서 하나님을 모른다 여호와가 누구냐 할까 하오며 혹 내가 가난하여 도둑질하고 내 하나님의 이름을 욕되게 할까 두려워함이니이다"(잠 30:8-9)라고 했다. 가난한 사람이 도둑질을 하거나 하나님의 이름을 욕되게 하기 쉬운 것이 사실이나, 부유한 사람은 하나님을 부인하기 쉽다. 그러므로 부유함이 가난함보다 더욱 어려운 시험이라고 결론을 맺을 수 있을 것이다.

그렇다면 이 구절은 왜 이 두 사례를 선택하였는가? 바로 가장 일반적인 사례들이기 때문이다. 보통 부유한 사람보다 가난한 사람이 토라를 더 많이 연구한다.

그러나 가난의 시험이나 부유함의 시험이 다르다 하더라도 두 시험 모두 어렵고 힘든 시험임은 부정할 수 없는 사실이다. 가난한 사람의 걱정은 식탁에 음식을 놓는 것이요, 보통 힘겨운 업무로 하루를 보내고 지친 몸으로 집에 들어오는 것이 일반적이다. 하루 먹고 살 것이나 한 주간 먹고 살 것이 채워졌다 하더라도 다음 날이, 다음 주가 걱정된다. 이러한 사람에게 편안한 마음으로 토라를 배울 시간이 있겠는가?

부유한 사람은 언제나 여러 가지 사업으로 얻은 수익을 굴리며, 사업장이 문을 닫은 시간에도 끊임없이 계산을 하고 사업 계획을 구상한다. 회의를 주관하고 다른 사업과 사회적 모임에 참여도 해야 한다. 결국 자기 인생에서 토라를 배우고 또 실천하는 것을 최고의 목적으로 삼기 위하여 힘써야 하는 것은 이처럼 부유한 사람에게도 마찬가지의 일이다.

부유함이 가져다주는 잡생각들을 극복하기 위해서, 랍비 메이어 암쉘

([R` Meir Amshel], 로스차일드 가문의 조상)은 매일 몇 분간 시간을 내어, 그 누구의 방해도 없이 방에서 홀로 시간을 보냈었다. 그 차가운 독방에서, 암쉘은 자기를 위해 짠 관 앞에 선 채 쏜살같이 흐르는 이 세상의 것들을 기억하고 또 생각하였다 한다.

부유와 가난의 예

탈무드(요마[Yoma] 35b)는 말하길, 이 땅에서의 삶이 끝나면 사람은 심판대에 서서 토라를 배우는 데에 시간을 얼마나 썼는지를 증언하게 된다고 하였다. 궁핍한 자들은 가난 때문에 토라를 배울 수 없었다고 할 것이며, 부유한 자는 자기 재산을 신경쓰느라 오히려 재산이 짐이 되었다고 변명할 것이다. 그러나 하늘나라의 심판대에서는 두 변명 중 어느 것도 받아들여지지 않을 것이다.

하늘나라의 법정은 가난한 자에게 이렇게 되물을 것이다. "네가 힐렐보다 더 가난했더냐?" 대 현자 힐렐은 극도로 궁핍하여 학당에 들어갈 약간의 수업료도 낼 수 없는 형편이었다. 학당에 들어갈 수 없게 되자 그는 학당 건물을 타고 올라가 천장에서 수업을 들었다. 그때 눈이 내렸으므로 천장에 누운 그의 몸 위에 눈이 수북이 쌓였으나 그는 몸이 꽁꽁 얼어붙을 때까지 그 자리를 떠나지 않고 수업을 들었다.

하늘나라의 법정은 부유한 자에게 이렇게 되물을 것이다. "네가 랍비 엘라자르 벤 하르솜[R` Elazar ben Charsom]보다 더 부유했더냐?" 랍비 엘라자르는 농지와 선박 임차료를 포함하여 엄청나게 많은 재산을 물려받았다. 그는 다른 사람들에게 자기 사업을 운영하도록 맡기고, 정작 그 자신은 음식을 싸들고 학당과 학당을 오가며 온 힘을 다해 토라를 배웠다.

힐렐과 랍비 엘라자르는 강한 욕망이라도 토라를 배우는 길에는 장애물이 될 수 없음을 증명하는 사람들이라고 할 수 있다. 분명히 이 두 현자들의 수준까지 따라갈 수 있는 사람들은 거의 없을 것이다. 그러나 시간을 허비하지 않고 토라에 헌신해야 하는 것은 모든 사람들이 마땅히 해야 할 일이다.

그러나 누구든지 부요함 때문에 토라를 게을리 하는 사람은 궁극적으로 가난함 안에서 그것을 게을리 하는 것이다.

다수의 주석가들은 이 문장이 부유한 자는 자기 부유함 때문에 토라를 거부하며(이해하기 그리 어렵지 않을 것이다), 가난한 자는 가난 때문에 토라를 배우는 데에 마음이 기울어진다는 뜻을 담고 있다고 해석하고 있다. 미드라쉬 슈무엘은 현자들의 책망을 인용하며 말하기를 "가난한 이들을 주의하여 보라. 토라가 그들 중에 나오느니라"(네다림[Nedarim] 81a)고 하였다. 라베이누 니심([Rabbeinu Nissim], 란[Ran]이라고도 함)은 또 주석을 남기기를, 가난한 사람들은 가진 것이 없으므로 그 마음이 자유롭게 토라에 집중하게 된다고 했다. 단순 노동자는 자기 일을 끝마치고 집에 돌아가면, 그 일에 전혀 신경 쓸 필요가 없다. 그 일은 집에서는 자기 일이 아니므로 일에 대한 생각은 집에서는 뒷전으로 밀려난다. 그 중에서도 어리석은 사람은 자기 시간을 낭비할 것이나, 지혜로운 사람은 그 시간에 토라를 배울 것이다.

라베이누 니심은 가난한 사람이 토라에 집중할 수 있는 두 번째 이유도 함께 말하고 있다. 바로 가난한 이들은 겸손하므로 선생의 말씀을 받아들일 마음의 준비가 되어있다는 것이다. 뿐만 아니라 부유한 사람은 먹는 것이나 입는 것이나 고급스러운 것으로 신경을 써야 하나, 가난한 이들은 굳이 고급스러운 것을 따지지 않는다.

그러므로 이 구절은 다음과 같이 해석할 수 있을 것이다. 곧 사람이 가난한 중에도 토라를 배우면 부유하게 되어, 부유한 중에도 토라를 배우게 될 것이다. 이런 사람에게는 시험으로 자기가 해를 입으리라는 두려움이 없으므로 부유함의 시험이 찾아올 것이다.

토라를 실천하다

리트바[Ritva]는 이 구절이 토라를 배우는 것보다는 토라를 실천하는 것에 대해 말하고 있으므로, 이전 구절과 같이 유대교의 율법 시스템을 암시하고 있다고 말하고 있다.

이 구절의 처음 문장은 '가난을 감수하고 토라를 실천하는 자는 누구든지'로 해석할 수 있는데, 바로 자기가 받을 위협과 위험에 개의치 않고 부유한 권력자에게 유죄를 판결할 담력을 가진 판사를 뜻한다. 이 구절은 이런 의로운 판사가 그 강직함으로 인해 잠시 가난에 처할 수는 있으나, 결국에는 부유하게 될 것이라고 말하고 있는 것이다.

반면 '누구든지 부요함 때문에 토라를 게을리 하는 사람'(다음 문장의 해석)은 곧 부유한 권력자를 만족케 하고자 공의를 왜곡하는 판사를 뜻한다. 이 구절은 이런 판사가 '결국 가난으로 인해 이를 거부하게 되리라'고 말하고 있다. 불의한 판사는 그 자리에서 쫓겨나 다른 사람에게 경제적으로 의지하게 될 것이다.

다른 주석가들은 이 구절이 계명 전체를 뜻하는 것이라고 해석한다. 테필린, 탈리스, 수카, 메주자, 룰라브 등 많은 계명들이 경제적으로 풍족하지 못한 사람들의 희생을 어느 정도 필요로 한다. 이에 따라 이 구절을 해석하자면 다음과 같다. "가난함에도 불구하고 토라에 참예하는 자(가난한 중에도 자기 돈을 들여, 최선을 다해 이 모든 계명을 실천하는 자)는 누구든지 결국 부유한 중에도 토라에 참예하게 되리라."

반면 부요함 때문에 토라를 게을리 하는 사람은 궁극적으로 가난함 안에서 그것을 게을리 하는 것이다. 즉 가진 돈이 부족하여 토라를 실천하지 못하게 될 것이다.

미드라쉬 슈무엘은 이 구절이 토라를 배우는 학생들을 지원하여 토라 연구가 지속되도록 돕는 사람을 뜻하는 반면, '부유함 때문에 토라를 게을리 하는 사람은 누구든지'라는 문장은 능력과 여유가 충분히 있음에도 토라를 배우는 사람들을 지원하지 않으므로, 토라 연구의 종말을 앞당기려는 사람을 뜻한다고 했다.

이런 사람은 결국 가난으로 인해 토라를 거부하게 될 것이며 더 이상 학생들을 지원할 능력을 유지하지 못하게 될 것이다.

주님의 책망
이 구절의 가르침은 토라를 열심히 배움에도 죽을 때까지 가난한 사람들이 있는 반면, 토라를 배우지 않음에도 부유한 사람이 많다는 우리의 상식에 정면으로 도전장을 내민다.

라베이누 요나와 랍비 아바르바넬[R' Abarbanel]은 다음의 성경 구절을 인용하며 이 문제를 언급하고 있다. '네 재물과 네 소산물의 처음 익은 열매로 여호와를 공경하라'(잠 3:9). 그 보상으로 '네 창고가 가득히 차고 네 포도즙 틀에 새 포도즙이 넘치리라'(잠3:10) 그 다음 구절은 다음과 같다. '내 아들아 여호와의 징계를 경히 여기지 말라. 그 꾸지람을 싫어하지 말라'(잠3:11). 3장 11절의 구절은 위의 두 구절과 어떤 연관성이 있는가?

계명을 실천하고 하나님을 높이더라도 뒤따르는 보상은 없다. 오히려 경제적으로 궁핍해질 때도 있다. 이러한 사람에게 솔로몬 왕은 도리어 "내 아들아, 여호와의 징계를 경히 여기지 말라"고 전한다. 즉, 하나님께서 이끄시는 길에 의문을 제기하지 말라는 것이다. 어쩌면 죄를 범하였으므로 풍요롭게 하시리라는 주님의 약속이 결실을 맺지 못하는 것일 수도 있다.

이 다음 구절은 '대저 여호와께서 그 사랑하시는 자를 징계하시기를 마치 아비가 그 기뻐하는 아들을 징계함 같이 하시느니라'(잠3:12)라고 가르친다. 하나님께서는 의로운 사람이 장차 올 세상에서 죄의 영향을 받지 않도록, 이 세상에서 미리 징계를 내리신다. 반대로 악인은 올 세상에서 징계를 받을 죄가 쌓이도록 이 땅에서는 보상을 내리신다. '여호와는 자기를 미워하는 자에게 지체하지 아니하시고 당장에 그에게 보응하시느니라'(신 7:10).

고난에도 불구하고

랍비 슈무엘 디 오지다[R' Shmuel Di Ozida]는 리트바[Ritva]의 말씀을 인용하며 '가난'(히브리어로 '오니')이라는 단어가 '고난'으로도 해석될 수 있다고 주장했다. 이 경우 이 구절은 '고난에도 불구하고 토라에 참예하는 자는 누구든지'라고 해석될 수 있는데, 이는 마음속에 일어나는 도전에도 불구하고, 자기 악한 본성이 그를 끊임없이 괴롭히고 또 괴롭히더라도 토라를 실천하는 사람을 뜻한다. 이런 사람은 결국 '부유한 중에 토라에 참예하게 될 것이다.' 자신의 잘못된 욕망들과 끊임없이 싸우고 그 어려움의 굴복하지 않으면, 결국에는 평안하고 고요한 마음으로 토라를 배우고 또 계명을 실천할 수 있게 될 것이다.

자기의 악한 본성을 지배하는 자는 영적인 온전함을 이룰 수 있다. 이런 사람은 더 이상 강한 욕망의 대상이 되지 않고, 하나님을 향한 믿음과 신뢰를 경험하므로 물리적인 삶, 세속적 삶 역시 더욱 기쁨을 얻을 것이다. 자기 악한 본성과의 싸움이 격렬하고 고될수록 그 승리는 달콤하다. 고난이 크면 클수록, 그가 받을 부유함도 더욱 크다.

반대로 '부유함으로 인해 토라를 거부하는 자는 누구든지'라는 구절은 곧 자기 악한 본성을 먹이고 살찌우는 자이며, 자의로 스스로를 유혹에 내맡겨 필요치도 않은 귀한 것들을 좇는 자이다. 이런 사람은 욕망과 정욕의 노예가 되어 스스로 벗어날 수 없게 될 때까지, 나쁜 버릇이 결국 자기 정체성의 일부로 자리 잡게 된다. 자신을 끝없는 나락으로 떨어뜨릴 때까지, 그의 악한 본성이 삶을 잠식하고 있으므로 토라의 효력을 느끼지 못할 것이다.

마음의 부유함, 마음의 가난함

미드라쉬 슈무엘은 이 구절을 다르게 해석하고 있다. 이 구절에서 언급하고 있는 부유함과 가난함은 사람의 토라 지식의 규모를 뜻한다는 것이다(케투보트[Kesubos] 68a 참고). 그러므로 그는 이 구절을 다음과 같이 해석한다. 곧 가난함에도 불구하고 토라에 참예하는 자는 곧 토라에 대해 넓은 식견을 가지고 있지는 않으나, 자기가 아는 작은 내용들일지라도 소중히 지키며, 자기가 듣는 모든 가르침에 감사하고, 자기가 배운 모든 할라카를 조심하여 지키는 자이다. 이런 사람은 배우는 능력이 부족하거나 하루 종일 일하므로 토라를 배울 시간이 부족한 사람일 것이다. 이 구절은 이러한 사람들에게 외친다. "절망하지 말라! 많이 알지 못한다고 포기하지 말라. 더 많은 지식을 모으고 쌓으며 매일 남는 시간을 네 지식을 풍요롭게 하는 데에 쓰라." 그리하면 "결국 부유함 중에 토라에 참예하게 되리라." 이러한 사람은 결국 그 지식이 크게 풍요로워질 것이다.

반면 '부유함에도 불구하고 토라를 게을리 하는 사람은 누구든지', 즉 토라 학자이면서도 그 지식이 자기 인성과 행실에 전혀 영향력이 없는 자는 결국 '가난함 안에서 그것을 게을리 하는' 것이다. 하나님께서 직접 그가 알고 있는 지식을 잊게 하셔서 가난에 처하게 될 것이다.

미드라쉬 슈무엘은 에돔 사람 도엑을 이러한 사람으로 지적하였다. 도엑은 산헤드린의 수장들 중 한 명이면서 동시에 다윗이 아직 왕이 되기 전에는 그를 적대한 대적이기도 하였다. 도엑의 악의적인 고자질을 들은 사울 왕은 놉 땅의 제사장들을 학살하였다(삼상 22:9-19). 이는 토라를 배운 자가 마땅히 지녀야 할 인성에 걸맞지 않는 행동이었으므로, 결국 그는 자기가 배운 것을 잊어버리고 말았다.

자기가 가진 토라로 기뻐하는 자

메이어 네시브[Meir Nesiv]와 세파트 에메트[Sefas Emes]는 부유한 자는 자기가 가진 것을 기뻐하는 자라는 벤 조마[Ben Zoma]의 금언(4:1)을 따라 이 구절에서 언급하고 있는 가난함과 부유함의 정의를 내리고 있다.

경제적인 어려움과 그 외 다른 어려움을 이겨내고 열심히 토라를 배우는 사람은 영적으로 높은 수준에 이르게 될 것이며 토라에 숨겨진 진정한 행복을 얻게 될 것이다. 이해하기 어려운 토사포스를 해석하고 랍비 아키바 에이거[R' Akiva Eiger]가 제시하는 난제와 그의 동료 랍비들이 던지는 어려운 구절들을 해결하는, 타의 추종을 불허하는 영적 수준에 다다르게 될 것이다.

반대로 '부유함 때문에 토라를 게을리 하는 자'는 곧 세상에서 가장 귀한 원천인 시간을 손에 쥐고 있음에도 이를 쓸 줄 모르는 사람이다. 시간이 부유함에도, 즉 시간이 많음에도 불구하고 토라를 배우지 아니하는 자는 결국 그때를 놓치고 삶의 거의 마지막 때에야 이 세상과 올 세상에서 모두 얻을 수 있는 기쁨의 한 조각을 겨우 맛볼 수 있게 될 것이다.

미쉬나 12절   משנה יב

רַבִּי מֵאִיר אוֹמֵר,
הֱוֵי מְמַעֵט בָּעֵסֶק, וַעֲסוֹק בַּתּוֹרָה. וֶהֱוֵי שְׁפַל
רוּחַ בִּפְנֵי כָל אָדָם.
וְאִם בָּטַלְתָּ מִן הַתּוֹרָה, יֶשׁ לְךָ בְטֵלִים הַרְבֵּה
כְּנֶגְדֶּךָ.
וְאִם עָמַלְתָּ בַתּוֹרָה, יֶשׁ (לוֹ) שָׂכָר הַרְבֵּה לִתֶּן לָךְ:

랍비 메이어는 말한다.
 너희의 사업 활동들을 줄이고 토라 연구에 전념하라.
 모든 사람 앞에서 겸손하라.
 만약 너희가 토라[의 연구]를 게을리 한다면,
 너희는 그것을 게을리 한 것에 대한 많은 변명을 하게 될 것이다.
 그러나 만약 너희가 토라 안에서 노동을 한다면,
 하나님은 너희에게 줄 충분한 보답을 가지고 계신다.

미쉬나 12절

랍비 메이어는 말한다

탄나임들 중 가장 유명하고도 또 가장 위대한 랍비들 중 한 명인 랍비 메이어는 네로 황제의 자손이다. 그는 유대교로 회심한 사람이며(기틴[Gittin] 56a), 회심하기 전 원래 이름은 네호라이[Nehorai]였다. 그러나 현자들은 말하기를 "그는 할라카에서 현자들의 눈에 빛을 비추어 주었으므로(메이어) 랍비 메이어라 불리었다"고 하였다(에이루빈[Eiruvin] 13b).

랍비 메이어는 랍비 이스마엘의 제자로 토라를 배우기 시작하였으며(ibid.), 엘리사 벤 아브야[Elisha ben Abuya]의 문하에서도 수학하며, 엘리사가 토라의 길을 떠난 후에도 토라를 배우기를 계속하였다. "랍비 메이어가 석류를 발견하였는데, 그 과실은 먹고 껍질은 버렸도다"(ibid.)라고 현자들은 전한다.

그는 24,000명의 랍비 아키바의 제자들이 죽임을 당한 후 그의 다섯 제자 중 한 사람이 되었으며, 스승보다 더 뛰어난 지식을 가지게 되었다.

랍비 메이어는 랍비 아키바와 매우 가까웠으므로, 스승이 이스라엘 땅을 떠날 때에 그도 스승을 따라 함께 떠났다고 한다(예바모트[Yevamos] 121a). 랍비 메이어는 랍비 아키바에게서 토라 지식을 전수받음으로, 현자들은 가르치기를 미쉬나에서 저자가 밝혀지지 아니한 구절들은 랍비 메이어의 글로 여긴다고 한다(산헤드린[Sanhedrin] 86a).

랍비 메이어는 젊을 때에 랍비 아키바로부터 랍비로 임직을 받았으나 후일 랍비 예후다 벤 바바[R` Yehudah ben Bava]가 그와 랍비 아키바의 다른 네 제자를 다시 랍비로 임직하여 토라 지도자로서의 권위를 이어가도록 했다(3:3의 설명 참고).

랍비 메이어의 뛰어난 제자들 중에는 솜코스[Somchos]와 랍비 쉬므온 벤 엘라자르[R` Shimon ben Elazar]가 있으며, 랍비 예후다 하나시[R` Yehudah Hanasi] 역시 그에게서 수학한 적이 있다.

토라 연구에서 랍비 메이어의 위대함

현자들은 "랍비 메이어의 시대에 그와 같이 세상을 존재케 한 이가 없었다는 것이 주님 앞에 밝히 드러났다"(에이루빈[Eiruvin] 13b)라고 말하였다.

그의 예리함과 영민함은 널리 알려져 있었으며, 그가 학당에서 토라를 배울 때에는 '논리적 분석으로 산을 들어 갈아버리는 듯 했다'(산헤드린[Sanhedrin] 24a). 그의 천재성은 크게 뛰어났으므로 '동료들도 그의 이해의 깊이를 헤아리지 못하였다'(에이루빈[Eiruvin] ibid.). 랍비 메이어의 동료들이 그의 주장을 받아들이지 않는 경우, 할라카도 그의 견해와 일치하지 않았다.

그는 산헤드린의 의장인 나시[nasi]와 부의장인 아브 베이스 딘[av beis din] 다음으로 높은 칭호인 산헤드린의 현자(하캄)라 불리었다(호라요트[Horayos] 13b). 랍비 예후다 하나시는 말하길 자신은 랍비 메이어의 강의를 들을 때에 자신의 시점으로 랍비 메이어의 등을 보았으므로, 그가 다른 현자들보다 더욱 예리하다고 했다. 또 말하기를 그가 랍비 메이어의 등이 아닌 얼굴을 보았다면 지금보다도 더 탁월한 지혜를 가질 수 있었으리라고 했다(에이루빈[Eiruvin] ibid.).

랍비 메이어는 설교와 아가다에서도 뛰어난 두각을 보여주었다. 랍비 요하난은 증언하기를 300마리 여우의 우화를 말한 것도 랍비 메이어라고 하였으며(산헤드린[Sanhedrin] 38b), 또 현자들은 말하기를 "랍비 메이어가 세상을 떠날 때에 이야기꾼들도 말하기를 멈추었다"라고 하였다(쏘타[Sotah] 49b).

랍비 메이어에게 토라는 무엇이었는가

랍비 메이어는 모든 담화에서 토라를 배우는 것을 가장 높은 가치로 여기고 있다. 그리하여 그는 말하기를 토라를 배우는 자는 "많은 것을 얻을 뿐만 아니라 세상의 모든 창조사역이 그를 위하여 이루어질 만한 가치를 가진다. 그는 친구라 불릴 것이요, 내 사랑하는 자라 불릴 것이며…"라고 하였다(6:1).

그러므로 랍비 메이어는 선포하기를 "토라 현자들은 서자라도 어리석은 대제사장보다 더 낫다"(호라요트[Horayos] 13a)라고 했다. 실제로 토라를 배운 이방인은 대제사장과 같다(바바 카마[Bava Kamma] 38a).

랍비 메이어는 토라를 필사하여 생계를 구하였으며, 그의 스승 랍비 이스마엘은 그를 꾸짖기를 "내 아들아, 네 하는 일에 크게 신경을 쓰거라. 네 일은 하늘나라의 일이며, 한 글자라도 너무 크게 쓰거나 너무 작게 쓰면 곧 세계 전체를 파괴하는 것이니라"라고 했다(에이루빈[Eiruvin] 13a).

랍비 메이어는 성경 전체를 필사하는 필사의 전문가가 되었다. 어느 부림절, 마을에 에스더서 두루마리가 없는 것을 본 그는 그 자리에서 기억만으로 에스더서를 기록하기도 하였다고 전한다(메길라[Megillah] 18b).

랍비 메이어는 가르치기를, 사람은 언제나 자기 아들에게 '깨끗하고 쉬운 직업을 가르쳐야 하며, 또 모든 부와 재산의 주인이신 하나님께 기도하여…(중략) 그 일로 가난하게도 부하게도 마시옵고, 그저 받을 만한 것을 모두 받게 해 달라 간구하라'라고 하였다(키두쉰[Kiddushin] 82a).

랍비 메이어의 성품

랍비 메이어는 스스로 크게 겸손한 사람이었다. 나이가 많은 사람이라면 글을 모르는 사람일지라도 그 앞에서는 앉지 않았다(예루샬미 비쿠림 [Yerushalmi Bikkurim] 3:3). 또 스스로 말하길 자신은 일생 동료의 말에 순종하지 않으려는 마음을 가진 적이 없다고 했다(샤보트[Shabbos] 134a). 그는 자신의 위대함에도 불구하고 스스로 동료 랍비들의 의견에 반대할 만한 사람이 아니라고 생각했던 것이다.

또한 랍비 메이어는 평화를 사랑한 사람이었다. 언젠가 매 안식일 저녁마다 화가 나서 싸우던 두 사람의 말싸움을 중재한 후에 사탄이 말하길

"랍비 메이어가 나를 집에서 내어 쫓았으니, 이제 내가 무엇을 할 수 있으랴!"라 외쳤다고 한다(기틴[Gittin] 52a).

랍비 메이어의 겸손과 평화를 사랑하는 마음이 합하여 다음의 미담으로 나타났다. 랍비 메이어는 안식일 저녁에 사람들과 모여 담화를 하곤 했다. 어느 안식일 저녁, 그가 유난히 말을 길게 한 이유로 담화가 늦게 끝나게 되었다. 그의 말을 듣던 사람들 중에 한 여인은 담화가 끝나고 집에 돌아갔는데, 그때는 이미 안식일 촛불이 꺼진 후였다. 랍비 메이어의 말을 듣고 왔다고 말을 해보았으나, 남편은 심히 불쾌하여 화내며 "다시 돌아가 랍비 메이어의 얼굴에 침을 뱉기 전에는 집에 들어오지 마시오!"라고 소리쳤다.

그녀는 3주 동안 집에도 들어가지 못하고 문 밖에 나앉게 되었고, 이를 본 이웃들이 그녀에게 "말도 안 돼요! 랍비 메이어와 이야기해 보세요. 아마 해결책을 알려줄지도 몰라요."라고 조언하였다. 하지만 어떤 명분으로 그녀가 이 위대한 현자에게 찾아갈 수 있었겠는가?

그동안 랍비 메이어는 하나님께서 주신 영감으로 무슨 일이 있었는지를 알게 되었다. 곧 그는 눈병을 앓는 척하며, 자기 눈에 침을 뱉어줄 사람을 구한다고 외쳤다.

이 여인의 이웃들은 그 이야기를 듣고, 이를 그녀에게 전하였다. 이윽고 남편에게 쫓겨난 여인은 랍비 메이어에게 찾아갔다. 그러나 메이어가 그녀에게 눈병을 어떻게 고치는지 알고 있냐고 묻자, 그녀는 차마 거짓말을 하지 못하였으므로 알지 못한다고 고백하였다. 그러나 랍비 메이어는 이에 굴하지 않고 여인에게 "내 눈에 일곱 번 침을 뱉어주시오. 아마

병이 나아질 것이요"라고 하였다.

달리 선택지가 없었던 여인은 랍비 메이어가 시키는 대로 했다. 그러자 랍비 메이어는 그녀에게 말하였다. "집으로 돌아가 남편에게 말하시오. 침을 한 번 뱉고 오라 하여 일곱 번을 뱉었다고 말이오."

랍비 메이어의 제자들은 이 이야기를 듣고 그에게 항의하며 말했다. "선생님, 이토록 토라를 모욕한 것을 어찌 참으셨습니까? 저희에게 미리 이 일을 말해주셨더라면, 그 남편을 법정에 세워 아내와 강제로라도 화해하도록 하였을 것입니다."

이에 랍비 메이어가 답하였다. "메이어의 명예가 창조주의 명예보다 더 크더냐. 남자와 그 아내의 화평을 이루기 위해 주님의 이름도 물로 지워진 바 있도다"(예루샬미 쏘타[Yerushalmi Sotah] 1:4를 인용하며).

그의 동료 랍비인 랍비 요세[R` Yose]는 증언하기를 랍비 메이어가 '위대하고, 거룩하며, 겸손한 사람'이었다고 했다(예루샬미[Yerushalmi], 모에드 카탄[Moed Kattan] 3:5).

랍비 메이어와 이스라엘 땅

랍비 메이어는 이스라엘 땅을 특히 사랑하여 말하기를 이스라엘 땅은 물질이나 영이나 부족한 것이 하나도 없다고 하였다(베라호트[Berachos] 34b). 또 이르기를 '이스라엘 땅에 사는 자는 누구든지 제사로 바쳐지지 아니한 것도 정하게 먹을 것이요, 거룩한 말을 하고, 아침저녁으로 슈마를 읊으며 장차 올 세상을 확증 받으리라'(예루샬미 샤보트[Yerushalmi

Shabbos] 1:3)고 했는데, 이는 '이스라엘 땅은 그 땅에 사는 모든 이에게 속죄를 허락하기'(시프레이 하'아지누[Sifrei Ha'azinu] 34:43) 때문이라고 하였다.

세상을 떠나기 얼마 전, 로마의 박해 하에 랍비 메이어는 이스라엘 땅을 강제로 떠나게 되었다. 죽기 전 그는 자신이 들어갈 관을 해안을 향해 두라고 하였는데 이는 이스라엘 바다의 물이 파도를 타고 오리라 생각했기 때문이었다. 또한 죽은 후에는 그 뼈를 거룩한 땅 이스라엘에 묻으라고도 하였다 한다(예루샬미 킬라임[Yerushalmi Kilayim] 9:4).

랍비 메이어의 아내, 베루리아

랍비 메이어의 아내는 열 명의 순교자 중 한 명인 랍비 하니나 벤 트라드욘의 딸 베루리아였다(아보다 자라[Avodah Zoroh] 18a). 또한 그녀는 본인 자신도 위대한 사람이기도 하였는데, 탈무드의 많은 부분에서는 그녀의 이름이 나오는 할라카를 인용하고 있으며, 그녀의 위대함과 뛰어난 성품을 보여주는 행적들을 남기고 있다(토사프타 바바 메찌아[Tosefta Bava Metzia] 1:3, 베라호트[Berachos] 10a, 얄쿠트 쉬모니[Yalkut Shimoni Proverbs] 900). 3년간 베루리아는 매일 300명의 현자들로부터 300개의 할라카를 배웠다고 전한다(페사힘[Pesachim] 62b).

이에 현자들은 그녀를 일컬어 이르기를 "누가 현숙한 여인을 찾아 얻겠느냐"(잠 31:10, 미드라쉬 미쉬레이[Midrash Mishlei] 31, 얄쿠트 쉬모니[Yalkut Shimoni] ibid.)라고 했다.

네 기업을 최소한으로 줄이고 토라에 참예하라

랍비 메이어는 토라에 집중하기 위하여 먼저 이 세상의 일들을 최소한으로 줄여야 한다는 가르침으로 이 구절을 시작하고 있다.

마하랄은 이 구절이 사업이나 자기 직업에 크게 관여치 않는 사람을 뜻한다고 힘써 말하고 있다. 어떤 이들은 천성적으로 자기 일에 있어 눈부신 성공을 크게 기대하지 않는다. 또 어떤 이들은 너무나 게으른 나머지 힘든 일에 시간과 노력을 많이 투자하려 하지 않기도 한다. 이런 사람들은 이렇게 남는 시간을 토라를 배우는 데에 투자하기까지 한다. 이 구절은 이런 그들의 태도를 시간에 관계하여 말하고 있다. 즉 랍비 메이어는 남는 시간에 토라를 배우려는 마음가짐이 아니라, 토라를 배울 시간을 만들기 위해 스스로 다른 활동을 줄인다는 마음가짐을 가져야 한다고 가르치고 있는 것이다.

그렇게 함으로써 토라를 배움이 자신에게 가장 우선이며, 일을 하는 시간은 토라를 충분히 알기 때문이 아닌, 그저 가족들을 부양하기 위해 투자하는 시간임을 나타내는 것이다. 그리하면 하루 중 대부분의 시간을 일에 투자한다 하더라도 그는 여전히 토라를 배우고 있는 것으로 여김을 받을 것이다.

'이 율법책을 네 입에서 떠나지 말게 하며 주야로 그것을 묵상하여 그 안에 기록된 대로 다 지켜 행하라 그리하면 네 길이 평탄하게 될 것이며 네가 형통하리라'(수 1:8)(미드라쉬 탄후마 네샬라흐[Midrash Tanchuma Beshalach] 20)는 현자들의 가르침을 위의 원리를 기반으로 이해할 수 있을 것이다.

토라를 배우기 위해 일하는 시간을 줄이는 자는 하루의 모든 시간을 토라를 배움에 중심을 두고 있으므로, 그의 일 자체가 토라라고 할 수 있을 것이다.

거룩한 셀라(셀라[Shelah], 쉬네이 루호트 하브리트[Shnei Luchos Habris]인 랍비 예샤야후 호로비츠[R` Yeshayahu Horowitz]는 말하길 하늘나라의 재판장 앞에 서면 "토라를 위해 시간을 내었느냐"가 아닌, "토라를 위해 몇 번이나 시간을 내었느냐"라는 질문을 받게 된다고 했다(샤보트[Shabbos] 31a). 하루에 한 번 정도를 토라를 배우는 데에 투자하는 것은 충분치 않다. 그보다는 밤낮으로 여러 번 토라를 공부하는 시간을 두어야 한다.

다른 주석가들은 자기 일을 줄이는 사람만이 토라를 배움에 전심으로 투신할 수 있다고 가르치고 있다. 여기에는 두 가지 이유가 있는데, 첫째는 토라를 제대로 배우기 위해서는 충분한 시간이 필요하기 때문이며 둘째로는 자기 일에 깊이 빠진 사람은 마음을 맑게 하고 토라를 배우는 데에 어려움을 겪게 될 것이기 때문이다.

이러한 점에 미루어 하시드 야베쯔는 사람의 마음을 집에 비유하고 있다. 사람의 목표는 곧 집(마음)에 영의 보물을 가득 쌓는 것이어야 한다. 마음을 영의 보물보다 걱정과 근심, 헛된 생각으로 채우는 사람은 그 마음을 만드신 분께 드릴 진정한 보물을 채울 공간이 부족하고 말 것이다.

일은 더 적게, 배움은 더 많게

미드라쉬 슈무엘은 '최소한으로 줄이다'라는 뜻으로 사용된 단어 '헤베이 마마에트'[hevei m'maet]가 현재 진행형으로 표현되었다는 사실에 주목하고 있다. 즉 천국은 하루아침에 닿을 수 있는 곳이 아니라 하늘의 사다리를 꾸준히, 계속 타고 올라야 다다를 수 있는 곳이라는 말이다.

그러므로 하루아침에 자기 일을 완전히 그만둘 수는 없는 일이다. 그보다는 소득을 버는 일에 투자하는 시간을 조금씩 줄이며 동시에 영적인 소득을 얻는 시간을 조금씩 늘려야 할 것이다.

티페레트 찌온[Tiferes Tzion]은 이 구절이 토라를 배우는 학생들을 지원하는 사람들을 말하고 있는 것으로 설명하고 있다. 이런 사람들은 더욱 더 많은 시간 동안 일을 하여 학생들을 도울 만한 충분한 돈을 확보하는 것으로 괜찮다고 생각할지도 모른다. 그러나 이 말씀은 모든 유대인이 스스로 토라를 배워야 하는 의무가 있으므로, 그들 역시도 자기 삶에서 토라를 배울 시간을 남겨두어야만 한다는 사실을 가르치고 있다.

사업을 모두 철수해야 하는가?

주석가들은 다른 학자들이 자기 인생의 우선순위가 무엇인지를 잊지 않았던 반면, 랍비 메이어는 생계를 구했다는 것에는 동의하고 있다.

그러나 탈무드는 "나는 세상의 모든 일을 멀리하고 내 아들에게 토라만을 가르쳤노라."(키두쉰[Kiddushin] ibid., 본 구절에 이어)는 랍비 네호라이([R` Nehorai], 위 언급된 대로 랍비 메이어와 동일 인물)의 말을 인용하고 있다.

이토록 분명히 드러나는 모순은 두 가지 길이 있다는 설명으로 해소하는 것이 가장 쉬운 해결책일 것이다. 두 가지 길이란 바로 일반인의 길과 소수 엘리트의 길이다. 유대인들의 교사로서 랍비 메이어는 대다수 사람들이 어떻게 살아야하는지를, 그 길을 몸소 보여주었다. 그러나 아들의 교육을 맡은 개인으로서의 랍비 네호라이는 높은 영적 수준에 다다르기를 염원하는 사람들에게 맞는 길을 보여주었던 것이다.

모든 사람 앞에서 겸손하라

이 말씀은 계속하여 '모든 사람 앞에서 겸손하라'고 가르친다. 그렇다면 '매우, 매우(완전히) 겸손하라'(4:4)는 랍비 레비타스의 말씀과 비교하여 본 구절이 더 말하고자 하는 가르침은 무엇인가?

대부분의 주석가들은 이 문장을 본 구절의 시작 부분의 연속으로 보고 있다. 랍비 메이어는(랍비 레비타스와 마찬가지로) 겸손의 길을 향하는 이정표를 제시할 뿐만 아니라 겸손과 배움의 관계에 대해서도 말하고 있는 것이다. 토라의 지혜를 얻는 데에 어려움이 있다면, 보통 교만이 걸림돌로 박혀있는 경우가 많다. '하늘에 있는 것이 아니니...'(신 30:12)라는 말씀에 대해 라바[Rava]는 말하기를, 자기 지혜가 하늘나라에 닿기까지 높다 하는 사람과 자기 지혜가 바다를 가로지르기까지 넓다 하는 사람에게서는 토라를 찾을 수 없다고 했다.

미쉬나 13절   משנה יג

רַבִּי אֱלִיעֶזֶר בֶּן יַעֲקֹב אוֹמֵר,
הָעוֹשֶׂה מִצְוָה אַחַת, קוֹנֶה לוֹ פְרַקְלִיט אֶחָד.
וְהָעוֹבֵר עֲבֵרָה אַחַת, קוֹנֶה לוֹ קַטֵּיגוֹר אֶחָד.
תְּשׁוּבָה וּמַעֲשִׂים טוֹבִים, כִּתְרִיס בִּפְנֵי הַפֻּרְעָנוּת.

랍비 엘리에제르 벤 야아코브는 말한다.
일찍이 단 하나의 계명을 수행한 사람이라도 하나의 변호사를 얻고,
단 하나의 죄를 지은 사람도 하나의 고소인을 얻는다.
회개와 선한 행동은 징벌에 대한 방패와 같다.

미쉬나 13절

랍비 엘리에제르 벤 야아코브는 말한다.

탈무드 문학은 랍비 엘리에제르 벤 야아코브라는 이름을 가진 두 명의 탄나를 언급하고 있다. 첫 번째는 탄나임의 첫 번째 세대에 속한 사람으로, 성전의 크기를 측량한 미도트([Middos], 히브리어로 '치수'라는 뜻으로, 선한 성품을 뜻하기도 함 - 역자 주)라는 책을 쓴 것으로도 유명하다(요마[Yoma] 16a). 두 번째는 탄나임의 네 번째 세대에 속한 랍비 엘리에제르로, 랍비 아키바의 마지막 일곱 제자들 중 한 명이다(예루샬미 하기가[Yerushalmi Chagigah] 3:5, 미드라쉬 베레이쉬트 라바[Midrash Bereishis Rabbah] 61:3).

이 구절이 피르케이 아보트의 뒷부분에 위치하여 있으므로, 주석가들은 이 말씀의 저자를 두 번째 랍비 엘리에제르 벤 야아코브로 여기고 있다.

랍비 엘리에셀의 말씀은 적으나 매우 조심스럽게 평가되고 있다. 한 가지 예를 들면, 벤 아자이[Ben Azzai]는 증언하기를 "랍비 엘리에제르의 가르침은 한 자밖에 되지 않으나 순전하도다"(예바모트[Yevamos] 49b)라고 하였다. 탈무드에 나오는 랍비 엘리에제르가 두 명이므로 벤 아자이의 이 증언이 누구를 지칭하는지는 명확치 않다(기틴[Gittin] 67a 참고). 그러므로 동명이인인 두 명의 탄나 모두 간결하지만 무거운 말씀을 남겼으며, 할라카는 언제나 그들의 의견을 따라 정해졌다고 보는 것이 타당할 것이다.

랍비 엘리에제르 벤 야아코브의 선함

언젠가 가난한 맹인이 랍비 엘리에제르 벤 야아코브의 도시로 와서 구걸을 하였는데, 구걸을 해도 별 소득이 없었다. 이 소식을 들은 랍비 엘리에제르는 이 사람을 찾아가 조용히 그 옆에 앉았다. 그러자 사람들은 맹인이 당연히 중요한 사람인 줄 알고 그의 앞으로 나아왔고, 그의 앞에 놓인 통에 동전을 넣어주었다. 동전이 떨어지는 소리를 들은 맹인이 사람들에게 물었다. "이토록 갑자기 너그러워지다니, 무슨 일이 일어난 것입니까?" 그러자 사람들이 그에게 말했다. "지금 당신이 이 세대의 가장 위대한 자, 이 도시의 랍비 옆에 앉아있는 걸 모르셨습니까?"

그 말을 들은 맹인은 랍비 엘리에제르에게 말하였다. "선생님께서는 보이는 사람에게도, 보지 못하는 사람에게도 친절하시군요. 모든 것을 보시나 보이지 않으시는 분께서 선생님의 인생에 선함을 베풀어주실 것입니다"(예루샬미 슈칼림[Yerushalmi Shekalim] 5:4).

일찍이 단 하나의 계명을 수행한 사람이라도
하나의 변호사를 얻고,
단 하나의 죄를 지은 사람도 하나의 고소인을 얻는다.

어떤 계명이든지 실천하기만 하면, 그가 실천한 계명은 그를 지키는 천사를 창조한다. 야곱이 형 에서를 만날 준비를 하며 보냈던 사자들이 사실은 천사였던 이유가 바로 이와 같다(창 32:4, 라쉬의 주석 참고). 야곱은 아들들이나 종들 중 한 명을 보내지 않고 왜 따로 사자를 보내었는지, 그 이유를 생각해본 적 있는가?

프리미슐란의 랍비 메이어[R` Meir of Premishlan]는 라쉬의 해석을 기록하며 말하기를 이 사자들은 '문자 그대로는 천사들'이라고 했다. '문자 그대로'라는 뜻의 히브리어 '마마쉬'[mamash]는 민 마아심 쉐아사[min maasim she'asah], 즉 '그가 실천한 행실로 이루어진'이라는 문장의 첫 글자를 딴 것이다.

야곱은 셈과 에벨과 삼촌 라반의 집에서 지낸 수십 년간 그가 실천한 선행과 지켜온 토라로 창조된 천사들을 보내 그들의 보호를 얻고자 했던 것이다.

온전한 계명의 힘

현자들은 사람이 그 행실의 많고 적음에 따라 심판을 받는다고 가르친다. 즉 악행보다 선행을 더 많이 한 사람은 좋은 보상을 받을 것이요, 반대로 선행보다 악행을 더 많이 한 사람은 징벌을 받게 된다는 것이다(키두쉰[Kiddushin] 40b). 이전에 우리가 '병으로 죽게 되었다면…(중략) 그를 변호하는 사람이 많다면 그는 구함을 얻을 것이요, 그를 변호하는 사람이 많지 않다면 구함을 얻을 수 없을 것이다. 그를 변호하는 자들은 회개요, 선행이다.'라고 배운 것과 같다.

그러나 같은 말씀에서는 '구백 아흔 아홉 명의 천사들이 그를 대항하여 힘을 써도 한 명의 천사가 그를 지키면, 구함을 얻을 것이다. 또한 그를 지키는 마지막 천사가 천 분의 구백 아흔 아홉 만큼 그를 반대하여도 천 분의 일 만큼이나마 그를 변호하고자 하는 마음이 있다면, 그는 구함을 얻을 것이다'(샤보트[Shabbos] 32b)라고 증언하고 있다. 다르게 표현하자면, 계명을 하나 실천하여 창조된 그의 수호천사 한 명이 그를 적대하는 천 명의 천사들보다 더욱 강하기 때문에, 행실의 많고 적음은 크게 필요치 않은 것일 수도 있다는 것이다.

행실의 많고 적음에 따라 심판을 받으나, 하나의 계명을 실천하여도 된다는 말은 명백한 모순으로 보인다. 그렇다면 이 모순은 어떻게 해소할 수 있을 것인가?

계명의 우세함으로 판단을 받는지, 하나의 계명만으로 판단을 받는지의 여부는 그가 행한 계명의 질에 달려있다고 설명함으로써 이 모순을 해소할 수 있을 것이다. 람밤은 '마코트'[Makkos]에 대한 그의 주석에서 말하기를 '613가지 계명들 중 하나만이라도 온전하게, 다른 불순한 동기가 없이 그저 하늘나라를 위하여 주님을 사랑하는 마음으로 실천하면, 그는 올 세상에서의 삶을 기업으로 얻을 것이다'라고 가르치고 있다.

그렇다면 우리는 하나님께서 왜 613가지나 되는 계명을 우리에게 주셨는지 의문을 제기할 수 있을 것이다. 전심으로, 온전히 실천할 계명 하나만 있으면 올 세상의 삶을 얻는 데에 충분하기 때문이다. 그러나 613가지의 모든 계명을 자기 마음과 영을 다하여 온전히 지킬 수 있는 사람은 없음을 기억하라. 모든 사람은 한두 가지 계명을 정하여 그 계명을 마음을 다해 지키게 되는 것이다. 그러므로 랍비 하나냐 벤 아카시아[R' Chananiah ben Akashai]는 말하기를 "거룩하신 축복의 주님께서 유대인들이 은혜를 입게 하시고자 토라와 수많은 계명들을 부어주셨도다."라고 했다(마코트[Makkos] ibid.).

위 질문인 '계명은 하나만 있으면 충분하지 않은가'에 대하여 말해보자. 만일 계명을 온전히 지키지 못한다면 하나님께서는 그의 행실의 많고 적음으로 그를 판단하실 것이다. 그러나 계명 하나를 자기 모든 것을 다 바쳐 온전히 지키면, 그의 삶은 이로 인하여 완전히 변할 것이므로 그가 실천한 계명이 그를 수천 명의 강한 적으로부터 구원할 것이다. 이런 원리를 기반으로, 계명 중 단 하나라도 온전하고 진실되게 실천하면 그를 지키기에 충분하다는 생각까지 이를 수 있을 것이다.

회개와 선한 행동은 징벌에 대한 방패와 같다.

이 말씀은 '회개와 선한 생동은 징벌에 대한 방패와 같다'라고 가르치고 있다. 하지만 계명을 지키면 그를 지키는 천사가 나타난다고 이전 구절에서 가르치고 있으므로, 징벌을 막는 방패가 굳이 필요한 이유가 있는가?

위의 의문에 대한 답은 다음과 같다. 즉 우리는 우리가 지킨 계명이 우리가 지은 죄로부터 우리를 충분히 지켜주는지 알 수 없다는 것이다.

현자들은 말하기를 "죄는 계명을 취소한다"(쏘타[Sotah] 21a)라고 했다. 하나의 중죄가 많은 계명을 취소할 수 있으므로, 계명을 지킨다 하더라도 속죄의 확약을 위하여 반드시 회개를 해야 한다는 것이다.

더 나아가, 그를 지키는 천사와 그를 적대하는 천사들의 힘이 같지 않을 수도 있다. 그가 실천한 '계명의 질(quality)'에 그를 지키는 천사의 힘이 달려있으며, 그가 지은 '죄'에 그를 적대하는 천사들의 힘이 달려있다. 예를 들면, 할라카를 붙잡고 기쁨과 뜨거운 마음으로 지킨 계명은 큰 힘을 지니는데, 특별히 어려운 상황에서 계명을 지켰을 때에 그렇다. 반대로 마지못해 순종하는 마음으로, 그저 버릇처럼 지킨 계명은 힘이 거의 없다. 마찬가지로 기쁨과 뜨거운 마음으로 범한 죄는 막대한 힘을 지닌다. 즉 계명을 지킴으로 창조된 천사가 죄로 인해 창조된 천사들을 물리칠 만큼 강한 힘이 없을 수도 있다는 것이다.

토라를 배움과 회개함

분명한 사실은, 끊임없이 죄를 짓는 사람은 계명을 지킨다 해도 죄의 용서를 받을 수 없다는 것이다. 이런 사람은 계명을 실제로 실천하고 있는 도중에만 징계로부터 보호를 받을 뿐이다(쏘타[Sotah] 21a).

그러나 순전한 마음으로 토라를 배우는 것은 잘못된 행실로 남은 인상을 완전히 쓸어버리는 정도의 가치를 가진다. 그러므로 비록 '죄가 계명을 취소하나, 토라는 취소할 수 없다'고 하는 것이다(쏘타[Sotah] 21a). 따라서 순전한 마음으로 토라를 배우는 배움의 힘이 회개의 힘과 같다고 할 수 있다.

방패를 쓰는 법

회개와 선행을 방패로 비유한 본 구절의 비유에는 어떤 의미가 숨겨져 있는 것인가?

하시드 야베쯔는 이에 대해 네 가지 답을 제시하고 있다.

첫째, 적이 이미 던진 창을 방패가 막아주듯이 회개와 선행 역시도 이미 선포된 징계로부터 사람을 보호해준다는 것이다. 그러므로 만일 경건함과는 동떨어진 것으로 알려진 사람이 그가 온전히 의로워진다는 조건으로 어느 여성과 약혼을 한다면, 그가 회개의 순간을 경험하는 그 순간에 그 회개가 깊고도 엄청난 나머지 그의 모든 죄가 용서되는 일도 가능하다는 것이다(키두쉰[Kiddushin] 49b).

둘째, 방패는 사람의 몸을 가릴 만큼 충분히 커야 한다. 마찬가지로 회개 역시도 작은 죄나 큰 죄 모두를 속죄할 만큼 진실하고 진심이 담겨 있어야 한다.

셋째, 서투른 솜씨로는 방패를 사용할 수 없듯이, 회개 역시 마음과 영을 다하여 해야 하며, 대속죄일 예식 때에 선포되는 말씀과 같이 '입술로만 고백'하는 회개가 되서는 안 된다.

마지막으로 방패는 언제나 손에 들고 제대로 사용할 때에만 제 역할을 할 수 있듯이, 회개를 올바르게 해야 하며 또 언제든지 회개를 할 준비가 되어 있어야만 한다.

방패의 효율성

쉽게 이해하자면, 이 말씀은 회개와 선행이 징계로부터 우리를 보호해주는 절대적인 힘을 가지고 있다고 가르치고 있다. 그러나 현자들은 또 말하는 바 회개와 대속죄일은 단순히 징계를 중지시킬 뿐이며, 영의 얼룩을 지우는 길은 고난밖에 없다고 가르치고 있다(요마[Yoma] 6a). 이 구절과 명백한 모순으로 보이는 것이 사실이다.

아바바넬[Abarbanel]은 '방패'라는 단어의 의미를 세밀히 살펴봄으로써 이런 모순을 해소할 수 있다고 설명한다. 회개가 없는 고난은 그저 사람을 완전히 파멸시킬 뿐이다. 그러나 고난을 받고 회개한다면, 죽음을 막는 방패를 얻을 것이며, 고난은 한꺼번에 파죽지세로 찾아오지 않고 오더라도 작은 고난만이 있을 것이다.

또한 충분히 깊은 회개는 더욱 효율적인 방패가 될 수 있는데, 이 방패는 찾아온 고난이 하나님을 섬기고 인생을 사는 것까지는 막지 않는 '사랑의 고난'임을 확증하는 것이다(베라호트[Berachos] 5a 참고). 즉 어떤 죄는 너무나 심각한 나머지 회개를 하더라도 고난을 피할 수 없다. 그러나 회개는 징계의 가장 극심한 고통으로부터 그를 지키는 방패가 된다.

마하랄과 토사포스 욤 토브는 본 구절을 다른 방식으로 접근한다. 회개와 선행은 방패와 같아서 자기 죄로 인해 받는 고난으로부터는 그를 보호해주지 않으나, 사회에 죄가 만연하므로 그 사회가 받게 되는 고난, 즉 재앙과 같은 고난으로부터는 그를 보호해준다는 것이다(샤보트[Shabbos] 55a).

회개가 먼저요 선행은 다음이다

이 구절은 '일찍이 단 하나의 계명을 수행한 사람이라도 하나의 변호사를 얻고'라는 말씀으로 시작하며, '선한 행동'에 대해 말하며 끝을 맺는데, 이는 계명을 수행하는 것과 선한 행동은 서로 별개라는 것을 암시한다. 람밤은 선한 행동과 계명을 수행하는 것의 차이를 다음과 같이 기술하고 있다. 먼저 '선한 행동'이란 죄를 한 번도 짓지 않은 의인의 죄 없고 무결한 행위를 뜻한다. 이 구절이 회개를 먼저 말한 후에야 선한 행동에 대해 말하고 있는 이유가 바로 이것이다. 회개의 힘은 너무나 강력하여 사람을 죄 없는 삶보다 더 높은 수준에까지 이르도록 할 수도 있는 것이다(베라호트[Berachos] 34b).

그러나 대다수의 주석가들은 회개와 선한 행동이 사람을 고난에서 지켜주는 방패라면, 선한 행동은 회개를 동반한 선한 행동이어야 한다고 설명한다. 회개는 '악에서 돌아섬'을 뜻하며, 고전적으로 '선을 행하기' 전에 먼저 '악에서 돌아서야' 하므로 회개가 선한 행동보다 먼저 언급되었다는 것이다.

위의 해석들과 달리, 이 구절의 가르침을 선한 행동이 나타나지 않는 회개는 충분치 않다는 가르침으로 해석하는 의견도 있다.

마지막으로 미드라쉬 슈무엘은 말하기를, 이 구절은 회개가 그의 죄와 반대로 적용되어야 함을 암시하고 있다고 하였다. 예를 들어 손으로 죄를 지으면 그 손으로 선한 행동을 해야 할 것이며, 그 발로 죄를 짓는 자리로 달려갔다면 이제 선한 행동을 하는 자리로 달려야 한다는 것이다.

미쉬나 14절   משנה יד

רַבִּי יוֹחָנָן הַסַּנְדְּלָר אוֹמֵר,
כָּל כְּנֵסִיָּה שֶׁהִיא לְשֵׁם שָׁמַיִם, סוֹפָהּ לְהִתְקַיֵּם.
וְשֶׁאֵינָהּ לְשֵׁם שָׁמַיִם, אֵין סוֹפָהּ לְהִתְקַיֵּם:

산들라드의 랍비 요하난은 말한다.
하늘나라를 바라보며 모이는 모든 헌신된 모임은
영원히 지속될 것이다.
그러나 하늘나라를 위하여 헌신하지 않는 모임은
영원히 지속되지 않을 것이다.

미쉬나 14절

산들라드의 랍비 요하난은 말한다.

산들라드의 랍비 요하난은 탄나임의 네 번째 세대에 속한 자로, 랍비 아키바의 마지막 제자들 중 한 명이었다(베라호트[Berachos] 22a, 베레이쉬트 라바[Bereishis Rabbah] 61:3 참고).

일반적으로 랍비로 임직을 받은 후로부터 '산들라드'(신발 만드는 자)라고 불리었다고 알려져 있다. 그러나 어떤 이들은 말하기를 이 별칭이 그가 알렉산드리아 출신임을 나타내는 것이라고 주장하기도 한다(예루샬미 하기가[Yerushalmi Chagigah] ibid.).

랍비 요하난은 랍비 아키바를 섬긴 그의 제자였으며, 그에게 배움으로 인해 위험에 처하게 되더라도 상관치 않았던 사람이다. 언젠가 랍비 아키바가 토라를 가르쳤다는 이유로 감옥에 갇히자 현자들은 할리자 예식의 측면에 대해 논쟁하고 있었다.

그러자 랍비 요하난은 행상인으로 변장하여 랍비 아키바가 갇힌 감옥으로 향했다. 그가 감옥을 지날 때에 물건을 팔며 말하길 "실 팝니다! 바늘 팝니다"라고 외치며, 그 사이에 "그와 그녀 사이의 할리자, 할라카는 무엇인가?"라는 말을 끼워 넣었다.

이를 들은 랍비 아키바는 실과 바늘에 관심이 있는 것처럼 창문으로 다가가 "바느질 도구가 있소?"라고 물으며, 중간에 다음의 답을 끼워 넣었다. "허락되느니라!" (예루샬미 예바모트[Yerushalmi Yevamos] 12:5).

언젠가 랍비 요하난은 반 유대인 법을 피해 이스라엘 땅을 떠나 바빌로니아의 누사이빈[Netzivin]으로 향하여 그 곳에서 랍비 예후다 벤 베세이라[R` Yehudah ben Beseira]에게 가르침을 받고자 하였다. 그러나 현자들은 말하길 "랍비 엘라자르 벤 샤므아와 산들라드의 랍비 요하난은 랍비 예후다 벤 베세이라로부터 토라를 배우기 위해 누사이빈으로 갔다. 그러나 그들이 제이덴[Zeiden]에 도착하여 이스라엘 땅을 떠올리자, 눈물을 쏟으며 옷을 찢었다…(중략) 마침내 고향으로 돌아와 외치기를 이스라엘 땅에서 거함이 토라의 모든 계명을 지킴과 같다 했다" (시프레이 러`에아[Sifrei Re'ea] 12:29, 얄쿠트 쉬모니 러`에아[Yalkut Shimoni Re'eh] 885 인용).

하늘나라를 바라보며 모이는
모든 헌신된 모임은 영원히 지속될 것이다.

아보트 데랍비 노손[Avos DeRabbi Nosson]에서 본 구절에 대응하는 평행 구절(40:10)에서는 '계명을 위한'(즉 '하늘나라를 위한') 모임인 위대한 모임의 사람들[the Men of the Great Assembly]을 언급하고 있으며, 반대로 대홍수 세대를 '하늘나라를 위하지 않는' 모임의 예로 언급하고 있다.

라베이누 요나는 '하늘나라를 위한 회의'는 '토라와 선행을 위해' 사람들이 모인 곳이라고 설명하고 있다.

어떤 이들은 이 구절이 모임에 있어 영적인 것에 초점을 맞추어야 한다고 말하는 것이 아니라고 주장한다. 이 세상의 것을 목적으로 모이는 모임 역시도 다른 이들의 삶을 증진시키기 위한 의지를 함께 나누고 있다면 '하늘나라를 위한' 모임으로 받아들여질 수 있기 때문이다.

반면, 사람들이 모이더라도 하늘나라를 위한 모임이 아닌 경우, 사람들은 자기중심적인 목표를 들고 모임을 가지게 된다. 이런 모임은 모이더라도 거들먹거리며 남의 말은 듣지 아니하고, 각자 자기 이익이 제일 우선이 되는 모임이다.

진정한 인내

'마지막까지 견딜 것이다'라는 말씀의 의미는 무엇인가?
일부 주석가들은 모임의 목적이 마침내 빛을 보게 될 것임을 이 말씀이 알려주고 있다고 해석한다. 다른 주석가들은 이 구절의 암시를 다르게 해석한다. 곧 이 구절은 모임을 구성하는 사람들의 연합이 오래토록 견딜 것이라는 것을 암시하고 있다는 것이다.

미드라쉬 슈무엘은 말하기를, 이 구절은 우리가 모임의 현재 상황에만 초점을 두기 보다는, 더욱 장기적인 시각으로 모임의 마지막이 어떻게 될지를 지켜보아야 한다는 점을 나타내고 있다고 했다. 하늘나라를 위한 모임은 티끌과 같이 작을 뿐만 아니라, 능력도 없고 여유도 없을 때도 있다. 그러나 우리는 그 시작이 작은 것들 중 가장 작은 모임일지라도 그 결과를 지켜보아야만 하는 것이다. 위대한 성과도 그 시작은 작다. 사람은 적고, 능력은 부족할지도 모른다. 그러나 모임이 작다 하여 낙담하여서는 안 된다. 만일 그 작고 연약한 모임이 하늘나라를 위하여 일하고 있다면, 하나님께서 그 시작을 축복하시고 그 축복이 끝날 때까지 영원하리라는 믿음을 가져야만 할 것이다.

하늘나라를 위한 모임의 성공

주석가들은 하늘나라를 위한 모임의 목적이 결국 그 빛을 발하게 되는 이유를 두 가지로 설명하고 있다.

첫째, 모임에 모인 사람들이 자기의 개인적인 목적을 중시하지 않고 하나의 목표를 위해 서로 모인다면, 함께 일하여 다른 이들을 도울 준비가 된 것이다.

둘째, 이런 모임은 하나가 된다는 마음이 스며들므로, 하나님께서 그 모임의 각 사람에게 임재하신다. 즉, 하나님께서 몸소 그 모임에 참여하신다.

미드라쉬 슈무엘은 말하기를 '모임'을 표현하기 위해 본 구절에서 크네시야[knesiyah]라는 단어를 사용한 이유가 바로 이와 같다고 했다. 크네시야는 케네스 야, 즉 '하나님의 모임'이라고 읽을 수도 있다.

유대인의 영원함, 그 비밀

아보트 데랍비 노손(ibid.)은 시내 산에서 토라를 주신 사건을 하늘나라를 위한 모임의 가장 큰 예로 인용하고 있다. 그때 유대인들은 하나님의 말씀을 받는다는 하나의 목표를 가지고 하나의 장막에 모여 있었다. 이스라엘의 영원함은 이 첫 번째 모임으로부터 나온 것이다. 이 사건 이후 역사가 흐르며, 유대인들은 비록 자기 땅을 잃고 세상 여기저기에 흩어졌더라도 모두 하나의 목표를 공유하고 있다. 바로 하나님의 영광의 깃발을 이 세상에서 높이 드는 것이다. 유대인들은 이 목표를 마음에 새기고 사는 한, 멸망치 않고 영원할 것이다.

랍비 오바디야 스포르노에 따르면, 랍비 요하난은 이 구절을 통해 로마로부터의 핍박과 급증한 이단들의 미움으로 고통받던 그 세대의 현자들에게 용기를 불어 넣어주고 있다.

산들라드의 랍비 요하난은 동시대의 현자들에게 그들이 받는 고통이 강하다 한들 유대 민족을 깨트릴 수는 없으리라 확언하며 용기를 심어주고 있는 것이다. 반면 토라의 언약에서 벗어난 소수 종파들은 끝날까지 이 고통을 견딜 수 없을 것이다.

그러나 하늘나라를 위하여 헌신하지 않는 모임은 영원히 지속되지 않을 것이다.

사람들이 서로 모였으나 그 모임이 하늘나라를 위한 모임이 아니라면, 하나님께서는 직접 나서서 그 모임을 막으시는데, 바로 대홍수가 그

예이다. 그 모임의 사람들은 분명히 서로 하나였으므로, '온 땅의 언어가 하나요 말이 하나였더라'(창 11:1), 또한 하나님께서는 '이 무리가 한 족속이요, 언어도 하나이므로 이같이 시작하였으니 이 후로는 그 하고자 하는 일을 막을 수 없으리로다'(창 11:6)라고 말씀하셨다.

그럼에도 불구하고 그들의 존재 이유는 '하늘나라를 위하지 않았다.' 오히려 하나님을 거역함으로 자기가 원하는 바를 따랐다. 그러므로 하나님께서는 그 모임에 직접 개입하셔서 하나였던 언어를 나누시고 온 세상에 흩어버리셨던 것이다.

순전한 헌신

미드라쉬 슈무엘이 말한 대로 본 구절에 사용된 히브리어 '크네시야'가 '하나님의 모임'을 뜻한다면, 같은 단어가 하늘나라를 위하지 않는 모임을 표현하는 데에도 사용되는 이유는 어떻게 설명할 수 있을 것인가? 이 의문에 대한 해답은 다음과 같다. 곧 이런 모임은 겉으로는 하늘나라를 위한 모임처럼 보이나 속으로는 자기 이익을 위한 목적으로 모인 집단이라면, 그 집단은 마지막까지 견디지 못할 것이다.

빌나 가온은 말하기를 회당의 기초가 순전하고 하나로 뭉친 마음으로 세워졌다면, 그 회당에서 울려 퍼지는 기도는 특별히 더 큰 축복을 받을 것이나, 회당의 벽돌과 집기가 순전한 헌신으로 세워지고 모여졌다면, 그 회당은 어떤 고난이 닥쳐와도 오래도록 견딜 뿐만 아니라 그 회당에 모인 이들이 '하늘나라를 위하여'하는 일들에 엄청난 힘을 불어넣어 줄 것이라고 했다(이븐 슐로모[Even Shlomo]).

이런 주제는 유대인들이 절대로 토라를 잊지 않으리라고 확신하였던 랍비 히야[R` Chiya]의 증언(케투보트[Kesubos] 103b)에서도 살펴볼 수 있다. 랍비 히야는 아마를 재배하여 그 줄기로 린넨을 만들었으며, 또 사슴을 사냥하여 그 고기는 고아들을 먹이고 가죽은 린넨으로 묶어 그 위에 토라 두루마리를 쓰고 이것으로 학생들을 가르쳤다.

빈 두루마리를 사서 그 위에 토라를 기억하거나, 토라 두루마리를 그냥 구입할 수도 있던 랍비 히야가 이토록 크게 수고한 이유는 무엇인가? 바로 온전히 하늘나라를 위해 헌신하는 행위만이 모든 세대를 걸쳐 살아남을 수 있으므로, 토라가 이 세상에서 사라지지 않도록 확증하려는 그의 노력은 그 모든 단계가 순전한 마음으로 이루어져야만 결실을 맺을 수 있음을 랍비 히야는 알고 있었기 때문이다.

미쉬나 15절   משנה טו

רַבִּי אֶלְעָזָר בֶּן שַׁמּוּעַ אוֹמֵר,
יְהִי כְבוֹד תַּלְמִידְךָ חָבִיב עָלֶיךָ כְּשֶׁלְּךָ,
וּכְבוֹד חֲבֵרְךָ כְּמוֹרָא רַבָּךְ,
וּמוֹרָא רַבָּךְ כְּמוֹרָא שָׁמָיִם:

랍비 엘아자르 벤 샤무아는 말한다.
  너희 학생의 명예가 너희 자신의 것처럼 소중하게 되도록 하라.
  너희 동료의 명예가 너희 선생님에 대한 존경과 같이,
  그리고 너희 선생님에 대한 존경이 천국에 대한 존경과 같이
되도록 하라.

미쉬나 15절

랍비 엘아자르 벤 샤무아는 말한다.

랍비 엘아자르 벤 샤무아는 보통 랍비 엘아자르[R' Elazar]를 지칭하는 말로(라쉬[Rashi], 샤보트[Shabbos] 19b), 탈무드에 자주 언급되곤 한다. 랍비 엘아자르는 제사장이었으며(쏘타[Sotah] 39a) 랍비 아키바의 마지막 다섯 제자들 중 한 명이었다(예바모트[Yevamos] 62b). 또한 랍비 예후다 벤 바바[R' Yehudah ben Bava]에게서 랍비 임직을 받은 다섯 제자들 중 한 명이기도 하다(3장 3절 참고). 핍박의 때에 랍비 요하난[R' Yohanan]과 함께 이스라엘 땅을 떠나려 하였으나 끝내 떠나지 못했다(2장 11절 참고).

현자들은 그가 어린 시절부터 말을 함부로 하지 않았다고 전한다. 그는 말이나 행실이나 그의 동료들과 불화를 일으키지 않았으며, 언제나 깊이 겸손한 모습을 보였고 경건하였으므로 80년간 금식을 했다(에일레 에즈케라[Eileh Ezkerah]).

그의 제자들이 엘아자르에게 장수의 비결을 묻자(어느 기록에 따르면 그는 150세까지 살았다고 전한다), 그는 세 가지 이유를 들었다. 첫 번째는 평생 '거룩한 나라의 머리 위를 걷지 않는 것'이었다(메길라[Megillah] 27b, 쏘타[Sotah] 39a). 즉 그는 바닥에 앉은 학생들의 머리를 넘고 다니지 않도록 학당에 누구보다 먼저 들어왔는데, 이는 학생들에게 긍지를 심어주려는 행동이었다. 혹자는 그가 학생들이 굳이 일어날 필요가 없도록 학당에 제일 먼저 들어온 것이라고도 했다.

엘아자르는 제자가 많았으므로 엘아자르의 이런 행동은 학생들을 배려한 행동이라고 볼 수도 있다. 랍비 엘아자르의 제자였던 랍비 예후다 하나시[R` Yehudah Hanasi]는 증언하기를 "엘아자르 벤 샤무아에게서 토라를 배울 때면 한 규빗(약 50cm, 역자 주)에 여섯 명이 끼어 앉아야 했다!"고 하였다(에이루빈[Eiruvin] 53a).

산들라드의 랍비 요하난은 말하기를 그 세대 사람들의 마음은 바늘귀와 같이 좁았으나, 랍비 엘아자르의 마음은 성전 입구와 같이 넓었다고 했다(에이루빈[Eiruvin] 53a).

랍비 엘아자르의 순교
랍비 엘아자르는 미드라쉬 에일레 에즈케라[Eileh Ezkerah]에 기록된 열 명의 순교자 중 마지막 사람이다.

랍비 엘아자르는 금요일 해질녘에 순교했다. 죽기 전 그는 안식일을 지킬 수 있도록 해달라 하였으나 거부당하고 말았다. 그는 키두쉬 기도문을 읊으며 '하나님께서 창조하신'이라는 말을 했다는 이유로 사형을 당했다.

그가 죽음을 맞을 때 하늘에서 음성이 들려 이르기를 "엘아자르여, 축복을 받았도다. 이 세상에서 너는 하나님과 같았으니 '하나님'이라는 말로 네 영혼이 하늘로 들려 올려 졌노라"고 했다.

너희 학생의 명예가 너희 자신의 것처럼 소중하게 되도록 하라.

본 구절은 스승이라면 자신이 받고자 하는 존경을 제자들에게 줘야 한다고 가르친다. 스승은 개인적으로도 가까운 관계를 유지하는 동시에 학생들에게 존경을 표해야 하며, 한 명 한 명에게 사랑과 감사를 아끼지 않아야 한다.

실제로 탈무드에서 우리는 스승이 제자들을 아들과 같이 사랑하므로 제자를 '내 아들아'라고 부르는 사례를 다수 찾을 수 있다. 현자들은 '네 자녀를 가르치라'는 구절에서 '자녀'가 곧 '제자'라고 해석하고 있다(시프레이 버하난[Sifrei V'echanan] 6:7).

다수의 주석가들은 스승 역시도 제자들로부터 많은 배움을 얻을 수 있음을 말하고 있다. 랍비 나흐만 바르 이쯔하크[R' Nachman bar Yizchak]는 이르기를 "작은 가지가 통나무에 불을 붙이듯 작고 약한 토라 스승이 제자를 갈고 닦아 위대한 사람이 되도록 이끄는 것이다."라고 했다(타니트[Taanis] 7a). 총명한 제자는 핵심을 찌르고 난해한 질문을 던지는 반면, 연약한 제자에게는 간단한 것이라도 자세하고 명확하게 설명을 해주어야 한다. 그리하여 랍비 하니나[R' Chanina]는 말하기를 "스승에게 많은 것을 배웠고, 동료들에게서 더 많이 배웠으나, 가장 많은 가르침을 제자

들로부터 얻었다"라고 했다(ibid.).²

라쉬는 더 나아가 스승이 학생에게 스승과 같은 존경을 받아야 하는 이유로 스승은 그가 가르친 제자를 통해 그 진가를 알아볼 수 있으므로, 제자의 명예가 곧 스승의 명예라고 하였다.

너희 동료의 명예가 너희 선생님에 대한 존경과 같이

스승을 높임과 같이 동료를 존경하라는 이 말씀을 통해 우리는 스스로를 높이기 위해 동료의 명예를 모욕하는 행위가 얼마나 악한 일인지를 깨달을 수 있다. 실제로 현자들이 말하는 바 이런 자는 장차 올 세상에서 기업을 받지 못하리라 함과 같다(예루샬미 하기가[yerushalmi Chagigah] 2:1, 베레이쉬트 라바[Bereishis Rabbah] 81:5). 특히 다른 사람을 공공연히 모욕하는 자는 그 죄가 더욱 크다.

반면 남을 모욕하지 않고 존중하는 자는 하나님의 은혜로 상을 받게 될 것이다. 랍비 네후니아 벤 하카나(R' Nechuniah ben Hakanah)를 그 예로 들 수 있는데, 그는 동료를 희생하면서 자기 명예를 얻지 아니하였으므로 장수했다(Megillah 21a).

감정의 깊이

이 말씀은 '너희 동료의 명예가 너희 선생님에 대한 존경과 같이'라고 가르치고 있다. 그렇다면, 랍비 엘아자르는 왜 이 구절에서 '너희 동료를

---

2 Makkos 10a는 랍비 예후다 하나시(Rabbi Yehudah Hanasi)의 이름으로 이를 인용하고 있다.

존경하기를 네 스승을 존경함같이 하라'고 가르치지 않는 것인가?

랍비 모세 알모스니노[R` Moshe Almosnino]는 이와 관련하여 본 구절의 의미가 다른 사람과 관계를 맺는 것과 같은 방식으로 동료를 존경하라는 말이 아니라고 설명한다. 제자는 현자들이 '수호하는 천사'에 비견된다고 표현하는(하기가[Chagigah] 15b) 진정한 스승에게 자연스럽게 깊은 존경을 느끼게 되는 법이다.

제자가 스승에게 느끼는 감정을 동료를 향한 존경에 비유함으로써 이 구절은 우리가 얼마나 크게, 얼마나 진심으로 동료를 존경해야 하는 지를 알려주고 있는 것이다. 학생이 위대한 스승을 마음속 깊이 존경하듯 동료들에게도 마음에서 우러나오는 깊은 마음을 품어야 한다.

'너희 학생의 명예가 너희 자신의 것처럼 소중하게 되도록 하라'는 구절은 이런 해석을 뒷받침해 주고 있다. 다시 한 번 말하면, 존경과 사랑, 이 두 감정은 서로 연결되어있다. 위 해석은 우리가 존경을 받고자 함과 같이 제자들을 사랑해야 한다는 가르침을 전해주는 것이다.

미드라쉬 슈무엘은 말하길 사람은 자기보다 더 큰 사람을 존경하고 자기보다 더 낮은 사람에게는 거만하게 대하므로, 낮은 사람이 높은 사람을 존경하는 것은 지극히 당연한 일이라고 했다.

그러므로 이 구절은 "너희 학생의 명예(즉 네 제자가 네게 보이는 존경)를 '네 명예'를 사랑함같이(네가 네 제자를 존경함이 제자에게도 중요함과 같이 너와 마찬가지로 중요하게) 소중하게 되도록 하라"고 가르치고 있는 것이다. 제자가 스승의 인정과 존경을 갈망함과 같이 스승도 제자를 존경하고 이를 표현해야 한다.

본 구절 역시 '네 동료를 존경하기를(즉 네 동료가 너를 존경함을 네가 사랑함과 같이) 스승을 두려워함같이 하라'(네 스승의 격려의 말과 마찬가지로 중요하게 여기라)라고 해석할 수 있을 것이다.

너희 선생님에 대한 존경이 천국에 대한 존경과 같이 되도록 하라

많은 분량의 토라 지식을 가르쳐준 첫 스승을 존경함이 부모를 존경함보다 더 큰 것은(바바 메찌야[Bava Metzia] 33a), 부모는 우리를 이 세상으로 데려왔으나 스승은 제자의 영성의 틀을 잡고 그를 올 세상의 삶으로 데려가기 때문이다.

람밤[Rambam]은 말하기를 스승을 크게 존경한다면 스승의 자리에 앉지 아니하며 스승의 말을 옳다 그르다 판단하지 아니하고, 스승이 허락하기 전에는 앉지 아니하며, 또 스승이 허락하기 전에는 그의 앞에 서지도 않는다 했다(탈무드 토라[Talmud Torah] 5:6).

더 나아가 제자는 랍비, 즉 스승의 이름을 부르지 않는다. 선지자 엘리사에게 게하시가 했던 행동이기도 한데, 이는 스승에게 무례를 범하는 것이다. 결국 그는 이로 인해 나병에 걸리고 말았다.

하늘나라를 두려워하는 근본적인 이유

이 구절은 스승을 두려워함을 하늘나라를 두려워함과 같이 하라고 전한다. 다른 부분에서 현자들은 가르치기를 스승과 언쟁하는 자는 하나님과 언쟁을 벌이는 것과 같이 여김을 받으리라 했다(산헤드린[Sanhedrin]

110a).

　라베이누 요나는 이에 대해 해석하기를 영적 스승을 두려워함은 곧 하늘나라를 두려워함의 근본이라고 했다. 스승을 이토록 경외하는 사람만이 스승으로부터 토라를 제대로 전수받을 수 있는 것이다.

미쉬나 16절   משנה טז

רַבִּי יְהוּדָה אוֹמֵר,
הֱוֵי זָהִיר בְּתַלְמוּד, שֶׁשִּׁגְגַת תַּלְמוּד עוֹלָה
זָדוֹן.

랍비 예후다는 말한다.
  연구에 매우 신중하라.
  왜냐하면 부주의한 오역은
  계획적인 죄를 범하는 것과 같이 간주될 것이다.

미쉬나 16절

랍비 예후다는 말한다.

탈무드에서 '랍비 예후다'라는 이름은 곧 랍비 아키바가 노년에 받아들인 다섯 제자 중 한 명인 랍비 예후다 바르 일라이[R` Yehudah bar Ilai]를 일컫는 것이다. 랍비 예후다는 탈무드에서 가장 많이 인용되는 현자들 중 한 명으로, 실제로 탈무드에서 수백 번이나 그의 이름이 언급되는 것을 확인할 수 있다.

어릴 적 랍비 예후다는 랍비 엘리에제르 벤 히르카누스[R` Eliezer ben Hyrkanus]의 제자이자 그의 아버지였던 랍비 엘리[R` Ilai]에게서 토라를 배웠다(메나호트[Menachos] 18a). 젊은 시절에는 로드[Lod]에서 랍비 타르폰[R` Tarfon](메길라[Megillah] 20a)과 랍비 이스마엘[R` Yishmael](모에드 카탄[Moed Katan] 24b)에게서 수학했다. 그러나 그에게 가장 큰 영향을 준 스승은 바로 랍비 아키바로, 랍비 요하난은 말하길 "무명의 시프라(Sifra, 레위기를 해석한 미드라쉬로, 토라트 코하님[Toras Kohanim]이라고도 함)는 곧 랍비 예후다의 가르침이며…(중략) 랍비 아키바의 견해와 일치한다"고 했다(산헤드린[Sanhedrin] 86a).

랍비 아키바의 다른 '남쪽의 제자들'과 같이(예바모트[Yevamos] 62b) 그 역시 후일 랍비 예후다 벤 바바[R` Yehudah ben Bava]로부터 랍비 임직을 받았다(3장 3절 주석 참고).

랍비 예후다는 갈릴리 지방 웃사[Usha]에 거주했다. 유대인들을 향한 핍박의 시기가 지난 후 현자들은 그에게 찾아와 토라를 다시 회복할 모임을 만들자고 제의했다. 그때 예후다는 "배운 자는 다시 와서 배우라. 배우지 못한 자라도 다시 와서 배우라"고 외쳤다(쉬르 하쉬림 라바[Shir Hashirim Rabbah] 2:3). 이로 인해 많은 현자들과 학생들이 모여들었고, 토라 연구가 다시 번성하게 되었다.

랍비 예후다는 유대인들의 지도자들이 가는 할라카의 길을 이끄는 권위자였으므로, 사람들은 그를 '나시의 집의 할라카 권위자'라고 불렀다(메나호트[Menachos] 104a).

랍비 예후다는 위대한 토라 학자로서 수많은 업적을 남겼으므로 로마 제국마저도 그의 권위를 인정하여 그에게 모든 회의를 개회할 수 있는 권한을 주었다(샤보트[Shabbos] 33b, 베라호트[Berachos] 63b). 다른 곳에서는 이르기를 랍비 예후다가 이러한 특권을 받은 이유는 그가 다른 현자들보다 토라를 더 많이 알아서가 아니라, 그가 그 곳에 있었기 때문이라고 했다. 즉 회의는 그가 살던 웃사에서 열렸으므로 그가 회의를 주관하게 되었다는 것이다(쉬르 하쉬림 라바[Shir Hashirim Rabbah] ibid.).

랍비 예후다의 제자들 중에는 랍비 예후다 하나시(샤부오트[Shavuos]

13a)와 동료 랍비의 아들들인 랍비 쉬므온의 아들 랍비 엘아자르[R` Elazar ben R` Shimon], 랍비 요시의 아들 랍비 이스마엘[R` Yishmael ben R` Yosi](쑤카[Succak] 18a), 랍비 예후다의 아들이자 다음 세대에서 유명한 탄나인 랍비 요시 벤 예후다[R` Yosi ben Yehudah]가 있었다.

로마의 인정을 받다

탈무드(샤부오트[Shabbos] 33b)는 로마에서 예후다를 높이 여긴 이유를 언급하고 있다. 한 번은 랍비 예후다와 랍비 요세[R` Yose, 랍비 쉬므온 바르 요하이[R` Shimon bar Yochai]가 로마 정부에 대해 대화를 나누었는데, 랍비 예후다는 로마의 정책을 칭찬하며 말하기를 그들이 시장과 다리와 목욕탕을 지었다고 했다. 이에 랍비 요시는 답을 하지 않았고, 랍비 쉬므온은 로마가 이룬 모든 것은 그저 자기 자신들을 위해 한 것일 뿐이라고 말했다.

이 대화를 들은 사람이 또 있었으니, 바로 예후다 벤 게이림[Yehudah ben Geirim]이라는 사람이었다. 세 랍비들의 대화를 들은 그는 이 말을 경솔하게도 다른 사람들에게 퍼뜨렸고, 마침내 로마인들의 귀에까지 그들의 대화가 들어가게 되었다.

이에 로마인들은 "우리를 칭찬한 예후다는 (유대인들의 대변인으로)높이고, 침묵한 요시는 찌포리로 유배를 보내며, 우리를 비판한 시몬은 사형을 당하리라"고 선포했다.

자기에게 내려진 사형 선고를 들은 랍비 쉬므온 바르 요하이와 그의 아들 엘아자르는 미론[Miron]에 있는 동굴로 도망가 그 곳에서 기적을 힘입어 12년간 거하였으며, 그 동굴에서 조하르[Zohar]를 저술했다.

랍비 예후다의 고상한 자질들

랍비 예후다는 선행을 실천하는 사람으로 유명했으며, 때로는 배움을 제쳐두고 가난한 이들의 결혼식이나 장례식을 도와주러 가기도 했다(케투보트[Kesubos] 17a). 또한 그의 겸손함은 모든 이들의 귀감이 되었다. 이에 관한 유명한 이야기가 하나 전해져 내려온다. 어느 부부가 있었는데, 아내가 그 날 저녁 식사를 망쳤으므로 남편은 화가 난 나머지 그녀를 쫓아내어 말하기를, 랍비 예후다가 랍비 쉬므온에게 그날 저녁에 먹은 망친 음식을 먹이기 전까지는 집에 돌아오지 말라고 했다. 그 말을 들은 랍비 예후다는 "부부의 화목을 위해 하나님께서도 소타의 의식(쏘타[Sotah], 아내가 부정한 일을 저질렀다고 의심을 받을 때에 제사장으로부터 받는 의식 – 역자 주)에서는 그분의 거룩한 이름이 지워지리라 말씀하셨거늘, 내가 내 명예를 신경써서야 되겠는가"라고 말하며 그 망친 음식을 꾹 참고 먹었다고 한다(네다림[Nedarim] 66b, 4장 10절에 기록된 랍비 메이어의 이야기를 함께 참고하라).

랍비 예후다는 적은 음식으로 끼니를 대충 때우는 것에도 만족하였으며, 그와 그의 아내는 궁핍하여 하나의 웃옷을 돌아가며 입기까지 할 정도였으므로(네다림[Nedarim] 49b) 둘이 함께 집 밖으로 나갈 수 없었다 한다.

한 번은 랍비 쉬므온 벤 가말리엘[R' Shimon ben Gamaliel]이 금식 기도를 선포했는데, 랍비 예후다는 금식 기도의 자리에 나오지 않았다. 이 일의 연유를 궁금해 한 랍비 쉬므온은 그가 입을 옷이 없음을 알게 되었다. 이에 그는 랍비 예후다에게 사람을 보내어 입을 옷을 주었으나, 그는 이를 받지 아니하고는 도리어 "다른 사람에게 받을 필요가 없소. 지금 내가 입고 있는 것을 보시오"라고 대답했다.

이 말과 함께 그는 밟고 있던 바닥 깔개를 들어 올렸는데, 그때 기적이 일어났다. 바닥이 금화로 가득 덮여있던 것이었다! 즉 그는 마음만 먹으면 충분히 부유하게 살 수 있다는 것이었다. 랍비 예후다는 충격을 받고 할 말을 잃은 그에게 이어 말했다. "전 그저 이 세상에서 득을 얻기를 원치 않을 뿐입니다."

랍비 예후다는 자기가 가진 것으로 만족하고 또 기뻐하였으므로, 그의 얼굴은 언제나 빛났다. 한 번은 그의 얼굴에 유난히 빛이 났는데, 랍비 타르폰[R`Tarfon]이 그 이유를 묻자 그는 "지난 밤 선생님의 종들이 밭에 나가서 따온 사탕무를 주었길래 이것에 소금을 치지 않고 먹었습니다. 소금을 쳐서 먹었더라면 제 얼굴이 더 빛났을 것입니다!"라고 대답했다고 한다(네다림[Nedarim] ibid.). 즉 그가 소금을 살 수 없을 정도로 극히 가난했다는 말이다.

랍비 예후다는 다른 사람들에게도 적은 것으로 만족하라고 권면하여 말하기를 "양파(밧잘, batzal)를 먹고 그늘(밧제일, batzeil)에 앉으라. 그러나 네 소욕에 이끌려 거위나 수탉(과 같은 맛있는 것들)을 먹지 말라"고 했다(페사힘[Pesachim] 114).

랍비 예후다의 희생정신은 동시대의 사람들에게 깊은 영향을 바쳤다. 현자들은 '고운 것도 거짓되고 아름다운 것도 헛되나 오직 여호와를 경외하는 여자는 칭찬을 받을 것이라'(잠 31:30)는 구절에 주석을 남기기를 '고운 것도 거짓되고'는 곧 모세와 여호수아의 세대를, '아름다운 것도 헛되지만'은 히스기야의 시대를 말하며 "여호와를 경외하는 여자는 칭찬을 받을 것이라"는 말이 랍비 예후다의 세대를 일컫는다고 했다. 랍비 예후다의 세대가 무엇이 특별하였는가? 그때에 여섯 명의 제자들은 하나의 옷을 돌려 입었으며, 서로를 지키고 토라를 배웠다(산헤드린[Sanhedrin] 20a).

그러므로 랍비 예후다의 경건함은 잘 알려졌으며, 이에 현자들은 이르기를 "경건한 사람의 이야기가 나오면 이는 랍비 예후다 벤 바바[R` Yehudah ben Bava]나 랍비 예후다 벤 엘리[R` Yehudah ben R` Ilai]를 일컫는 것이다"라고 하였다(바바 카마[Bava Kamma] 103b 외).

연구에 매우 신중하라.

현자들은 말하기를 어느 시기에는 할라카를 검토하는 일보다는 할라카에 숨은 비밀을 깊이 연구하는 작업이 더 중요시되었는데, 이는 랍비 예후다 벤 엘리의 영향 때문이었다.

성경은 '내 백성에게 그들의 허물을, 야곱의 집에 그들의 죄를 알리라'(사 58:1)고 전한다. 랍비 예후다 벤 엘리는 이를 해석하기를 이 말씀이 토라 학자(나의 백성)의 잘못은 실수라 할지라도 고의로 지은 죄로 여겨지는 반면, 배우지 못한 사람들(야곱의 집)의 비행은 고의로 지은 죄라 하더라도 모르고 지은 죄로 여겨지리라는 뜻이라고 했다.

라쉬는 "토라 학자들은 기본적인 할라카의 뒤에 숨어있는 근본적인 이유를 명확히 밝히는 데에 집중해야 한다. 이것이 가장 중요한 것이요, 예전의 할라카를 검토하고 이에 기초하여 할라카 법을 세우는 것은 두 번째로 중요한 일"이기 때문에 토라 학자의 잘못은 고의로 지은 죄로 받아들여질 것이라고 설명하고 있다. 새로운 상황에 마주했을 때, 그 상황에 할라카를 적용할 수 있는 사람은 할라카의 근원을 이해하고 있는 자 뿐이다(바바 메찌야[Bava Metzia] 33b).

위의 라쉬의 말은 '배움에 주의하라. 배움의 실수는 고의로 여겨지리라'는 말을 인용함으로써 끝을 맺는다. 즉 율법을 아는 데에 만족하지 말고, 할라카의 근원과 그 뒤에 숨어있는 근본적인 이유를 알아야만 한다는 뜻이다.

검토의 중요성

그러나 다른 주석가들은 이 구절이 기존의 할라카를 계속 검토해야 함을 나타내고 있다고 이해하고 있다. 즉 할라카를 계속 되돌아보지 아니하고 자기 기억에 의존하여 할라카 법을 결정할 수는 없다는 것이다.

토라의 말씀은 금 그릇과 순금 그릇 같이 얻기 힘들고, 유리그릇과 같이 잃기 쉽다(하기가[Chagigah] 15a). 결국 끊임없이 다시 보고 검토하여야만 토라의 말씀을 잃지 않을 것이다. 토라의 말씀을 매우 신중하지 않는 사람은 곧 자기 손의 '금과 순금'의 가치를 몰라보는 것과 같다. 만일 그가 '내가 수고하지 않고도 얻었도다'라고 말하더라도 나는 그를 믿지 않을 것이다(메길라[Megillah] 6b). 끊임없는 보기와 검토가 없이 무언가를 오랫동안, 정확히 기억하는 것은 불가능한 일이다.

부주의한 오역은 계획적인 죄를 범하는 것과 같이 간주될 것이다.

라쉬의 설명에 따르면, 현자는 자기 스승에게 할라카의 이면에 숨은 비밀을 묻지 않았으므로 실수라도 고의로 여겨진다고 한다(ibid.). 만일 현자가 미리 주의를 기울였다면 실수가 일어나지도 않았을 것이다. 미드라쉬 슈무엘은 말하기를 이런 실수는 보통 자만으로 인한 것이라고 했다. 자만심이 강한 사람은 질문을 하지 않으려 하며, 심지어 스승에게까지도 질문하기를 주저한다.

할라카를 알 방법이 전혀 없는 상태에서 죄를 지었다면, 최소한 그 죄는 모르고 지은 것으로 받아들여질 수 있다. 그러나 이 구절은 토라를 배운 사람에 관한 내용이다. 토라를 배운 사람은 배우고, 분석하며, 묻고, 또 곱씹어 배운 것을 마음에 새겨야 함이 마땅하므로 이런 사람이 지은 죄는 실수가 아니라 자만이나 게으름으로 인한 것이다.

왕도는 없다

하시드 야베쯔는 이 구절에 다르게 접근하고 있다. 이 구절을 '배움의 실수는 그 자체로 고의이다'로 번역할 수 있음에 주목한 그는 할라카를 실수로 잘못 이해하는 것도 배움의 방법이 잘못되어 일어난 일이므로 고의로 간주된다고 설명하고 있다.

충분한 시간과 노력을 들여 토라를 배움에 전념하는 자는 결국 토라의 본질을 이해하게 될 것이다. 반대로 배운 것을 올바르게 이해하지 못한다는 것은 곧 그가 배움에 충분히 전념하지 못하였거나 배움의 방법이 잘못되었다는 것을 뜻한다.

위대한 현자들도 이러한 부분에서 실수를 하기도 했다.

그 예로 다윗 왕을 들 수 있는데, 다윗은 "주의 율례들이 나의 노래가 되었나이다"(시 119:54)라고 고백했다. 즉 하나님의 율법이 그에게는 노래와 같이 쉬웠다는 고백인데, 이는 그가 더 이상 율법을 이해하기 위해 노력을 기울일 필요를 느끼지 않았다는 것을 나타낸다.

이에 하나님께서는 "언젠가 네가 어린 아이도 잘 아는 할라카를 어기는 실수를 범하게 될 것이다"라고 말씀하셨다. 후에 다윗이 법궤를 다시 예루살렘으로 가져오게 되었는데, 이 때 그는 법궤를 사람이 짊어지게 하지 않고 마차로 끌고 오게 했다.

마차로 법궤를 옮기던 중 법궤가 옆으로 넘어지려 하자 웃사라는 사람이 이를 막으려 법궤에 손을 짚었다. '여호와 하나님이 웃사가 잘못함으로 말미암아 진노하사 그를 그 곳에서 치시니' 그 자리에서 웃사는 죽음을 맞게 되었다(삼하 6:7).

다윗이 화를 내자 하나님께서는 다윗에게 말씀하셨다. "율법이 네게 노래와 같이 되었다 하지 않았더냐? 그렇다면 '고핫 자손에게는 주지 아니하였으니 그들의 성소의 직임은 그 어깨로 메는 일을 하는 까닭이었더라'(민 7:9)는 말씀도 이미 잘 알고 있었겠구나."

다윗은 "우리 하나님 여호와께서 우리를 찢으셨으니 이는 우리가 규례대로 그에게 구하지 아니하였음이라"(대상 15:13)고 외쳤다. 즉 할라카를 올바로 배우지 않았으므로 하나님께서 치셨다는 것을 인정한 것이다

(탄후마[Tanchuma], 피느하스[Pinchas] 8). 또한 토라 현자가 실수를 범하면 다른 사람들이 그의 실수를 보고 이를 따라하게 되므로 곧 눈이 먼 사람 앞에 걸려 넘어질 것을 놓는 것과 같은 죄를 범하는 것이라고 할 수 있다. 그러므로 이 구절은 토라를 배우는 학생들과 토라를 연구하고 가르치는 학자들에게 배움에 힘쓰고 또 힘쓰라고 강권하는 것이다.

토라를 어찌 잊을 수 있으랴?

볼로진의 랍비 하임[R` Chaim of Volozhin]은 루아흐 하임[Ruach Chaim]에서 '토라를 배움은 곧 다른 모든 계명을 지키는 것과 같다'(페아[Peah] 1:1)라는 구절을 인용하며 본문을 해석하고 있다. 이 가르침은 반대로 이해하면 토라를 배우지 않는 죄는 곧 다른 계명을 범하는 것과 같다는 가르침을 나타낸다고 이해할 수도 있을 것이다.

미드라쉬 슈무엘은 모르고 지은 죄라는 개념이 기도나 안식일 등 지속적으로 지켜야 하는 계명에만 적용되는 것이라고 했다. 그러나 토라를 배우라는 계명은 유대인의 삶의 중심으로써 지속적으로 지켜야 하는 계명이다. "이 율법책을 네 입에서 떠나지 말게 하며 주야로 그것을 묵상하여…"(수 1:8). 그렇다면 어찌 토라를 배우라는 계명을 '모르고 범했다'고 말할 수 있겠는가? 자기 인생의 중심을 어찌 잊을 수 있겠는가? 결국 토라를 배우지 아니하였다는 것은 실수가 아니라, 배움의 중요성을 충분히 깨닫지 못한 것이라고 보아야 할 것이다.

마하랄은 한 걸음 더 나아가 배운 것을 잘못 이해한다면 '토라'를 배웠다고 할 수 없다고 가르치고 있다. 본인은 자기가 토라를 배웠다고 생각할지도 모르나, 배운 것을 잘못 받아들였다면 그는 결국 토라가 아닌 다른 무언가를 배운 것이다. 부주의로 인해 잘못된 결론에 닿게 되었다면 곧 하나님의 지혜를 발견하는 배움의 장 전체를 잘못 이해한 것이라고 할 수 있는 것이다.

무지는 정당화될 수 없다

미드라쉬 슈무엘은 토라를 잘못 이해하여 발생한 실수가 고의로 지은 죄와 같다는 랍비 이쯔하크 아바바넬의 말을 인용하며 모르고 지은 죄란 특정 행동을 실수로 잘못한 것을 뜻한다고 했다. 예를 들어 아버지를 자기 아들이나 종으로 잘못 보고 아버지를 때렸다면, 이는 실수이다. 그러나 그가 계명 전체를 실수로 잘못 받아들였다면, 즉 그가 계명을 잘못 이해하여 아버지를 때리는 행동이 죄가 아니라고 생각하여 아버지를 때렸다면, 이는 고의로 한 것으로 받아들여진다. 할라카의 기본 원리를 몰랐다고 하여 저지른 죄가 정당화되는 것이 아님은, 우리에게는 배움의 의무가 있기 때문이다.

아바바넬의 말씀은 "우리가 알고 죄를 지었으며 또 모르고 죄를 지었나이다"라는 대속죄일 알 헤이트[Al Cheit] 고백문을 조명하는 말씀이다. 배우지 않아 무지하게 된 것이므로, 무지도 죄이다.

미쉬나 17절　　　　　　　　　　משנה יז

רַבִּי שִׁמְעוֹן אוֹמֵר,
שְׁלֹשָׁה כְתָרִים הֵם, כֶּתֶר תּוֹרָה וְכֶתֶר כְּהֻנָּה
וְכֶתֶר מַלְכוּת, וְכֶתֶר שֵׁם טוֹב עוֹלֶה עַל גַּבֵּיהֶן:

랍비 쉬므온은 말한다.
세 가지의 왕관이 있다.
토라의 왕관,
제사장직의 왕관,
왕권의 왕관,
그러나 선한 이름의 왕관은 그 모든 것 위에 있다.

미쉬나 17절

랍비 쉬므온은 말한다.

이 구절의 화자인 랍비 쉬므온은 랍비 쉬므온 바르 요하이[R' Shimon bar Yochai]이다(랍비 쉬므온 바르 요하이에 대한 자세한 내용은 3장 3절을 참고하라).

람밤은 본 구절에서 언급되는 세 왕관이 하나님께서 토라를 주실 때 유대인들에게 함께 내려주셨던 세 가지 선물을 뜻한다고 해석한다. 케흐바, 즉 제사장직은 아론과 그 자손에게, 왕은 다윗 왕조에게 주신 것이며 토라의 왕관은 이스라엘 모두에게 주신 것이다. 또한 토라의 왕관은 다른 두 왕관보다 더 높다(요마[Yoma] 72b).

마겐 아보트[Magen Avos]에서 라쉬바쯔[Rashbatz]는 이 구절에 나온 세 가지는 곧 이 세상을 받치고 있는 세 요소, 즉 "토라와 예배, 그리고 선행"에 대응한다고 했다(1:2).

토라의 왕관은 토라의 기둥에 대응하며, 제사장의 왕관은 예배의 기둥에, 유대인의 왕은 백성들의 필요를 충족시켜 주어야 할 의무가 있으므로 왕의 왕관은 선행의 기둥에 대응한다(일부 주석가들은 왕권을 선행의 의무가 포함된 부유함을 상징하는 것으로 이해한다).

순서의 중요성

이 구절에서 언급된 요소들(토라, 제사장직, 왕)의 순서 역시 본질적으로 중요하다.

랍비 아바바넬은 이 순서가 후마쉬에 나오는 세 왕관이 처음 언급되는 것과 대응한다고 했다. 즉 토라의 왕관은 시내산에서 토라를 받는 사건과 평행하며, 제사장직의 왕관은 후마쉬에서 제사장이 처음 언급되는 부분과 평행을 이루고, 왕의 왕관은 신명기에서 왕에 대한 법을 언급하는 토라와 평행을 이룬다는 것이다.

랍비 아바바넬은 위 요소들의 순서에 관하여 한 발 더 앞서나간 해석을 제시하는데, 곧 토라의 왕관이 제일 먼저 언급되는 이유는 토라의 왕관에 제사장직의 왕관과 왕의 왕관이 모두 포함되기 때문이라고 설명했다.

또한 제사장은 유대인과 하나님 사이를 연결해주는 통로이므로 제사장직의 왕관이 왕의 왕관보다 먼저 언급된다. 다른 사람과의 관계를 원만히 이루도록 성품을 온전케 하는 것이 우리의 주된 의무이지만, 하나님과도 깊은 관계를 맺은 사람은 사람과의 관계만을 원만히 이룬 사람보다 낫다.

왕은 사회의 안정을 위해 세워진 것이므로, 왕의 왕관은 사람과 사람 사이에 지켜야 할 계명에 대응한다.

랍비 모세 알모스니노[R` Moshe Almosnino]는 (미드라쉬 슈무엘을 인용하여)이 구절의 순서를 다르게 해석하고 있다. 곧 토라의 왕관은 창조의 최종 목적이므로 제일 먼저 언급되었으며, 다른 두 왕관의 목적은 우리가 이 토라를 얻을 수 있도록 돕는 도구이므로 토라의 뒤에 언급되었다는 것이다.

또한 제사장직의 왕관이 왕의 왕관보다 먼저 언급되었는데, 이는 제사장은 사람들이 기쁨으로 토라를 가까이 하도록 이끄는 사람이기 때문이다. 아론이 "평화를 사랑하(였)고 평화를 추구하(였으)며 사람들을 사랑하(였)고 그들을 토라로 [이끌었다]"(1:12)는 이유가 바로 이것이다.

더 나아가 제사장은 유대인들에게 토라를 가르치는 사람이다. "주의 법도를 야곱에게 주의 율법을 이스라엘에게 가르치며 주 앞에 분향하고 온전한 번제를 주의 제단 위에 드리리로다"(신 33:10). 또한 주님께서는 할라카에 관해 궁금한 점이 있을 때엔 "레위 사람 제사장과 당시 재판장에게 나아가서 물으라 그리하면 그들이 어떻게 판결할지를 네게 가르치리니"(신 17:9)라고 하셨다.

람밤은 제사장직의 왕관이라는 개념의 범위를 확장하여 평생 토라에 헌신하는 것 또한 제사장직의 왕관이므로 이는 레위 지파만이 가진 특권이 아니라 원하는 사람 모두가 가질 수 있는 성질의 것이라고 했다. 그는 기록하기를 "레위 지파뿐만 아니라, 주님을 알고 또 주님의 길을 걷고자 영의 인도를 받으며 주님 앞에 서서 그분을 예배하고 또 섬기고자 [헛된 것을]멀리해야 함을 깊이 이해하고, 또 보통 범인(凡人)이 빠져드는 온갖 짐의 멍에를 그 목에서 벗어버리는 자는 거룩함을 입을지어다. 주님이 그의 기업이 될 것이며 영원한 상속이 될 것이고, 이 세상에서 그가 필요한 것을 모두 채워주시기를 레위인 제사장을 채우심과 같이 하실지어다"라고 했다(힐코트 슈미타 버요벨[Hilchos Shmittah V'Yovel] 13:13).

이런 점에서 미루어볼 때 누구든지 일생을 토라에 바친다면 하나님을 섬기고 토라를 가르치며 또 다른 이들을 하나님께 가까이 인도하는 제사장과 같이 될 수 있다고 이해할 수 있을 것이다. 그러므로 제사장직의 왕관은 곧 깊은 지식과 가르침을 위한 것이다.

그러나 모두가 할라카를 가르치는 교사에게 순종하지는 않을 것이며, 심지어 어떤 이들은 그들을 대적하기도 할 것이다. 그러므로 이러한 사람들에게 징계를 내리고 교화시킬 자, 곧 왕이 세워져야 한다. 왕의 통치는 옳은 길에서 벗어난 사람들을 다시 옳은 길, 즉 토라의 길로 돌아오도록 하기 위한 것이다.

그렇다면 이 구절은 순서를 통하여 이 세 왕관들의 목적과 권위를 나타내고 있다고 볼 수 있을 것이다. 토라의 왕관은 세 왕관 중 가장 중요한 것이며, 유대인들에게 토라의 길을 가르치는 것은 제사장의 의무이다. 또한 제사장들이 닦아놓은 토라의 길을 지킬 왕이 필요하다.

토라의 왕관, 제사장직의 왕관, 왕권의 왕관

이 세 왕관이 나타내는 성품을 가진 사람은 존경을 받아 마땅하다.

토라의 왕관에 대해, 말씀은 우리에게 '노인의 얼굴을 공경하며'(레 19:32)라고 명령하고 있다. 이 구절에서 '노인'이라는 표현은 히브리어 '자켄'[zaken]을 번역한 것인데, '자켄'은 '제 카나 코흐마'[zhe kanah chochmah], 즉 '이 사람은 지혜를 얻었노라'는 문장을 줄인 것이다(키두쉰[Kiddushin] 32b).

또한 현자들은 "너희 선생님에 대한 존경이 천국에 대한 존경과 같이 되도록 하라"고 가르쳤다(4:15).

케흐나의 왕관에 관하여 성경은 "너는 그를 거룩히 여기라 그는 네 하나님의 음식을 드림이니라"(레 21:8)라고 말한다. 실제로 코헨(Kohen), 즉 제사장은 "거룩한 모든 일에서 우선시 되어야 한다. 예배를 이끄는 명예가 주어진 제사장은 식사 후의 은혜를 이끄는 사람으로, 몫을 나눌 때 제사장에게 먼저 선택권이 주어진다"(기틴[Gittin] 59b, 라쉬[Rashi] 참고).

왕의 왕관에 관하여 성경은 우리에게 "반드시 네 하나님 여호와께서 택하신 자를 네 위에 왕으로 세울 것이며"(신 17:15)라고 명령했다. 이 말씀에 대하여 현자들은 '그의 두려움이 너희에게 임하여야 한다'(키두쉰[Kiddushin] ibid.)는 의미라고 가르쳤다. 즉 왕을 높이고 공경하라는 것이다. 실제로 왕의 권위는 왕 자신의 것이 아니라 모든 유대인들로부터 받은 것이므로 스스로 왕의 자리를 포기하지 않는다.

미드라쉬 슈무엘은 이 구절은 세 개의 왕관이 있다고 분명히 밝히고 있으므로 권위는 이 세 가지 직분에만 돌아가야 한다고 말한다. 사람들은 부유하거나 특정 직업에 종사하거나, 가족 중 높은 사람이 있거나 한 사람들에게 권위를 부여하는 경향이 있다. 그러나 본 구절에서 말하는 왕관을 가진 사람만이 순전히 그 직위에 따라 존경을 받을 권리가 있다. 곧 예레미야 선지자가 선포한 바 "여호와께서 이와 같이 말씀하시되 지혜로운 자는 그의 지혜를 자랑하지 말라 용사는 그의 용맹을 자랑하지 말라 부자는 그의 부함을 자랑하지 말라 자랑하는 자는 이것으로 자랑할지니 곧 명철하여 나를 아는 것과 나 여호와는 사랑과 정의와 공의를 땅에 행하는 자인 줄 깨닫는 것이라 나는 이 일을 기뻐하노라 여호와의 말씀이니라"라고 외침과 같다(렘 9:23-24).

이 세 왕관을 가진 사람은 곧 하나님의 영광을 받들고 있으므로 존경을 받을 권리가 있다. 그러나 하나님의 영광을 받들고 있으므로 주님의 종에 걸맞은 행동을 보여야 할 의무도 있다.

세 가지 권위

티페레트 이스라엘[Tiferes Yisrael]은 이 세 왕관이 유대 민족을 지도하는 세 가지 권위를 나타낸다고 해석했다.

토라의 왕관은 곧 산헤드린의 현자들의 지도를 뜻한다. 산헤드린의 현자들은 할라카 법을 정할 뿐만 아니라 할라카 법을 따르도록 사람들을 이끌 의무가 있다. "네 하나님 여호와께서 너희 가운데 네 형제 중에서 너를 위하여 나와 같은 선지자 하나를 일으키시리니…"(신 18:15). 재판관 옆에는 집행관, 즉 재판장에서 법정의 판단을 집행하는 실무자가 함께 한다. 더 나아가 산헤드린은 이 법에 순종하지 않는 자에게 벌금을 물리거나 징벌, 심지어 사형을 선고할 수 있는 권한을 가진다.

제사장직의 왕관은 희생 제사에서 제사장이 맡고 있는 책임의 상징이다. 제사장은 사람이 지은 수많은 죄를 속죄할 수 있는 통로를 연결하는 사람이다. 또한 유대인이 정결해지기 위해서는 제사장이 반드시 필요하며, 성전의 일부는 제사장 외에는 입장할 수 없다. 더 나아가 제사장은 성전 헌금에 관한 다양한 일들을 담당하기도 하며(아라힌[Arachin], 카르메이 코하님[Charmei Kohanim], 베호로트[Bechoros], etc.), 피부병을 판단하고 정함과 부정함을 선포할 권한이 있는 유일한 사람이다.

세 번째 왕관인 왕은 권력을 상징한다. 할라카는 법을 선포하고 이를 강제하는 왕의 권한을 인정한다. 필요한 경우 세금을 올릴 수도 있으며, 반란자를 처형할 수 있는 권한을 가진다.

세 왕관, 세 가지 테

현자들은 세 왕관이 성전의 세 가지 물건(법궤, 순금 분향단, 빵을 올리는 순금 상)에 둘러진 금테(토라는 제르[zer], 즉 관이라 부른다)와 대응한다는 점에 주목한다.

법궤에 둘러진 테는 토라의 왕관에 대응한다. 법궤는 십계명 돌판과 부서진 첫 번째 돌판과 모세가 기록한 토라 두루마리를 담고 있기 때문이다(바바 바스라[Bava Basra] 14a).

순금 상의 테는 왕의 왕관에 대응하는데, 이는 순금 상이 통치권의 핵심인 부를 상징하기 때문이다.

마지막으로 분향단의 테는 제사장직의 왕관에 대응한다. 성전의 안쪽에 위치한 분향단에서는 하루에 두 번 향을 피워 올리는데, 향은 제사장을 상징한다. "주 앞에 분향하고…"(신 33:10), 하나님께 향을 올려드리는 제사장은 부를 그 상으로 받을 것이다. 실제로 주님께 향을 피워 올릴 수 있는 권한은 많은 이들이 탐내던 것이었으며, 제사장은 일생에 한 번만 향을 피워 올릴 수 있었다(요마[Yoma] 2:4).

탈무드는 이어 가르치기를 아론은 케후나의 왕관, 즉 제사장직의 왕관을 받았으며, 다윗은 왕의 왕관을 받았고, 오직 아론과 다윗, 그리고 그들의 자손만이 이스라엘을 다스릴 토라의 권위를 얻었다고 했다. "그들의 자자 손손이 영원히 거기에 거주할 것이요 내 종 다윗이 영원히 그들의 왕이 되리라"(겔 37:25). 이 두 직분은 세습되는 것이므로 이 두 직분은 세상의 모든 금과 은을 다 주어도 얻지 못할 것이다 (아보트 데랍비 노손[Avos DeRabbi Nosson] 1:1).

그러나 법궤의 왕관, 즉 토라의 왕관은 모두의 것이다. 그 누구도 토라를 독차지할 수 없다. 토라를 얻는 데에는 돈이나 혈통이 필요치 않다. 필요한 것은 오직 의지뿐이다.

이런 개념은 세 가지 테에 대해 말하고 있는 성경 말씀에서 나타나고 있다. 금상과 제단을 만들라는 계명의 주어는 단수로 기록되어 있다. "너는 조각목으로 상을 만들되…"(출 25:23), "너는 분향할 제단을 만들지니…"(출 30:1), 이는 소수의 사람들만이 제사장의 가문이나 왕의 가문으로 태어나는 것을 뜻한다. 그러나 법궤에 대하여 토라는 "그들은 조각목으로 궤를 짜되…"(출 25:10)라고 명하고 있다. 즉 모든 사람이 토라의 왕관을 얻을 수 있다는 것이다.

토라의 왕관

어떤 이들은 제사장직의 왕관과 왕의 왕관이 토라의 왕관보다 더 크고 귀하므로 이들은 특별한 이들이 얻을 수 있는 반면 토라의 왕관은 가장 낮으므로 누구나 얻을 수 있는 것이라고 생각할지도 모른다. 이에 대해 탈무드는 "다른 관들보다 더 낮다 생각지 말라, 기록된 바 '나로 말미암아 왕들이 치리하며 방백들이 공의를 세우며'(잠 8:15)라 하였느니라."라고 말한다(요마[Yoma] ibid.). 토라는 왕에게, 더 나아가 제사장에게 정통성을 부여해 준다. 즉 토라가 먼저고 왕권과 제사장직은 그 다음이라는 것이다. 토라의 왕관을 얻은 자가 순전히 부수적인 것들만을 얻은 사람보다 더 낫다. 사생아로 태어난 토라 학자들이 배우지 못한 대제사장보다 더 낫다 하는 이유가 바로 이것이다(호라요트[Horayos] 13a).

라베이누 요나는 제사장직과 왕을 상징하는 두 테가 성소의 밖에 위치하고 있다는 사실에 주목한다. 가장 거룩한 곳인 성소에 허락된 테는 오직 토라의 테 뿐으로, 이는 토라가 하나님께로 가장 가까이 나아갈 수 있는 길임을 상징한다.

더 나아가 돌판과 분향단을 만들라 명령하시는 성경 말씀도 살펴볼 필요가 있다. 돌판과 분향단에 대하여는 "순금으로 싸고 주위에 금 테를 두르고"(출 25:24, 출 30:3)라고 하였으나, 분향단에 대해서는 "너는 순금으로 그것을 싸되 그 안팎을 싸고 위쪽 가장자리로 돌아가며 금 테를 두르고"(출 25:11)라고 했다. 즉 토라의 왕관이 다른 모든 왕관보다 위에 있다(더 높다)고 말한 것이다.

그러나 선한 이름의 왕관은 그 모든 것 위에 있다.

제사장과 왕은 기름부음으로 세워지므로, 제사장직의 왕관과 왕의 왕관은 '좋은 기름'이라고 불린다. 그러나 솔로몬 왕은 '좋은 이름'(선한 이름)이 좋은 기름보다 더 좋다고 하였다(전 7:1). 사람이 죽은 후에도 선한 이름은 남아 개인의 환경이라는 제한을 넘어 멀리 퍼져나가기까지 한다(미드라쉬 코헬레트 라바[Midrash Koheles Rabbah]).

이런 점을 바탕으로 현자들은 '좋은 기름'을 가진 사람은 생명의 길로 가더라도 죽으나, '선한 이름'을 가진 사람은 죽음의 길에 가더라도 살리라고 가르쳤다.

'좋은 기름'을 가진 사람으로 제사장인 나답과 아비후를 들 수 있다. 이들은 제사장의 왕관과 토라의 왕관을 가진 사람들이다(하나님께서는 이들이 "하나님께 가까이 갔다"고 말씀하셨으며 [레 10:1], 실제로 이들은 모세와 아론과 동일한 위상을 가지고 있었다). 그러나 이들은 허락 없이 향을 드리러 성소에 들어갔고, 결국 하나님의 불이 그들을 삼켜 죽고 말았다.

반면 하나냐와 미사엘, 아사랴(다니엘의 세 친구 – 역자 주)는 제사장도 아니었고 선지자도 아니었으며, 그 세대의 지도자도 아니었다. 그러나 이들은 뜨거운 용광로 불에 들어갔으나 살아서 나왔다. 바로 하늘나라의 이름을 높이고 그들을 만드신 분께 영광을 돌리기 위해 스스로 용광로에 걸어 들어간 것이므로, 이들의 머리 위에는 좋은 이름의 왕관이 쓰여졌기 때문이었다(ibid).

선한 이름을 얻는 자

솔로몬 왕은 "죽는 날이 출생하는 날보다 나으며"(전 7:1)라고 말했다. 현자들은 이 가르침을 비유로 표현하였다. 두 배가 항구에 정박하여 있었는데, 한 척은 방금 먼 나라를 여행하고 이제 도착했고 다른 한 배는 곧 첫 항해를 시작할 예정이었다.

사람들은 첫 번째 배가 안전하게 도착하였을 때에는 아무런 일을 하지 않았지만, 이제 막 처녀 항해를 하기 직전인 배를 위해서는 축제를 준비했다.

이를 지켜보던 사람이 불평했다. "바보같으니, 먼 나라를 여행하고 이제 무사히 도착한 배를 위해서 축제를 열어야 마땅하지 않소? 두려움으로 이제 첫 항해를 시작하는 배에 인사하기보다 이제 무사히 도착한 배를 위하여 기도하는 행사가 더 좋지 않겠소?"

이 세상에 새로 태어난 아기는 이제 막 수많은 파도와 고난과 불확실한 미래가 기다리고 있는 미지의 바다로 나아가기 시작하는 배와 같다. 이 세상에 막 도착하였다는 기쁨은 실패할 수도 있다는 두려움과 뒤섞인다. 그러나 사람이 죽으면 우리는 고인이 이 세상에서 무엇을 이루어 왔는지를 되돌아 볼 수 있다. 솔로몬 왕이 말한 바와 같이, 선한 이름을 남기고 세상을 떠났다면, 이 세상으로 오는 것이 그에게는 큰 복임이 분명하다. 그러므로 죽는 날이 태어나는 날보다 더 좋다고 한 것이다.

랍비 이스라엘 카간[R' Israel Kaga]은 "이것이 바른 길이니, 너희는 이리로 가라는 소리가 너의 귀에 들릴 것이다"(사 30:21)라는 말씀에서 어떤 사람이 장차 올 세상을 얻을 사람인지 말씀하고 있다는 현자들의 가르침을 인용하고 있다. 장례식에서 눈물을 흘리는 유족의 귀에 고인의 길이 바른 길이었다는 말이 들린다면, 곧 고인은 올 세상을 얻었다고 생각할 수 있다는 것이다. 다른 사람의 귀감이 된 이러한 사람은 곧 선한 이름의 왕관을 이미 얻은 것이다(샤보트[Shabbos] 153a).

세 왕관이냐, 네 왕관이냐

이 구절에서는 특별히 세 개의 왕관(케후나의 왕관, 왕의 왕관, 토라의 왕관)에 대하여 말하고 있으나, 결국 이 말씀에서 언급되는 왕관은 좋은 이름의 왕관까지 합쳐 총 네 개의 왕관임을 확인할 수 있다.

일부 주석가들은 이 구절이 처음 세 왕관의 가치는 거의 비슷하나, 마지막 왕관인 '선한 이름의 왕관'의 가치가 다른 세 왕관보다 헤아릴 수 없을 만큼 더욱 크다는 사실을 가르치고 있다고 해석하고 있다.

그러나 바르테누라의 랍비 오바디야는 이 구절이 세 왕관에 대해서만 말하고 있는 것으로 해석한다. 왕관은 명예의 상징이다. 토라는 특별히 이 세 왕관을 가진 사람들에게 존경을 표할 것을 우리에게 명하고 있다. 그러나 선한 행실의 왕관을 쓴 사람에 대하여는 왕이나 제사장과는 달리 토라에서 직접 존경하라고 명하지 않는다. 좋은 이름의 왕관을 가진 사람을 향한 존경은 자연스럽게 우러나오는 것이다.

마찬가지로 이 구절은 선행을 실천하는 사람이나 어려운 이를 돕는 사람들의 머리에 왕관을 씌우지 않고 있다. 그럼에도 불구하고 이토록 선한 사람들의 영향력이 위의 세 왕관을 쓴 사람들의 영향력보다 더 멀리

퍼져나갈 수 있음은 의심의 여지가 없다.

람밤 역시 이 구절이 위의 세 왕관만을 언급하고 있다는 주장에 동의하고 있다. 람밤은 이 구절에 대한 주석의 시작 부분에서 네 번째 왕관인 좋은 이름의 왕관은 토라의 왕관을 얻은 사람과 토라에서 실천하라고 명령한 할라카를 실천한 사람이 받을 보상이라고 말했다.

미드라쉬 슈무엘은 이런 견해를 발전시켜 주장하기를 위 세 왕관들 중 하나를 얻음으로써 좋은 이름의 왕관을 얻을 수 있다고 했다.

라쉬바쯔[Rashbatz]는 바르테누라의 랍비 오바디야를 따라 이 구절을 다르게 접근하고 있다. 그는 선한 이름의 왕관을 다른 왕관들의 보상이 아닌 기초로 보고 있다. 실제로 현자들은 토라 학자도, 제사장도, 왕도 선행이 없다면 존경받을 만한 가치가 없음을 수차례 가르친 바 있다. 끊이지 않는 소문으로 그 명성이 더럽혀진 토라 학자는 주변 학자들뿐만 아니라 토라에게까지도 오명을 남긴다고 말할 수도 있을 것이다(메길라[Megillah] 25b).

자기 손으로 실천하는 선행

'선한 이름의 왕관'의 특징은 무엇인가? 메이리와 티페레트 이스라엘은 반드시 선한 이름의 왕관을 얻어야 한다고 말하였다. 또한 현자들은 하늘나라를 두려워하는 것을 제외하고, 모든 것은 하늘나라의 손에 있다(닛다[Niddah] 16b)고 가르친다. 즉 선한 이름의 왕관도 하늘나라의 손에 달려있다는 것이다.

사람이 태어나기 전 "임신과 출산을 관장하는 천사는…(중략)[아이를] 땅으로 내려 보낼 때, 거룩하신 주님께 아이를 보이며 '온 세상의 주님, 이 아이의 운명은 어떻게 될 것입니까? 강할 것인지, 약할 것인지, 지혜로울 것인지, 우둔할 것인지, 부유할 것인지, 가난할 것입니까?'라 묻는다." 여기에서 천사가 '아이가 악할 것인지, 의로울 것인지'를 하나님께 묻지 않는다는 사실에 주목하라. 인간에게는 자유의지가 부여되었기 때문에 사람의 선악은 미리 정해지지 않는다.

각각 토라의 왕관, 제사장직의 왕관, 왕의 왕관에 대응하는 '지식과 혈통, 부'는 사람의 행위로 결정되는 것이 아니다. 그러나 토라의 말씀을 따를지 따르지 않을지는 순전히 본인의 선택이다. 즉 좋은 이름의 왕관을 얻는 것 역시 본인의 선택이라는 것이다.

세상을 떠난 후 사람이 올 세상의 심판대 위에 서게 되면 이 세상에 살면서 붙들고 있던 모든 외적인 것들이 벗겨지고 전라의 상태가 된다. 물론 이 외적인 것들에는 지식의 왕관, 혈통의 왕관, 부의 왕관도 포함된다. 그러나 단 하나의 왕관은 그 머리에서 벗겨지지 않고 남아 있으리니, 바로 영혼의 일부가 된 선행의 왕관, 즉 좋은 이름의 왕관이다.

미쉬나 18절   משנה יח

רַבִּי נְהוֹרַאי אוֹמֵר,
הֱוֵי גוֹלֶה לִמְקוֹם תּוֹרָה וְאַל תֹּאמַר שֶׁהִיא
תָבוֹא אַחֲרֶיךָ, שֶׁחֲבֵרֶיךָ יְקַיְּמוּהָ בְיָדֶךָ.
וְאֶל בִּינָתְךָ אַל תִּשָּׁעֵן:

랍비 너호라이는 말한다.
  너희 스스로를 토라 연구의 장소로 옮겨가도록 하라.
  그리고 토라가 너희를 따라 올 것이라고 추측하지 말라.
  왜냐하면 토라가 너희와 함께 머물도록 하는 자는
  너희의 동료들이기 때문이다.
  '너는 마음을 다하여 여호와를 신뢰하고
  네 명철을 의지하지 말라'(잠 3:5).

미쉬나 18절

랍비 너호라이는 말한다.

랍비 너호라이[R' Nehorai]는 미쉬나에서 다수 언급되는 랍비로, 미드라쉼(midrashim)에서는 미쉬나에서 보다 더 많이 언급되고 있다. 주석에서 그는 토라와 제자들을 사랑하는 마음을 다음의 글을 반복적으로 사용하며 밝히고 있다. "나는 세상의 모든 일을 멀리하고 내 아들에게 토라만을 가르쳤노라"(키두쉰[Kiddusin] 82a, 4:10 주석 참고).

선지자 엘리야가 정기적으로 랍비 너호라이를 방문하였으며, 랍비 너호라이는 엘리야의 질문에 자주 답하였다고 전한다(예루샬미 베라호트 [Yerushalmi Berachos] 9:2).

그러나 정확히 랍비 너호라이라 함은 누구를 말하는 것인가? 탄나임의 마지막 시대 초반에 현자들은 랍비 너호라이가 누구인지에 대하여 논했다. 주석가들의 해석에 따르면 현자들은 랍비 너호라이의 정체에 대하여 다음과 같이 추측했다.

1. 어느 견해에 따르면 랍비 너호라이는 로마의 탄압으로 그 빛을 잃은 토라의 영광을 이전과 같이 회복시킨 랍비 아키바의 다섯 제자 중 한 명인 랍비 느헤미야[R` Nechemiah](예바모트[Yevamos] 62b)의 가명이었다. 만일 랍비 느헤미야가 이 구절의 저자라면 이 구절 다음에 나오는 구절들의 저자가 랍비 아키바의 다른 네 제자인 이유가 설명된다.

2. 랍비 너호라이는 랍비 엘아자르 벤 아라흐[R` Elazar ben Arach]의 가명이었다. 만일 이 추측이 맞다면 이 구절의 가르침은 자신이 직접 겪었던 고된 경험으로부터 나온 것으로 이해할 수 있다. 랍비 엘아자르는 토라가 있는 곳으로 스스로를 추방하지 않았다. 오히려 그는 토라가 있는 곳, 즉 이스라엘 땅을 잠시 떠났으나 이로 인해 배운 것을 잊고 말았다 (이 이야기는 다음에 나올 내용과 관계가 있으므로, 추후 다시 언급될 것이다).

3. 랍비 너호라이가 그의 실명이었으며, 랍비 메이어[R` Meir]는 그의 가명이었다. 더 나아가 랍비 너호라이로 널리 알려진 다른 탄나들도 있었는데, 그의 실명은 랍비 느헤미야나 랍비 엘아자르 벤 아라흐였다.

4. 랍비 너호라이와 랍비 메이어 모두 랍비 느헤미야라는 가명을 사용하였다. 만일 이 추측이 사실이라면, 랍비 느헤미야와 랍비 메이어 모두 아키바의 제자들이었으므로, 랍비 아키바의 제자인 랍비 느헤미야는 너호라이라는 가명을 사용하지 않았을 것이다.[3]

---

[3] 그러나 라쉬바츠가 제시한 이 마지막 의견은 몇 가지 근거로 반박되고 있다.

너희 스스로를 토라 연구의 장소로 옮겨가도록 하라.

토라를 얻기 위해 우리는 먼저 토라의 가치를 깊이 묵상해야 한다. 곧 솔로몬 왕이 "은을 구하는 것 같이 그것을 구하며 감추어진 보배를 찾는 것 같이 그것을 찾으면 여호와 경외하기를 깨달으며 하나님을 알게 되리니"(잠 2:4-5)라고 말한 바와 같다.

그 다음 토라를 얻기 위해 스스로를 추방해야 한다. 즉 현자들이 칭송해 마지않는 훈련이 그 방법이다. 현자들은 광야의 유대인들이 성막의 언약궤로 가기 위해서 장막을 떠나야 했듯이, 토라를 배우는 자 또한 자기 땅에서 떠나 토라를 배우는 곳으로 향해야 한다고 가르친다(베라호트[Berachos] 63b).

토라를 완전히 익히고자 하는 자는 주님을 찾아야 한다. 즉 배움을 해 내기 위해서는 먼저 떠나야 한다는 것이다. 바로 랍비 아키바가 24년 동안 토라를 배우기 위해 자기 집을 떠난 이유이며, 다른 현자들도 오랫동안 집을 떠났던 이유가 바로 이것이다(케투보트[Kesubos] 62b).

그러므로 토라를 배우는 자는 도시와 도시를 돌아다니고 때로는 나라와 나라를 떠돌아 다니며 토라를 배워야 하는 것이다. 이런 사람은 결국 그 토라의 지식이 점점 커지고 또 자라나 대낮 하늘에 뜬 해와 같이 될 것이며, 권위 있는 할라카 법을 판결하는 데에도 능숙하게 될 것이다(에루빈[Eruvin] 54b).

떠남의 의미

그렇다면 '떠나다'라는 동사가 전해주는 의미는 특별히 무엇인가?

미드라쉬 슈무엘은 토라를 배우러 떠나는 자는, 마치 모르고 남을 해한 자가 자기 목숨을 위해 도피성으로 떠나는 것과 같이 해야 한다고 가르쳤다. 그저 목숨을 보전하기 위해서 모든 걸 내버리고 자기 사는 곳을 떠나는 것처럼, 토라를 배우러 떠나는 사람 역시도 자기 모든 관심을 다 던져두고 마치 집이 없는 사람처럼, 자기 모든 소유를 내던져야 한다는 것이다.

모르고 남을 해한 사람이 도피성 항구로 도망치는 것처럼 토라를 배우는 자의 여행도 빠르고 그 결단은 신속해야 한다. 그 무엇이라도 앞길을 막는 것이 없도록 그 길로 떠나는 중에는 한 시도 지체하지 말아야 하는 것이다.

더 나아가 토라를 위해 떠나는 자의 목표 역시 도피성으로 떠나는 자의 목표와 같아야 한다. 그 목표란, 곧 '자기 목숨을 구하기 위해서'이다. 전자가 후자와 다른 점은 전자는 영적 죽음으로부터, 물질주의에 빠져버리고 마는 실족으로부터 목숨을 보전하기 위해 떠나는 것뿐이다.

나그네로서의 삶은 절대 편안하지 않으며, 먹고 살 것을 구하는 것조차 힘겨운 일이 되고 만다. 마찬가지로 토라를 배우고자 하는 자 역시 기꺼이 육체적 고통을 감내해야 한다.

마지막으로, 하시드 야베쯔는 길을 떠나는 사람이 환영받는 일은 많지 않으며 때로는 핍박을 당하기도 하는 것처럼, 배우는 자들 역시도 힘겨운 상황을 마주하고서도 배움의 끈을 놓지 말아야 한다고 지적한다.

떠나야 하는 사람은 누구인가?

토라를 배울 만한 여건이 되지 않는 곳에 사는 사람만이 자기 집을 떠나 토라를 배우러 가야 하는가, 아니면 모든 사람이 토라를 위해 떠나야 하는가? 메이리와 바르테누라의 랍비 오바디야는 자기가 있는 곳에서 토라를 충분히 배울 수 없는 사람들만이 토라를 배우러 떠나야 한다고 주장했다. 왜냐하면 토라를 가르치는 스승과 함께 배우는 동료들이 주는 이익을 누릴 수 있는 곳을 찾아야 했기 때문이다.

그러나 다수의 다른 주석가들은 고난과 갈급함 중에 토라를 배우는 것이 편한 자리에서 배우는 것보다 비교할 수 없을 만큼 그 가치가 높으므로, 본질적으로 토라를 배우기 위하여 떠나는 것이 권장될 만하다고 주장한다. "이것이 바로 토라의 길이니, 소금을 친 빵을 먹고 물은 목을 축일 정도만 마시는 것이라"(6:4)라고 하는 것과 같다. 이런 견해에 따르면 토라를 위해 자기 자리를 떠나는 사람은 그 삶이 속세의 모든 의무로부터 자유로워 많이 집중해서 배울 수 있으므로, 크게 도움이 된다고 주장한다.

라베이누 오바디야 스포르노[Rabbeinu Ovadiah Sforno]는 이 구절에 대하여 제3의 해석을 제시한다. 즉 이 구절은 이미 길을 떠나 두 목적지 사이에서 하나를 선택해야 하는 사람에게 적용되는 구절이라는 것이다. 두 목적지 중 한 곳은 물질적 편안함을 보장하는 곳이며, 다른 한 곳은 영적인 성장을 이룰 수 있는 곳이다. 이러한 선택의 갈림길에서, 길을 떠나는 자는 자기 육신보다 자기 영에 더욱 관심을 기울여야 하므로 토라를 배울 수 있는 곳을 택해야만 한다는 것이다.

나그네의 배움의 가치

그렇다면 길을 떠나는 중에 토라를 배우는 것에는 어떤 장점이 있는가?

쉽게 얻은 지식보다는 피와 땀과 눈물로 얻은 지식에 더욱 높은 가치를 부여하는 것이 바로 사람이다. 또한 이렇게 고되게 얻은 지식은 레이쉬 라키쉬가 말한 바와 같이 오랫동안 그 마음에 남는다. "자기를 죽이는 자에게만 이 토라는 오래 머무느니라"(베라호트[Berachos] 63b).

더 나아가 힘겨운 상황에서도 토라를 배움으로써 얻는 하늘의 보상이 편한 상황에서 배움으로 얻는 보상보다 더욱 크다. "고난이 클수록 보상도 크도다"(5:26)라고 한 것과 같다. 미드라쉬(8:12에 대한 쉬르 하쉬림 라바[Shir HaShirim Rabbah])에서 전하는 대로 힘겨운 것을 감내하고 분투해야만 하는 사람은 천 배의 보상을 받는 반면 별다른 어려움 없이 배움에 임하는 자는 200배의 보상만을 받는다고 했다. 이런 견해는 잇사갈 지파에서는 200명의 우두머리들이 나온 반면 납달리 지파에서는 천 명의 우두머리가 나왔다는 역대상 12장 34절의 말씀에서 나온 것이다. 납달리 지파는 어려운 상황에서 토라를 배워야 했으므로 천 명의 지휘관이 나온 반면, 잇사갈 지파는 편안한 상황에 있었으므로 이백 명의 지휘관만이 나오게 된 것이다.

뿐만 아니라 길을 떠나는 중에 편하게 토라를 배우는 것이 어려운 상황 중에 집에서 배우는 것보다 더 낫다. 집에서는 수많은 일들에 치여 배움에 집중을 하지 못하게 되는 반면, 길을 떠나는 중에는 온전히 토라에 집중할 수 있기 때문이다.

그러므로 레트 아보트[Les Avos]는 말하기를 길을 떠나는 중에 토라를 배우는 자는 배움을 위하여 집과 가정이 제공해주는 안락함을 희생한 것이므로, 매 순간이 지닌 소중한 가치를 깨닫고 시간을 최대한 가치 있게 사용한다고 했다.

집을 떠나다

다수의 주석가들은 이 구절이 이제 막 배움을 시작하는 젊은이를 향한 말씀으로 이해하고 있다. 이제 토라를 배우는 젊은이에게는 토라를 배우기 위해 집을 떠나는 것이 더욱 특별한 가치가 있기 때문이다. 미드라쉬 슈무엘은 레트 아보트를 인용하여 말하길 "자기 집을 떠나 부모와 친척과 친구들의 보살핌을 더 이상 받을 수 없을 때에 배움의 정수가 나타난다"라고 했다.

랍비 이스라엘 리프쉬츠[R` Yisrael Lifschitz]는 티페레트 이스라엘[Tiferes Yisrael]에서 젊은 학생이 공부를 위해 부모 집을 떠나야 하는 이유를 세 가지로 정리했다. 첫 번째 이유는 바로 어린 아이의 모습을 벗기 위함이다. 진중한 학생이라면 집을 떠나 어려운 환경에 처하게 될 때 새로운 시작을 경험하게 된다. 두 번째 이유는 집에서는 부모와 가족이 학생을 어린 아이처럼 다루며 과도하게 보살피려 하므로 학생의 성장과 독립을 방해하기 때문이다. 마지막으로, 부모와 함께 사는 학생은 자기 어깨보다 부모와 스승의 어깨에 배움의 의무가 놓여 있다고 느낄 수 있다.

그러나 길을 떠나 홀로 배우는 학생은 독립적이므로 배움의 의무를 자기 어깨에 둔다.

**토라가 너희를 따라 올 것이라고 추측하지 말라.
왜냐하면 토라가 너희와 함께 머물도록 하는 자는
너희의 동료들이기 때문이다.**

이 구절의 분석 방법에 대하여는 주석가들마다 의견이 다르다. 어떤 주석들은 이 구절의 의미가 토라 지식이 자연히 얻어지는 것이라거나 동료들이 알아서 토라를 알려줄 것이라고 생각지 말라는 것이라고 이해하고 있다.

가만히 있으면 토라가 알아서 '따라올 것'이라고 생각해서는 안 된다. 즉 토라의 권위가 알아서 곁에 따라온다고 생각해서는 안 된다는 것이다. 메이리는 말하기를, 토라의 권위는 절대로 먼저 찾아오지 않으며, 찾아온다 하더라도 그저 주저앉아 기다리는 사람에게는 오지 않을 것이라고 했다.

마찬가지로 그저 동료에게만 기대며, 동료들이 자기 집을 떠나 토라를 배우고 돌아온 후에 그 배운 것을 전해줄 것이라고 생각해서도 안 된다. 설령 동료들이 자기가 배운 것을 알려준다 하더라도, 그저 남이 배운 것을 듣는 것만으로는 충분하지 않다. 교사로부터 직접 토라를 배워야만 한다는 것이다. 이를 위해서 배우는 자는 반드시 '토라의 장소', 즉 토라를 배울 수 있는 곳, 즉 학당으로 향해야만 한다.

그러나 다른 주석가들은 "토라가 너희를 따라 올 것이라고 추측하지 말라 왜냐하면 토라가 너희와 함께 머물도록 하는 자는 너희의 동료들이기 때문이다"는 말씀이 곧 함께 모여 토라를 배우고 이해하는 배움의 자리가 홀로 배우는 것보다 비교할 수 없을 만큼 좋으므로, 배움에 홀로 임하지 말라는 뜻이라고 주장한다.

수년간 토라를 배워온 사람이라 할지라도, 혼자 토라를 배워도 충분히 토라가 찾아올 것이라 생각하여 혼자 배움에 임해서는 안 된다. 토라는 동료들과 함께 배울 때에야 그 마음에 찾아온다. 이런 해석을 따를 경우, 이 구절의 '토라가 있는 곳'은 바로 학생들이 함께 모이는 자리라고 할 수 있다. 비단 학당뿐만 아니라 학생들이 모여 공부하는 곳이라면 그 어디든 '토라가 있는 곳'이다.

그러나 랍비 모세 알모스니노는 (미드라쉬 슈무엘을 인용하여)위 두 해석의 타당성을 부정하였다. 위 두 해석이 타당하다면 본 구절은 '스스로 너 자신을 위대한 현자가 있는 곳으로 추방하며'라거나 '토라를 배우는 자들이 있는 곳으로 추방하며'라고 기록되었어야 하기 때문이다. 그러므로 모세 알모스니노는 이 구절이 곧 쾌락과 사치에 집중된 방종의 삶에서 떠나야 함을 뜻한다고 했다. 사람은 토라가 있는 곳, 즉 모든 환경이 토라를 깊이 배울 수 있도록 갖추어진 곳으로 스스로 떠나야 하며, 이 길로 떠난 사람만이 토라의 지식과 성품을 그 마음에 각인시킬 수 있다.

요약하자면, 이 구절은 주위에서 토라의 권위를 충분히 인정받지 못하는 사람뿐만 아니라 토라 안에 거하며 성장하고자 하는 사람 모두에게 적용되는 말씀이라고 볼 수 있을 것이다.

이런 점에 미루어 람밤은 말하기를 "이 계명을 바르게 지키고자 하는 마음을 받고 또 토라의 관을 받은 사람은 그 어떤 것으로도 배움에 방해를 받아서는 안 된다. 부와 명예를 손에 쥐고 토라를 얻을 수 있으리라 생각지 말라. 토라의 길은 곧 다음과 같으니, 빵과 소금이 네 음식이 될 것이며 고난이 네 삶이 될 것이고 너는 토라를 수고하여 얻게 되리라…(중략) 토라를 배울수록 받을 보상도 크니, 노력에 따라 보상이 주어지느니라"(힐코트 탈무드 토라[Hilchos Talmud Torah] 3:6).

우물에도 수원이 있다

이 구절의 화자인 랍비 너호라이가 랍비 엘아자르 벤 아라흐라는 견해를 받아들인다면, 이 말씀은 그의 페이소스에서 우러나온 것이라고 할 수 있다. 랍비 엘아자르 벤 아라흐는 토라를 배울 만한 환경, 즉 이스라엘을 떠났으므로 토라의 지식이 그에게서 떠나갔다. 이 구절의 의미는 다음과 같다. 화자가 직접 겪은 실수를 따르지 말고 "너희 스스로를 토라 연구의 장소로 옮겨가도록 하라" 또한 차고 넘치는 우물(랍반 요하난 벤 자카이가 랍비 엘아자르 벤 아라흐를 부른 말 – 2:8)이라도 수원이 없이는 끝내 마르고 말 것이므로, 비할 데 없을 만큼 뛰어난 사람이라 할지라도 "토라가 너를 따라올 것이라고 말하지 말라" 그러므로 토라의 제자들과 언제나 함께 하라. 토라의 제자들과 멀어지는 것은 곧 생명과 멀어지는 것이다.

랍비 엘아자르 벤 아라흐의 이야기는 다음과 같다.

랍반 요하난 벤 자카이가 세상을 떠난 후, 그의 네 제자는 토라의 중심이자 산헤드린 공의회가 열리는 장소였던 학당에 속하게 되었다. 그러나 그 중 가장 뛰어난 제자였던 랍비 엘아자르 벤 아라흐는 그 곳을 떠나 디옴세트[Diomses]라는 도시로 떠났는데, 그 곳은 물이 넘치고 포도주가 흐르는 땅이었으나 토라를 배울 만한 곳은 아니었다(샤보트[Shabbos] 147b). 그곳에서 오랜 시간을 보낸 후 랍비 엘아자르는 다시 동료들에게 돌아왔다. 학당으로 다시 돌아온 그는 후마쉬에서 토라에 기록된 첫 번째 계명이 있는 구절을 펼쳤다. 새 달을 거룩히 할 것을 명령하는 계명이 있는데, "이 달은 네게…"(החדש הזה לכם, 하코데쉬 하제 라켐)로 시작하는 구절이었다.

그러나 랍비 엘아자르는 문자를 헷갈린 나머지 이 구절을 '그들의 마음은 침묵하였으니'(하케이리쉬 하야 리뵴)로 읽고 말았다(히브리어는 교육용이나 특별한 경우가 아니면 모음을 생략하므로, 단어를 잘못 읽으면 의미가 완전히 달라질 수 있다 – 역자 주).

이 실수는 절대 우연이 아니었다. 토라를 떠나 살아온 환경이 그를 얼마나 상하게 하였는지를 보여주는 일이었던 것이다. 우물은 막혔고, 그의 마음은 봉해졌다. 매달 첫날인 로쉬 코데쉬[Rosh Chodesh]가 상징하는 '날마다 새로워짐' 대신, 그에게는 '침묵'이 찾아온 것이다. 더 이상 그의 마음은 지혜의 말씀을 받아들일 수 없게 되고 말았다.

동료들이 그를 대신하여 랍비 엘아자르를 위해 기도하자, 배운 것이 다시 그에게 돌아왔다. 그러나 기적은 매일 일어나지 않는다. 즉 모든 사람이 이처럼 무너진 것을 바로잡을 수 있을 만한 능력을 가진 동료가 있는 것은 아니다. 그러므로 이 구절은 우리에게 '스스로 너 자신을 토라가 있는 곳으로 추방하라'고 권면하고 있는 것이다.

미드라쉬 슈무엘은 이 이야기의 암시를 통해 이 말씀의 다음 구절에 대한 의미를 발견했다. '토라가 너희와 함께 머물도록 하는 자는 너희의 동료들이기 때문이다'라는 구절은 곧 랍비 엘아자르 벤 아라흐에게 일어난 기적이 우리에게도 일어날 것이라고 바라고 말라는 것이다.

뿐만 아니라 이 기적이 일어난 후에도 랍비 엘아자르는 학당에서 원래의 위치를 회복하지 못했다. 기쁨의 물로 가득한 아름다운 땅, 디옴세트로 갔던 이 사람의 명예는 땅에 떨어졌다. 토라를 사랑하는 현자들의 자리인 학당으로 갔던 그의 동료들은 그 명성이 더욱 높아졌다(아보트 데랍비 노쏜[Avos DeRabbi Nosson] 14:6).

> ### 너는 마음을 다하여 여호와를 신뢰하고
> ### 네 명철을 의지하지 말라(잠 3:5).

랍비 엘아자르 벤 아라흐가 전혀 근거 없는 유혹에 이끌려 동료들을 버리고 토라의 영과 지식이 전혀 없는 머나먼 땅으로 향한 이유는 무엇인가?

라쉬의 설명에 따르면, 그는 디옴세트에서 포도주를 즐기고 깨끗한 물로 목욕을 하고자 했던 것으로 보인다. 곧 포도주와 깨끗한 물이라는 욕망이 자기 집을 토라로 가득 채운 그의 영혼의 의지를 혼란케 하였던 것이다. 디옴세트에서 랍비 엘아자르는 (라쉬의 설명에 의하면)토라를 배우기 위해 시간을 들이지 아니하였으므로 토라의 지식을 잊고 말았다.
현자들은 말하기를 디옴세트의 물이 매우 달콤했으므로 수 백년 전 이스라엘에게서 열 지파를 빼앗아갔다(샤보트[Shabbos] 147b)고 하였다. 라쉬의 설명에 따르면 이 열 지파는 토라보다는 편안함을 추구하고 편안한 삶을 영위하려 하기를 이방 문화에 잠식되기까지 그리하였다.

그러나 당대의 가장 뛰어난 현자들 중 한 명이 세상의 헛된 욕망에 자기 마음을 빼앗겼다는 서술은 받아들이기 힘들다. 실제로 미드라쉬는 랍비 엘아자르 벤 아라흐가 학당을 떠나기로 결정한 데에는 다른 이유가 있었다고 말하고 있다. 스승인 랍반 요하난 벤 자카이가 세상을 떠난 후, 랍비 엘아자르 벤 아라흐는 엠마오(디옴세트의 다른 이름)에 있는 아내를 찾아갔다. 그는 동료들이 자기를 따라올 것이라 생각하였으므로 처음에는 동료들을 떠날 생각이 전혀 없었다. 그러나 그의 동료들은 '토라가 있는 곳'이 얼마나 중요한지 잘 알고 있었으므로 그를 따라 엠마오로 향하지 아니하고 학당에 남기로 했다.

그러므로 랍비 엘아자르는 다시 학당으로 돌아가려 하였으나, 이번에는 그의 아내가 그를 가로막았다. "누구에게 누가 필요해서 가려는 건가요?" "그들이 나를 필요로 하오." 엘아자르가 답하였다. 실제로 그는 랍반 요하난 벤 자카이의 가장 뛰어난 제자들 중 한 명이었다. 그러자 그의 아내는 그에게 답하였다. "목마른 사람이 우물을 파는 법입니다." 즉 그들이 필요하면 알아서 엠마오로 올 것이라는 말이었다.
아내의 이 말은 자만이라는 이름의 독이 되어 그의 마음에 번지고 말았다. 결국 랍비 엘아자르는 아내의 말을 듣고 디옴세트에 남기로 하였으며, 결국 토라 지식을 잊고 말았다(코헬 라바[Kohel Rabbah] 7:7).

이 이야기를 통해 우리는 위대한 사람이라도 자만으로 인해 스승과 동료가 필요 없다는 생각을 하게 됨을 배울 수 있다. 그러므로 이 구절은

'너를 따라올 것이라고 말하지 말라'고 권면하고 있는 것이다. 즉 동료들보다 뛰어나다 하여 동료들이 알아서 따라올 것이라고 기대하지 말라는 것이다.

화자는 "네 명철을 의지하지 말라"는 잠언 3장 5절의 구절을 인용하며 이 말씀을 끝맺고 있다. 아무리 토라에 관한 지식이 넘치고 명철하더라도 자기 힘으로 자만의 유혹을 이겨낼 수 있으리라 보장할 수 없다.

자기 능력이라는 부러진 막대기를 의지해서는 안 된다. 자아는 끊임없이 '네 지식은 견고한 토대이다'라며 유혹하나, 실상 그 견고하다는 지식은 대리석이 아닌 해변가 모래사장에 지나지 않는다. 그러므로 토라의 나무가 뿌리를 내리고 경외의 물가가 자리한 곳에 토라의 장막을 세우고 충실한 노력이라는 지주대를 박아야 하는 것이다. 그렇지 않으면 진정한 지혜도 없고 토라와 경외의 물 한 방울조차 없는 광야를 떠도는 인생이 되고 말 것이다.

미쉬나 19절   משנה יט

רַבִּי יַנַּאי אוֹמֵר,
אֵין בְּיָדֵינוּ לֹא מִשַּׁלְוַת הָרְשָׁעִים וְאַף לֹא מִיִּסּוּרֵי הַצַּדִּיקִים.

랍비 얀나이는 말한다.
사악한 자들의 평온함 또는
의로운 자들의 고통을 설명하는 것은
우리의 능력 밖에 있다.

미쉬나 19절

랍비 얀나이는 말한다

랍비 얀나이는 탄나임의 마지막 세대에 속한 랍비이다. 랍비 예후다 하나시로부터 토라의 지식 대부분을 전수받았으며, 그가 랍비 예후다 하나시의 좌에 앉았다는 람밤의 언급(야드 하카자카[Yad Hachazakah] 서론)으로 보건대, 후에는 랍비 하나시의 동료가 되었음을 알 수 있다.

랍비 얀나이는 탄나임 시대와 아모라임[Amoraim] 시대의 중간에 걸쳐있는 사람이다. 이로 인해 미쉬나와 바라이사트[baraisas]보다는 게마라 바블리[Gemara Bavli]와 예루샬미 바블리[YerushalmiBavli]에서 그의 이름이 자주 언급되고 있다. 더 나아가 그는 랍비 요하난과 레이쉬 라키쉬라는, 초기 아모라임 시대 이스라엘 땅에서 난 두 위대한 교사들의 스승이기도 했다.

아버지가 랍비 얀나이라고 알려진 두 탄나가 있다. 바로 랍비 도스타이 벤 얀나이([R' Dostai ben R' Yannai], 위 3:5 참고)와 랍비 엘아자르 벤 얀나이[R' Elazar ben R' Yannai]이다. 그러나 그는 초창기 아모라임들 중 한 명이었으므로 이 탄나들 중 한 명이 그의 아들일 가능성은 높지 않다.

그러나 일부 학자들은 본 구절의 화자인 랍비 얀나이가 탄나임의 네 번째 세대 사람이며, 그 이름이 산헤드린의 토세프타([Tosefta], 2:5)에 나온다고 주장하기도 한다. 이 구절이 네 번째 세대 탄나들의 가르침들 중간에 배치되었으므로 이런 주장은 논리적인 것으로 보인다. 만일 본 구절의 화자인 랍비 얀나이가 탄나임의 네 번째 사람이 맞다면, 랍비 도스타이와 랍비 엘아자르가 그의 아들이라는 주장도 설득력을 얻게 된다.

랍비 얀나이에 대해서는 알려진 바가 거의 없다. 그러나 탈무드에는 그가 자녀들에게 남긴 말이 기록되어 있다. "나를 묻을 때에 흰 수의를 덮지 말라. 내가 무가치한 사람으로 여겨져 죄인들 중에 있음을 내가 본다면, 마치 애도하는 자들 중에 선 새신랑과 같이 되리라. 검은 수의도 덮지 말라. 내가 가치 있는 사람으로 여겨져 의인들 중에 있음을 내가 본다면, 마치 새신랑들 중에 선 애도하는 자와 같이 되리라. 그러니 나를 묻을 때에는 색을 입힌 목욕 수건으로 나를 덮으라"(샤보트[Shabbos] 114a, 닛다[Niddah]에서 인용됨).

비 얀나이의 말씀은 분명히 랍비 노손[R' Nosson]이 가르친 원리에 기반한 것이다. 랍비 노손은 죽은 자의 부활에 대하여 말하기를 "죽은 자와 함께 무덤에 묻힌 옷도 나중에는 죽은 자와 함께 일어나리라"(아베일 랍바시[Aveil Rabbasi] 9)고 하였다. 그러나 라쉬는 랍비 얀나이의 이 말씀이 죽은 자의 부활이 아니라 에덴동산과 게힌놈에 대한 말이라고 해석했다(이와 관련된 자세한 논의는 랍비 바룩 엡슈타인[R' Baruch Epstein]의 바룩 셰'아마르[Baruch She'amar]를 참고하라).

탈무드에서는 랍비 얀나이의 제자이자 그의 가르침을 충실히 계승한 랍비 요하난이 위와 같은 유언을 남겼다고 전한다(예루샬미 킬라임[Yerushalmi Kilayim] 9:3).

원한 의문

다수의 주석가들은 의인은 고통 받고 악인은 번영하는, 영원히 풀리지 않을 의문을 이 말씀이 다루고 있다고 이해하고 있다. 이 의문은 이스라엘의 위대한 지도자들이 예전에 제기한 것이기도 하다. "그 후에는 이스라엘에 모세와 같은 선지자가 일어나지 못하였나니."(신 34:10) 그러나 이스라엘 역사에 다시 없을 선지자 모세조차도 이 신비의 깊이를 헤아리지 못했다. 이에 현자들은 말하기를, 모세가 "주님의 길을 나로 알게 하소서"라고 한 간구는 곧 하나님께 보상과 징벌의 과정과 그 뒤에 숨겨진 원리를 알려달라고 요구한 것이었다(베라호트[Berachos] 7a).

현자들은 모세가 분명히 하나님께 이 의문에 대하여 물어보았다고 전한다. 로마인들의 손에 넘겨져 끔찍한 고통 속에 죽어가는 랍비 아키바의 마지막 모습을 미리 본 모세는 하나님께 "이게 토라이며, 이게 보상입니까?"라고 항의한 것이다(메나호트[Menachos] 29b).

선지자 예레미야 역시 "악한 자의 길이 형통하며 반역한 자가 다 평안함은 무슨 까닭이니이까"(렘 12:1)라고 물었다.

선지자 하박국은 "어찌하여 거짓된 자들을 방관하시며 악인이 자기보다 의로운 사람을 삼키는데도 잠잠하시나이까"(합 1:13)라고 말했다.

욥기 전체는 이 문제에 대해 논하고 있다고 해도 과언이 아니다. '온전하고 정직하여 하나님을 경외하며 악에서 떠난 자'(욥 1:1)였던 욥은 도리어 큰 고통을 당했고, 하나님께 "무슨 까닭으로 나와 더불어 변론하시는지 내게 알게 하옵소서"(욥 10:2)라고 물었다. 즉 어떤 죄를 지었길래 이처럼 끔찍한 고통을 받아야 하냐는 반문이다.

이 의문을 어떻게 설명하느냐에 따라 인생의 의미에 대한 해석이 결정되며, 창조주 하나님과 자신과의 관계에 대한 생각이 결정된다. 람밤은 욥기 주석의 서론에서 기록하기를, 불의가 있다는 사실은 마음을 아프게 하고 슬픈 생각이 들게 할 뿐만 아니라, 결국에는 다수를 완전히 잘못된 이단의 시대로 끌어들이는 의문으로 이어진다. 의인은 죽음을 맞고 불의의 길이나 불의한 사람은 흥하는 이유가 무엇인지 묻는다. 이런 의문은 모든 나라, 모든 문화에서 믿지 않는 자들의 마음에 불신의 불씨를 지펴왔다.

위대한 믿음의 사람들조차도 자기 눈앞에서 일어나는 일들과 자신의 신앙이 조화되지 않는 문제를 발견했다. 그러므로 다윗 왕은 "나는 거의 넘어질 뻔하였고 나의 걸음이 미끄러질 뻔하였으니"(시 73:2)라고 고백했다. 즉 다윗 역시도 자신의 믿음의 기반이 흔들렸으며, 옳은 길에서 벗어나 다른 길로 거의 넘어갈 뻔했다고 고백한 것이다. 그 이유는 무엇이었는가? 바로 "내가 악인의 형통함을 보고 오만한 자를 질투하였음이로다"(시 73:3). 즉 악인의 평강이 그를 불안에 사로잡히게 만들었던 것이다.

다윗 왕은 계속해서 이 악인들의 인생이 탄탄대로를 걷고 있음을 노래한다. 그들의 부유함, 행복함, 평안함을 말이다. 다윗은 선포하기를, 이 의문이 보여주는 현실이 너무나 가혹하여 유대인들마저도 하나님께 등을 돌리고 제 갈 길을 잃어버렸다고 말하고 있다. "그러므로 그의 백성이 이리로 돌아와서 잔에 가득한 물을 다 마시며 말하기를 하나님이 어찌 알랴 지존자에게 지식이 있으랴 하는도다"(시 73:10-11).

진리와 공의, 공평으로 다스리시는 하나님

라베이누 요나는 가르치기를 우리는 이 의문에 접근할 때 최소한 하나님께서는 진리와 공의로, 공평함으로 세상을 다스리신다는 전제를 기본으로 삼아야 한다고 했다. 따라서 라베이누 요나는 위에 인용된 예레미야의 말씀을 다시 인용한다. 단, 이번에는 위 인용된 구절의 앞 부분을 인용한다. "여호와여 내가 주와 변론할 때에는 주께서 의로우시니이다"(렘 12:1). 즉 예레미야는 "온 세상이 공의로 다스림을 받고 있음을 확신합니다. 이해하지는 못하나, 이는 저의 한계 때문이요, 이 주제가 너무나 심오함으로 제가 감히 이해할 수 없는 것입니다"라고 말하고 있는 것이다.

그럼에도 불구하고 우리는 하나님의 방식을 배워야 하는 의무가 있다. 따라서 예레미야는 하나님께 "그러므로 내가 주께 질문하옵나니 악한 자의 길이 형통하며 반역한 자가 다 평안함은 무슨 까닭이니이까"(ibid.)라고 묻고 있는 것이다.

그의 앞 세대 선지자 모세와 마찬가지로, 예레미야는 이 질문을 통해 하나님께 도전한 것이 아니라 하나님의 공의에 대해 순수한 질문을 제기한 것이다. 위에 언급된 다윗 왕과 하박국 선지자의 말씀으로 돌아가 보면, 그들 역시도 예레미야와 모세와 같은 마음이었음을 알 수 있다.

그렇기에 다윗 왕은 "하나님이 참으로 이스라엘 중 마음이 정결한 자에게 선을 행하시나"(시 73:1)라는 말로 노래를 시작하는 것이다. 먼저 하나님의 길은 언제나 옳다는 것에 대한 분명한 확신이 있어야 한다. 하나님의 모든 역사는 그분을 섬기는 이들의 선을 위한 것이다.

또한 하박국 역시 "주께서는 눈이 정결하시므로 악을 차마 보지 못하시며 패역을 차마 보지 못하시거늘"(합 1:13)이라는 말로 말씀을 먼저 시작하고 있음을 확인할 수 있다.

하나님의 생각의 깊이와 인간의 한계

그러므로 세대를 막론하고 모든 유대 지도자들은 '주님은 의로우시다'라는 전제를 기초로 하였던 것이다. 비록 하나님의 의가 눈에 보이지는 않을지라도 말이다. 그들 자신과 창조주 하나님 사이의 넓은 차이를, 그들의 제한된 이해 능력과 하나님의 생각 사이의 무한한 차이를 그들은 알고 있었던 것이다.

이것이 바로 기본적으로 욥기에서 도달한 결론이다. 첫 부분에서 욥의 친구들은 하나님께서 이 특별한 의인에게 고난을 가져다주신 이유에 대해 다양한 추측을 내놓는다(욥 1:8).

그러나 그들이 내놓은 추측들도 욥을 만족시키지는 못했다. 결국 하나님께서 직접 나타나셔서 "내가 하나님께 아뢰오리니 나를 정죄하지 마옵시고 무슨 까닭으로 나와 더불어 변론하시는지 내게 알게 하옵소서"(욥 10:2)라는 욥의 질문에 응답하신다. 이는 욥이 사람의 제한된 이해 능력과 하나님의 무한하신 생각의 깊이를 인정하도록 하기 위한 수사적 질문을 보여주고 있다.

하나님께서는 욥에게 "너는 대장부처럼 허리를 묶고 내가 네게 묻는 것을 대답할지니라"(욥 38:3 이후)라고 물으신다. 즉 하나님께서는 하나님의 섭리보다 훨씬 더 이해하기 쉬운, 창조의 다른 일면들을 네가 얼마나 이해하고 있는지 말해 보라고 욥을 밀어붙이시는 것이다.

"내가 땅의 기초를 놓을 때에 네가 어디 있었느냐 네가 깨달아 알았거든 말하지니라 누가 그것의 도량법을 정하였는지 누가 그 줄을 그것의 위에 띄웠는지 네가 아느냐?"

그 뒤 하나님께서는 더 단순한 질문을 욥에게 던지신다. "네가 바다의 샘에 들어갔었느냐 깊은 물 밑으로 걸어 다녀 보았느냐?"(욥 38:16). 하나님께서는 욥에게 '바다의 깊이와 네 발, 땅 아래의 신비를 깨우쳤더냐? 네 발 밑에 무엇이 있는지 아느냐? 그러면서 네 앞에 무엇이 있는지 안다고 스스로 자신할 수 있느냐?'라고 말씀하고 계신 것이다.

창조의 신비를 이해할 수 없는 인간의 지성을 표현하는 동시에 하나님 앞에서 인간은 순전히 먼지보다 더 작은 존재임을 증명하는 질문들이 지나간 후, 욥기는 창조의 놀라움을 설명하며 이 모든 것들을 창조하신 창조주 하나님의 위대하심을 나타내고 있다.

이 모든 것들은 결국 우리가 창조의 단편조차도 이해할 수 없음을 분명히 보여준다. 우리의 제한된 지성으로 이토록 창조의 피상적인 것들조차 이해할 수 없다면, 창조의 이면에 있는 영적 원리를 우리가 감히 이해할 수 있다고 어찌 자신할 수 있겠는가?

다윗 왕 역시 보상과 징벌이라는 이 심오한 질문에 이런 방식으로 도달했다. 그는 이 문제에 대해 논하기 전 먼저 말하기를 "여호와여 주께서 행하신 일이 어찌 그리 크신지요 주의 생각이 매우 깊으시니이다"(시 92:5)라고 먼저 선포한다. 자신은 이 심오한 주제의 답을 알 수 없는 사람임을 먼저 인정하는 것이다. 창조의 사역이 이토록 우리의 놀라움을 자아낸다면, 창조 사역의 원리를 우리가 어찌 이해할 수 있다는 말인가!

코츠커의 랍비 므나헴 멘델[R` Menachem Mendel of Kotzk]은 "그 결정을 내가 이해할 수 있고, 그 생각을 내가 모두 알 수 있으며, 그 방법을 내가 모두 깨달을 수 있는 신이라면 나는 섬길 수 없습니다."라고 말했다.

다윗과 같이 우리의 생각은 하나님의 섭리의 깊이를 우리가 이해할 수 없다는 것으로부터 출발해야 하는 것이다. 그러나 이 문제를 완전히 제쳐놓아야 하는 것은 아니다. 우리의 스승 모세가 하나님께 "당신의 방법을 알게 하소서"라 말하였듯이 우리 역시도 이 문제를 충분히 논의하고자 시도해볼 수 있다.

하나님의 방법을 최대한 많이 이해하여 더욱 바른 삶을 살아가고 우리가 마주하는 현상의 결과를 설명하는 데에 유익한 교훈을 도출하고자 하는 우리의 열정이, 이 문제의 핵심에 위치해야 한다.

의인과 악인을 우리가 구분할 수 있는가?

대부분의 경우 하나님의 공의를 이해하려는 시도는 누가 의인이고 누가 악인인지를 구분할 수 없는 인간의 한계로 인해 난관에 봉착하고 만다. 과연 우리는 실타래처럼 얼기설기 얽혀있는 남의 생각에 들어가 그 감정의 깊이를 이해할 수 있는가? 선행과 악행이라는 상반된 가치를 우리가 분명히 알고 또 구분할 수 있다고 자신할 수 있는가? 의인으로 보이는 사람일지라도 남이 모르게 죄를 지을 수 있으며, 악인으로 보이는 사람일지라도 남이 모르게 선행을 실천할 수도 있다.

누군가의 내면이나 외면을 어느 정도 알게 되었다 하더라도, 여전히 우리는 상대방의 영적 수준이나 도덕적 수준을 진정으로 알 수 없다. 각 사람마다 선한 마음과 악한 본성이 서로 전투를 벌이는 각자의 자유의지의 영역이 있기 때문이다. 이 전투의 결과는 개인의 성품과 교육, 경험으로 결정된다. 사람마다 성품과 경험이 각자 다르므로, 이 전투의 결과 역시 사람마다 모두 다르다. 어떤 사람은 어떻게든 시간을 내어 배움에 전념하는 반면, 또 어떤 사람은 어떻게든 시간을 내어 안식일에 축구 경기를 뛴다. 시간을 내어 배움에 전념한 사람이 축구 경기를 뛴 사람보다 더 큰 승리의 달콤함을 맛보는 것도 아니며, 축구 경기를 뛴 사람이 배움에 전념한 사람보다 더 깊은 패배의 쓴 맛을 맛보는 것도 아니다(행위 그 자체의 중함이 아니라 사람의 내면에 대해 말하고 있는 것이다).

그러므로 우리는 하나님의 시선에서 누가 칭찬을 받을 만하고 누가 징계를 받을 만한지 정확히 구분할 수 없으며, 악인으로 보이는 사람이 번영을 누리고 의인으로 보이는 사람이 고난을 받는 것에 대해 우리가 하나님께 불평을 할 수는 없는 것이다.

사악한 자들의 평온함 또는
의로운 자들의 고통을 설명하는 것은 우리의 능력 밖에 있다.

뿐만 아니라 우리는 상황에 대한 사람들의 반응도 평가할 수 없다. 필자는 랍비 아브라함 카렐리츠([Rabbi Avraham Karelitz], 하존 이쉬[Chazon Ish]), 랍비 아하론 로키치([Rabbi Aharon Rokeach], the Belzer Rebber) 등 가난과 추방과 같은 모든 시험과 고난을 겪은 토라의 거장들을 만났다. 그러나 이 거장들이 경험한 하나님의 참 빛에서 오는 행복은 그 누구의 것과도 비교할 수 없었다.

우리가 선과 악을 판단할 수 없는 또 하나의 이유는 바로 우리가 성공과 슬픔을 피상적으로 볼 수밖에 없기 때문이다. 집안에서의 생활, 가정환경, 건강 등 상대방의 개인적인 경험을 우리는 전혀 알 수 없다.

보상과 징계

하나님의 공의를 우리가 분명히 이해할 수 없다 할지라도, 수세기에 걸쳐 현자들은 이 세상에서의 보상과 징계의 원리에 대해 다양한 방식으로 설명해왔다. 이런 설명들이 완벽하다 할 수는 없지만 적어도 이 심오한 논의의 절박함을 어느 정도는 해소할 수 있을 것이다.

마하랄은 설명하기를 악인이 이 세상에서 선행으로 보상을 받는 이유는 그의 선행이 순전히 영혼에서 우러나온 것이 아닌, 육신의 욕망과 잘못된 충동에서 우러나온 것이기 때문이라고 했다. 악인은 진심으로 남을 도우려 하지 않으며 하나님의 뜻에 따라 주님의 명령을 실천하려 하지 않는다. 그저 주위 동료, 이웃, 대중의 반응을 의식하여 선행을 해야 한다고 느낄 뿐이다. 그러므로 이런 사람이 실천한 선행들은 대부분 자기를 가리기 위한 위장이다. 결국 올 세상에서만 얻을 수 있는 하늘의 보상을 얻을 자격이 없는 것이다. 이러한 악인이 얻는 보상은 극히 미미한 것이며, 오직 이 거짓된 세상에서만 주어지는 보상일 뿐이다.

반대로 의인은 주저하는 마음과 불안한 마음으로 죄를 지으므로 이 세상에서 징계를 받는다. 의인의 양심은 그를 계속 괴롭히며, 이런 사람은 마치 외부 환경에 의해 끌려온 것처럼 행동하게 된다. 의인의 영혼은 그릇된 기쁨을 받아들이지 않았으므로, 의인은 징계를 당하더라도 그의 육신만 징계를 당할 뿐이며 그 징계도 이 세상에서만 받을 뿐이다.

결국 자기 힘으로 한 선행과 악행에 따른 악인의 징계와 의인의 보상은 결국 장차 올 세상에서 이루어지게 될 것이다. 사람이 받을 진정한 보상과 진정한 징계는 진짜 세상, 영혼이 가감 없이 분명히 드러나는 올 세상에서 이루어진다.

악인이 의인의 보상에 미치는 영향

이 세상의 부조리가 명백히 드러나고 이에 실망하더라도 의인은 믿음으로 자기가 맡은 역할을 충실히 수행하므로 의인의 보상은 더욱 늘어난다.

바로 우리의 조상 아브라함이 의로움으로 열 대가 받을 기업을 하나님으로부터 받게 된 이유가 위와 같다. 동시대 사람들이 아브라함에게서 찾은 것은 무엇이었던가? 떠돌이 생활과 배고픔, 불임과 같은 시험과 고통이지 않았던가. 그러나 이 고통은 결국 아들 이삭으로 결실을 맺었다.

아브라함은 '고난을 받는 의인'의 전형이다. 아브라함은 그를 강하게 성장시킨 믿음으로 이 모든 시험을 통과했으므로, 그를 조롱하고 그 믿음을 공격한 사람들이 후에 받을 보상을 받게 된 것이다.

악인이 자기가 지은 죄 이상으로 징계를 받아야 하는 이유 역시 위의 가르침으로 설명할 수 있다. 악인의 성공은 의인에게는 직접 믿음을 방해받는 것보다 더 큰 시험과 고난이 된다. 더 나아가 악인은 성공을 통해 의인의 삶을 이 세상의 것인 게힌놈 골짜기로 끌고 들어가므로, 악인은 의인이 들어갔어야 할 게힌놈 골짜기에 들어가 마땅한 것이다.

잘못된 선택, 그리고 도전

현자들은 사람의 '인생과 소득, 자녀'가 미리 정해진 운명, 즉 '마잘'([mazal], 모에드 카탄[Moed Katan] 28a)에 달려있다고 가르치고 있다. 물론 사람은 능히 자기 마잘을 바꿀 능력이 있으나, 정해진 틀 안에서만 바꿀 수 있을 뿐이다.

그럼에도 불구하고 우리는 모두 같은 문제에 맞부딪치며 살아간다. 현자들은 "고난을 견디는 자는 복이 있도다. 거룩하신 주님께서 시험하지 않는 사람은 없기 때문이다. 주님은 가난한 손을 여는지 보시고자 부자를 시험하시며, 화내지 않고 고난을 받아들이는지 보시고자 빈자를 시험하시는도다"(셰모트 라바[Shemos Rabbah])라고 가르친다.

필자는 어릴 적 콜 토라 학당의 마시기아흐(Mashgiach, 학생이 음식 등 율법을 지키는 지 감독하는 감독관 - 역자 주)인 랍비 그달리야 에이스만[R` Gedaliah Eisman]으로부터 이 세상의 부조리를 어떻게 설명해야 하는지

배운 바 있다. 현자들이 로마에 갔을 때, 철학자들이 그들에게 물었다고 한다.

"당신들이 가르치는 것처럼 하나님께서 전능하고 또 우상숭배를 금지한다면, 하나님은 왜 우상으로 숭배할 만한 모든 것들을 다 없애지 않는 것이오?" 이에 현자들은 이렇게 답하였다. "사람들이 세상에 필요치 않은 것들을 우상으로 섬긴다면, 거룩하신 주님께서는 능히 그리 하실 것입니다. 그러나 사람들이 섬기는 것은 하늘의 해와 달과 별, 별자리, 나무, 돌과 같이 이 세상에 반드시 있어야만 하는 것들입니다. '그들이 나무를 향하여 너는 나의 아버지라 하며 돌을 향하여 너는 나를 낳았다'(렘 2:27)라고 하는 우둔한 사람들 때문에 창조주 하나님께서 이 세상을 파괴해야 한다는 것입니까? 하나님께서는 세상을 창조하실 때 선포하시기를, '땅은 풀과 씨 맺는 채소와 각기 종류대로 씨가진 열매 맺는 나무를 내라 하시니'(창 1:11)라고 하셨으며, 또 '하늘의 궁창에 광명체들이 있어 낮과 밤을 나뉘게 하고'(창 1:14)라고 하셨습니다. 하나님께서 죄인들 때문에 이 원리를 뒤집어야 한다는 것입니까? 세계는 그 원리에 따라 운행하되, 잘못된 일을 행하는 우둔한 사람들은 결국 심판을 마주하게 될 것입니다"(아보다 자라[Avodah Zarah] 54b).

사람만이 가진 특별한 성질은 무엇인가? 곧 사실을 분석하고 결론을 도출할 수 있는 능력이다. 이러한 지적 능력은 바로 도덕적 판단을 할 수 있도록 주어진 것이다. "내가 오늘 생명과 복과 사망과 화를 네 앞에 두었나니…생명을 택하고"(신 30:15, 19).

선과 악을 선택할 수 있는 능력이 바로 동물과 사람을 나누는 차이이다. 만일 그러하다면, 하나님께서 우상을 섬기는 우매한 자들로 인해 나무나 돌을 세상에서 없애지 않으시는 분이라면, 잘못된 길을 선택하는 우매한 자들로 인해 인간의 자유의지를 없애버리지도 않으실 것이다.

하나님께서는 옳은 길을 택한 자가 무조건 보상을 받고, 조금이라도 잘못을 저지르면 바로 징벌을 받는 세상을 창조하실 수도 있었다. 이런 세상에서는 옳은 선택이 무엇인지 분명히 보일 것이므로, 모든 사람이 악한 길을 택하지 아니하고 선한 길만을 택하게 될 것이다. 그러나 이런 세상에 인간을 인간으로 만드는 자유의지는 없다. 끓는 물에 자기 손을 담그지 않는 선택을 하였다 하여 보상을 받으리라는 생각은 그 누구도 하지 않는다.

랍비 그달리야는 하나님께서 이 세상에서는 언제나 의인에게 보상을 주시고 악인에게 징계를 내리시지 못하는 이유를 바로 이와 같다고 하였다(메주다트 다비드[Metzudas David], 전도서 8:14, 마할랄의 데레크 하하임 [Derech Hachaim of maharal] 3:15 참고).

부유한 악인

이 구절을 문자 그대로 번역하면 '우리는 악인의 평강을 이해할 수 없으며, 또 의인의 고난도 이해할 수 없도다.'이다. 주석가들은 이런 번역을 통해 악인의 평안이 의인의 고난보다 더 설명하기 어려운 난해한 일임을 이 구절이 암시하고 있다고 설명한다. 마찬가지로 우리의 스승 모세 또한 하나님께 묻기를 "주여, 당신의 길을 저로 알게 하소서"라고 하였다. 즉 이 세상에서 보상과 징계를 나누는 원리를 설명해달라는 것이었다. 이에 하나님께서는 말씀하시기를 "나는 (은혜를 받을만한 사람이 아니더라도)

은혜 베풀 자에게 은혜를 베풀고, (불쌍히 여김을 받을만한 사람이 아니더라도)긍휼히 여길 자에게 긍휼을 베푸느니라"(출 33:19)라고 하셨다(베라호트 [Berachos] 7a 참고).

하나님의 대답은 악인이 평안을 누리는 이유만을 설명해주고 있을 뿐이다. 본문에서 하나님께서는 보상을 받는 사람이 보상을 받을 만한 사람이어서가 아닌, 하나님께서 주시고 싶어서 보상을 내리신다는 '보상에 대한' 말씀만을 하시기 때문이다. 이 대화에서 우리는 모세가 하나님께 드린 질문의 요지가 악인이 평안과 부유함을 누리는 이유였음을 알 수 있다.

그렇다면 의인의 고난보다 악인의 평안을 더 이해하기 어려운 이유는 무엇인가? 현자들은 이에 대해 다양한 방식으로 설명하고 있다.

첫째, 의롭게 보이는 사람도 하나님께서 보시기에는 의인이 아닐 수 있음을 우리는 이미 알고 있는 반면, 악인이 저지르는 악행은 우리가 보기에도 분명히 의롭지 않다는 것을 알기 때문이다. 즉 의인에 대해서는 하나님의 시선과 우리의 시선이 다를 수 있으나, 악인의 악행은 사람의 눈에도 분명히 악한 것으로 보이기 때문이라는 것이다.

둘째, "전혀 죄를 범하지 아니하는 의인은 세상에 없기 때문이로다"(전 7:20). "여호와께서 그 사랑하시는 자를 징계하시기를 마치 아비가 그 기뻐하는 아들을 징계함 같이 하시느니라"(잠 3:12) 모든 사람은 자기가 지은 죄로 징계를 받는다.

그러므로 정도의 차이는 있을 수 있겠으나 의인이 확실히 죄를 지었으므로 고난을 받는다는 것을 우리는 쉽게 받아들일 수 있다. 하지만 그렇기에 악인이 이 세상에서 누리는 성공이 더욱 억울하게 다가오게 된다.

셋째, 어떤 고난은 '사랑의 고난'으로, 올 세상에서 의인이 받을 보상을 더욱 크게 하기 위해 하나님께서 주시는 고난이다(베라호트[Berachos] 5a-b).

완전히 악하지도, 순전히 의롭지도 않다

일부 주석가들은 이 구절이 보통의 사람들, 즉 완전히 의롭지도 않고 또 완전히 악하지도 않은 사람들에 대해 말하고 있는 것으로 보고 있다. 이 구절을 '악인의 평안은 우리 수중에 있는 것이 아니다.'라고 해석할 수도 있다. 즉 우리 인생은 순전히 평안으로 가득 찬 것이 아니며 또 악한 일만을 저지르지도 않는다는 것, 즉 우리가 완전히 악하기만 한 악인은 아니라는 것이며, 반대로 '의인의 고난도 우리 수중에 있는 것이 아니다.' 즉 순전한 의인이 얻을 고난도 우리가 받을 만한 것이 아니라는 것이다.

그렇다면 순전한 의인이 얻을 고난은 무엇인가? 라베이누 요나는 말하기를 이 고난은 바로 '사랑의 고난'이다. 의인이 사소한 개인적인 실수로 고난을 받을 때, 하나님께서는 의인의 경제적 상황을 치실지라도 그의 육신을 치시지는 않는다. 이로써 의인이 고난을 당하더라도 기도하고, 배우며, 또 선행을 계속 할 수 있도록 하시는 것이다. 현자들은 가르치기를 '여호와여 주로부터 징벌을 받으며 주의 법으로 교훈하심을 받는 자는 복이 있나니'(시 94:12)라는 말씀이 고난을 받더라도 토라를 배우지 못할 정도까지는 고난을 당하지 아니하는 사람에 대한 말씀이라고 했다(베라호트[Berachos] 5a).

'의인의 고난도 우리 수중에 있는 것이 아니다'라는 현자의 의미는 곧 하나님을 섬기기 힘들 정도로 받는 우리의 고난을 감히 '사랑의 고난'이라고 하지 말라는 것이다. 사랑의 고난은 영적인 성장을 막지 않는다.

개인적으로 흠이 없는 완전한 의인조차도 '사랑의 고난'을 받을 수 있다. 하나님께서 이런 고난을 주시는 목적은 바로 고난을 받는 의인이 받을 보상을 더욱 크게 하시기 위함이다. 또 이러한 사랑의 고난은 하나님을 섬기는 것을 방해하지 않는다.

평안과 격려
이 구절은 왜 우리가 보통의 영적 위상을 가지고 있음을 굳이 가르치려는 것일까? 우리가 하나님의 방식을 이해하지 못한다고 말하기보다, 차라리 배로 노력하여 성장하라고 재촉하는 편이 더 낫지 않은가?

미드라쉬 슈무엘은 가르치기를 이 구절은 우리에게 완전히 희망이 없는 것은 아니라고 선포함으로써 우리를 격려하는 동시에 하나님을 더욱 섬기도록 권면하고 있다고 가르친다. 이 구절은 '악인의 평안을 우리는 겪지 않는도다.'라고 해석할 수도 있다. 우리가 고난을 받는다는 것은 곧 하나님께서 우리에게 완전히 실망하지는 않으셨다는 뜻이다. 하나님께서는 여전히 우리에게 고난을 주시며 우리가 주님께 다시 돌아오기를 기다리고 계신 것이다.

반면 우리는 하나님을 섬기기 힘들 정도의 고난을 받는다고 하여 제자리에 안주할 수도 없다. 그 고난은 '사랑의 고난'이 아니기 때문이다. 자신을 완전한 의인으로도, 완전한 악인으로도 보지 말라는 이 말씀의 권면은 "사람은 언제나 자신을 반절은 죄인으로, 반절은 의인으로 본다"(키두쉰[Kiddushin] 40b)는 현자들의 가르침에서도 확실히 드러난다.

자기가 맡은 것을 다 마쳤다고 자신할 수 있는 사람은 이 세상에 없다. 그렇다고 더욱 거룩해지고자 한 스스로의 노력이 별 효과가 없었다고 생각하여 절망의 품에 안겨서도 안 될 것이다.

우리는 좁은 길을 걷고 있다. 그 좁은 길의 옆에는 어둠으로 끌려가는 절벽이 있다. 한 발짝만 잘못 디뎌도 그 깊은 어둠으로 떨어지고 마는 것이다. 현자들은 "죄인 한 사람이 많은 선을 무너지게 하느니라"(전 9:18)는 구절의 의미에 대해 "하나의 죄를 지어도 많은 선한 일들을 잃을 수 있기 때문이다"라고 말했다(키두쉰[Kiddushin] ibid.).

반면 아무리 사소한 일이라 할지라도 선함으로 향하는 발걸음은 우리가 심연으로 빠지지 않도록 하며, 왕의 대로로 향하는 길에서 벗어나지 않도록 우리를 이끌어준다. 자기가 행하는 모든 일에는 의미가 있다는 마음가짐으로 살아가는 사람은 계획 없이 자기 발걸음을 내딛지 않는다. 생각 없이 기계적으로 허투루 행동하지 않는다. 모든 계명을 실천하고 스스로 죄를 멀리한다.

추방에서 얻는 교훈
미드라쉬 슈무엘은 이 구절이 자기 땅에서 추방된 사건으로부터 제대로 된 교훈을 얻지 아니한 유대인들을 책망하는 말씀이라는 해석을 인용한다. 악인의 평안과 의인의 고난을 통해 우리는 다가올 날에 있을 보상과 징계에 대한 큰 깨달음을 얻을 수 있다.

악인의 기쁨을 통해 우리는 장차 올 세상에서 의인이 누리게 될 기쁨이 악인이 이 세상에서 누리는 기쁨보다 훨씬 크다는 것을 알 수 있다. 의인의 고난을 통해 우리는 악인이 게힌놈에서 겪게 될 고난이 의인이 이 세상에서 누리는 고난보다 훨씬 크다는 것을 알 수 있다.

    그러나 위의 가르침들을 결론이라고 말할 수는 없다. 결국 우리는 이 문제에 대해 결론을 내리지 못했고, 앞으로도 그럴 것이다. 이 구절은 '우리는 악인의 평강(의 의미)도, 의인의 고난도 이해할 수 없도다'라고 해석할 수 있다. 우리는 눈으로 보는 것조차 완전히 이해할 수 없다. 자기 땅에서 추방됨으로써 얻는 교훈을 완전히 이해하지 못하였으므로, 아직 구원을 받은 것도 아니다.

미쉬나 20절　　　　　　　　　　משנה כ

רַבִּי מַתְיָא בֶן חָרָשׁ אוֹמֵר,
הֱוֵי מַקְדִּים בִּשְׁלוֹם כָּל אָדָם.
וֶהֱוֵי זָנָב לָאֲרָיוֹת, וְאַל תְּהִי רֹאשׁ לַשּׁוּעָלִים:

랍비 마트야 벤 헤레쉬는 말한다.
　모든 사람에게 먼저 인사를 하도록 하라.
　그리고 여우의 머리가 되기보다는 사자의 꼬리가 되라.

미쉬나 20절

랍비 마트야 벤 헤레쉬는 말한다.

랍비 마트야 벤 헤레쉬는 세 번째와 네 번째 탄나임의 세대 교체기에 산 사람이다. 그는 랍비 엘리에제르 벤 힐카누스[R` Eliezer ben Hyrkanus]의 제자였으며(요마[Yoma] 53b), 랍비 엘아자르 벤 아자리아[R` Elazar ben Azariah]에게서 할라카를 배웠다(ibid. 86a).

로마의 박해가 거세졌으므로 랍비 마트야와 그의 동료들은 이스라엘 땅 밖에 토라의 중심지를 세우고자 하였으나, 결국 약속의 땅을 떠날 수는 없었다. 그러나 로마의 압제가 계속되면서 결국 세 명의 현자 랍비 예후다 벤 베세이라[R` Yehudah ben Beseira]와 랍비 마트야[R` Masya], 랍비 하니나[R` Chanina]가 약속의 땅 밖에 토라의 중심지를 세우게 되었다. 랍비 마트야는 로마에 유대인 공동체를 세웠다.

마르골리오스 하얌[Margolios Hayam]에서 랍비 르우벤 마르골리오트[R` Reuven Margolios]는 랍비 마트야의 '로마'가 이스라엘 땅에 있었다고 기술하고 있으나, 이 구절은 그가 로마 제국의 수도에 거주하였음을 암시하고 있다. 만나는 모든 사람을, 이방인일지라도 반갑게 맞아들이는 데에는 '처음'이 되라는 랍비 마트야의 권면은 이스라엘 땅보다는 로마에 있는 사람이 말하기에 더욱 적절한 표현이다. 더 나아가 여우의 머리가 되기보다 사자의 꼬리가 되라는 그의 가르침은 당시 로마의 유명한 격언에 대한 응수(應酬)였다.

랍비 마트야의 가르침들 중 다수가 로마에서 이스라엘로 가는 여정 중에 전해진 것은 아니므로, 그의 가르침들 중 후대에까지 전해 내려온 것은 거의 없다. 혹자는 기록된 가르침은 '일말이라도 목숨에 위협이 될 만한 일이 있다면 안식일보다 목숨을 더 중히 여기라'(요마[Yoma] 88a)는 잘 알려진 가르침이 랍비 마트야의 가르침들 중 기록된 것이라고 전한다.

랍비 마트야는 지극히 경건한 사람이었다. 학당에 앉을 때마다 그의 얼굴은 해와 같이 빛났으며, 그의 모습은 마치 천사와 같았다. 사단이 랍비 마트야를 질투하였으므로, 그를 유혹하여 죄를 짓도록 허락해주기를 하나님께 간청했다.

그러자 하나님께서는 "어차피 성공치 못할 것이다. 그래도 한 번 해보거라"라고 하셨다.

이에 사탄은 이 세상에서 다시는 없을 빼어난 미모를 한 여인의 모습으로 랍비 마트야의 앞에 나타났다. 랍비 마트야는 계속해서 미녀의 모습을 한 사단을 외면하였으나, 사단은 이에 굴하지 않고 계속해서 마트야의 앞에 나타났다. 그러자 랍비 마트야는 "내 본성이 나를 압도하여 죄를 짓게 할까 두렵소"라고 말하며 제자들에게 불과 못을 가져오게 하였다. 그리고는 못을 불에 달군 뒤 자기 눈을 찔러버렸다.

그러자 사단은 벌벌 떨며 물러났다.

그 즉시 하나님께서는 천사 라파엘을 불러 말씀하셨다. "랍비 마트야 벤 헤레쉬를 가서 치료해주거라." 하나님의 명을 받은 천사 라파엘이 앞에 서자 랍비 마트야는 그에게 누구인지 물었다. "저는 라파엘입니다. 거룩하신 주님께서 당신의 눈을 치료하도록 보내셨습니다."

이 말을 들은 마트야가 답하였다. "제게서 떠나십시오. 무슨 일이 있었더라도, 그냥 일이 있던 것뿐입니다." 마트야는 여전히 악한 본성에 무릎을 꿇게 될까 두려웠던 것이다. 천사 라파엘이 하나님께 돌아가 랍비 마트야가 한 말을 전하자, 하나님께서는 말씀하셨다. "내가 악한 본성이 그를 집어삼키지 않으리라고 장담한다고 전하라."

이 말을 전해들은 랍비 마트야는 그제서야 천사가 눈을 치료하도록 허락하였다고 한다(얄쿠트 쉬모니[Yalkut Shimoni], 바예히[Vayechi] 161).

모든 사람에게 먼저 인사를 하도록 하라.

이 구절은 '모든 사람에게 먼저 인사를 하도록 하라'고 가르친다. 모든 사람은 곧 시장의 일곱 이방인을 뜻한다(라쉬[Rashi]). 주석가들은 더 나아가 랍비 마트야가 스승인 랍반 요하난 벤 자카이[Rabban Yochanan ben

Zakkai]로부터 이러한 가르침을 받았다고 전한다. 그는 기록되기를 "그 누구도 그보다 먼저 인사하지 않았다"라고 한다(베라호트[Berachos] 17a).

아바예[Abaye]는 또 말하기를 "사람은 언제나…(중략) 하늘과 땅에서 사랑받고 모든 사람들에게 받아들여지도록 분한 마음을 제쳐두고 형제와, 친척과, 더 나아가 모든 사람과 평화를 이루어야 한다. 시장의 이방인들과도 그렇게 해야 한다"(ibid.)고 했다. 마찬가지로 현자들은 '평화를 위해 이방인들의 성공을 탐구한다'(기틴[Gittin] 61a)고 가르쳤다.

'인사하다'라는 단어가 탈무드에서 사용될 때에는 단순히 '안녕'과 같은 중립적인 의미가 아니라 상대방을 '축복한다'는 의미이며, 유대교의 예의범절은 축복받는 사람은 상대에게 더 큰 축복을 베풀어야 한다고 분명히 가르친다. 예를 들어 누군가 "좋은 하루 되세요"라고 인사를 하면 이에 대한 적절한 대답은 "좋은 한 해 되세요"라는 것이다. 이 경우 상대방에게 먼저 인사하는(축복하는) 사람은 답하는 사람보다 더 큰 축복을 받게 된다. 이런 해석은 맞이하는 사람에게서 받는 축복이 응답하는 사람이 받는 축복보다 더 크다는 현자들의 가르침을 뒷받침한다(칼라 라바시[Kallah Rabasi] 3, 미드라쉬 슈무엘[Midrash Shmuel] 인용).

이 말씀은 우리 자신의 도덕성을 향상시키는 이정표로 기록된 것이다. 올바르고 윤리적인 행동으로 여겨지는 것이므로, 우리는 다른 사람을 제일 먼저 맞아들여야 한다.

먼저 맞이하기 – 의무인가 선행인가?

현자들은 "네 동료가 너에게 인사하거든, 그에게 먼저 인사하라"(베라호트[Berachos] 6b)고 가르쳤다. 이 가르침은 모든 사람에게 먼저 인사하라는 이 구절과 모순되는 것처럼 보인다.

마하르샤[Maharsha]는 모든 사람에게 먼저 인사를 건네는 것이 적절하지만, 상대방이 응답하지 않는다고 생각될 경우에는 그렇게 해서는 안 된다고 설명했다. '인사에 답하지 않는 자는 도적이라 불리기'(ibid.) 때문이다. 즉 인사에 답하지 않는 사람은 곧 먼저 인사한 사람이 받아야 할 축복을 도적질한 사람이라는 것이다. 이 경우 답하지 않는 사람에게 먼저 인사한 사람은 '눈 먼 자 앞에 걸려 넘어지는 돌'을 놓는 꼴이 되고 마는 것이다. 이는 곧 할라카가 상대방이 답하지 않는다고 느끼지 않는 한 다른 사람들에게 인사를 건네야 할 의무를 우리에게 부과하고 있음을 암시한다.

그러나 라베이누 요나는 말하기를 먼저 인사하라는 권면은 할라카에서 요구하는 의무가 아닌 선행이라고 하였다. 그렇다면 우리는 인사에 답할 만한 사람에게 먼저 인사하라는 현자들의 가르침이 의무인 반면, 답을 받지 못할 것 같을지라도 먼저 인사하라는 이 말씀은 율법의 의무를 넘어서는 것이라고 생각할 수 있을 것이다.

대적과도 화평을 이루라

미드라쉬 슈무엘은 이 말씀의 '모든 사람'이라는 단어에 대한 다른 해석을 제시한다. 즉 적이라고 생각하는 사람에게도 반갑게 인사를 해야 한다는 것이다. 다윗 왕은 "악을 버리고 선을 행하며 화평을 찾아 따를지어다"(시 34:14)라고 노래했다. 즉 평화가 떠나갈지라도 평화를 찾고 또 잡기 위해 있는 힘을 다 해야 한다는 것이다.

더 나아가 즐로코프의 랍비 아브라함 하임[R` Avraham Chaim of Zlotchov]은 그의 저서 프리 하임[Pri Chaim]에서 이 구절의 문자 그대로의 의미는 "모든 사람에게 평화를 (나타내기를)먼저 하라"라고 말했다. 이런 문자적 해석은 이 구절이 단순히 '평화'를 말하라는 것이 아니라(즉 '평강이 있기를'[샬롬 알레이켐]과 같은 말만 하는 것이 아니라) 실제로 상대방과 평화를 이루어야 함을 암시한다. 이 말씀은 누군가와 분란이 있다면 상대방이 먼저 오기를 기다리지 말고 먼저 다가가 평화를 이루라고 권면하고 있다. 먼저 내미는 손에 침을 뱉을 사람은 세상에 많지 않다.

여우의 머리가 되기보다는 사자의 꼬리가 되라.

사자는 곧 토라 학자이다. 토라 학자들의 수장을 종종 '긍지의 사자'(샤보트[Shabbos] 111b)라고 표현하기도 하며, 토라 학자가 이스라엘 땅으로 돌아온다는 말을 들었을 때에 사람들은 말하기를 "바벨에서 사자가 일어났도다"라고 하였다(바바 카마[Bava Kamma] 117a).

토라 학자와 같은 모습을 하고 있을지라도 그 지식이 특별히 뛰어나지 않다면 여우라고 불릴 것이다. 그러므로 바빌론에서 이스라엘 땅으로 돌아온 사람들이 외적으로 보이는 만큼 토라를 잘 아는 사람이 아니라고 밝혀졌을 때 랍비 요하난은 말하기를 "당신들이 사자라 말했던 그가 여우로 밝혀졌다"(ibid.)라고 하였다.

사자는 강하고 여우는 교활하다

주석가들은 사자가 힘과 냉정함의 상징이라고 말하는 반면, 여우는 교활하며 잔머리로 남의 마음을 얻으려 한다고 하였다.

랍비 쉬므온 벤 엘아자르[R` Shimon ben Elazar]는 사자를 짐꾼으로, 여우는 가게 주인으로 비유하였다(키두쉰[Kiddushin] 82b). 사자의 성품은 자기 맡은 일에 책임감을 가지고 무거운 짐을 기꺼이 짊어 옮기는 짐꾼에 걸맞다. 곧 자기 약점을 극복해내는 진정한 힘을 가지고 있는 것이다. 반면 여우는 가게 주인과 같아서 영리할 뿐 아니라 성공을 위해서라면 교활해지기도 한다(미드라쉬 슈무엘[Midrash Shmuel]).

작은 여우들

리 리르마([Ri Lirma], 미드라쉬 슈무엘[Midrash Shmuel] 인용)는 이 구절을 다음과 같이 이해하고 있다. 즉 '사자의 꼬리가 되어라'는 말씀은 자기가 배운 것을 무시하지 말고 위대한 현자들로부터 배운 토라의 계율을 지키고 현자들의 삶과 헌신의 길을 따라가는 데에 사자와 같이 강하라는 것이다.

그 길을 따르며 스스로 겸손해지는 것은 결코 쉽지 않다. 그러나 그만한 가치가 있는 길이다. '사자의 꼬리'라도 되는 사람은 결코 간교한 속임수로 자기 무지와 불경함을 숨기는, 아첨과 조롱과 오만함으로 가득한 '여우의 머리'가 되지 않는다. 우리는 모두 여우를 만난다. 여우들은 의문과 질문에 제대로 답할 수 없으며, 말없이 남을 위협함으로 의문을 털어버리려 한다.

때로는 재판관들도 여우가 된다. 심판대에 서서 할라카를 왜곡하고 토라와 토라 학자들에게 끔찍한 악평을 일삼으며 다른 이로 하여금 죄를 짓게 만드는 재판관들이 바로 여우들이다(토사포트 욤 토브[Tosafos Yom Tov]).

람밤은 여우는 "토라를 충분히 배우지 않으면서 그 도시의 무지한 자들 앞에 서서 명성을 얻고 할라카의 권위를 정하는 역할을 맡고자 하는, 즉 여우의 머리가 되고자 하는 '무지한 제자'"를 뜻한다고 말했다.

또 그는 이어 말하길 "이러한 자들은 논쟁을 크게 일으키며 세상을 파괴하고 토라의 불을 끄며, 하나님의 포도원을 망치는 자들이다. 곧 솔로몬 왕이 지혜로 말한 바 '포도원을 허는 작은 여우를 잡으라'(아 2:15)라고 표현한 것과 같다(힐코트 탈무드 토라[Hilchos Talmud Torah] 8:4).

위대한 자의 제자가 되고 작은 자들의 스승이 되지 말라

대다수의 주석가들은 '사자의 꼬리'가 되어 지혜를 얻을 기회를 가질 수 있다고 설명한다. 순전히 '여우의 머리'인 자들은 자기 지식을 키우고자 하지 않으며 심지어 원래 가진 지식마저도 잃게 된다. 라베이누 요나는 "자기보다 더 뛰어난 자의 제자가 되는 자는 그 지혜가 날로 성장할 것이나, 자기보다 더 낮은 자의 스승이 되는 자는 그 지혜가 날로 작아질 것이다"라고 말했다.

산헤드린 공의회의 의자 배치는 사자의 꼬리가 되는 것이 얼마나 중요한 일인지를 잘 보여주고 있다. 산헤드린 공의회 의원들의 앞에 놓인 세 줄의 의자에는 현자들이 앉는다. 첫 줄에는 가장 높은 현자들이, 그보다 낮은 현자들은 두 번째 줄에, 마지막 줄에는 가장 낮은 현자들이 앉는다. 같은 줄 안에서도 현자들의 지위에 따라 앉는 자리가 배치된다.

산헤드린의 새로운 의원은 첫 줄의 가장 첫 번째 자리에 앉은 현자를 선출한다. 나머지 현자들은 빈 자리를 메꾸기 위해 한 칸씩 자리를 당겨 앉는다. 그렇게 되면 세 번째 줄의 가장 첫 번째에 앉은 현자는 두 번째 줄의 가장 마지막 자리에 앉게 되는 것이다. 이런 산헤드린의 제도는 여우의 머리보다 사자의 꼬리가 더 낫다는 것을 보여준다(산헤드린[Sanhedrin] 37a).

주석가들은 이 구절을 언급하면서 "지혜로운 자와 동행하면 지혜를 얻고 미련한 자와 사귀면 해를 받느니라"(잠 13:20)라는 잠언 구절을 인용한다.

지금은 머리일지라도 사자의 꼬리로 남아라

이 말씀을 통해 우리는 언제나 자기보다 더 뛰어난 사람을 찾아 그의 지혜를 배우고 흡수해야 한다는 가르침을 얻게 된다. 바로 랍비 요시 벤 키스마[R` Yosi ben Kisma]가 마을의 랍비가 되어달라는 부탁을 받았을 때에 이를 거부하고 "저는 오직 토라의 자리에서만 살 것입니다"(6:9)라고 답한 이유가 이와 같다. 랍비 요시는 여우의 꼬리가 되기보다는 사자들의 무리에 함께 남기로 했던 것이다.

이와 마찬가지로 하시드 야베쯔는 기록하기를 스스로 '사자의 꼬리'가 되는 것은 곧 스스로 토라의 자리로 떠난다는 개념과 관련이 있다고 말했다. 즉 자기 집을 떠나야만 한다 해도 자기보다 더 지혜로운 자를 찾아가야 한다는 것이다.

랍비 마트야 스스로도 이스라엘 땅에 세워진 토라 학당을 떠나 멀리 떨어진 로마로 향해야 했다. 그 곳에서 그는 마침내 장엄한 학당과 유대교 법정을 세웠으나, 동료들에게서 멀리 떠나있었으므로 자기가 결국 여우의 머리일 뿐임을 느낄 수밖에 없었다.

랍비 모세 알모스니노는 이 말씀을 통해 머리가 되고자 노력하기보다는 꼬리로 남아있는 편이 더 낫다는 가르침을 배울 수 있다고 전한다. 굳이 사자의 머리가 되고자 분투하지 않아도 된다는 것이다. 사람이란 언제나 자기보다 더 뛰어난 자를 만날 수밖에 없으며, 평생에 걸쳐 더 뛰어난 자들에게서 지식을 배울 수 있다.

그러므로 이 구절은 마땅히 '사자'가 된 사람을 포함하여 모든 사람에게 적용되는 말씀이라고 할 수 있다. 사자도 결국 더 뛰어난 현자를 찾아 헤매야만 한다.

사자들 중 가장 작은 자

백성들에게 "여호와께서 너를 머리가 되고 꼬리가 되지 않게 하시며"(신 28:13)라고 한 모세의 말과 '꼬리가 되지 않고 머리가 되는 것이 하나님의 뜻이기를'이라는 새해 기도문과 이 구절은 어떻게 상충되지 않고 서로 조화를 이룰 수 있는가?

첫 번째 해석은 바로 위의 두 구절이 '머리 중의 머리가 되게 하리라'는 설명을 제시하는 것이다. 곧 사자들의 모임 중에서 머리 중의 머리가 되게 하시고, 여우들의 모임 중에서 꼬리들의 머리가 되게 하시지 않겠다는 말씀으로 위 두 구절을 해석하는 것이다. 오랜 시간을 제자로 보낸 후에야 사람은 그 스승으로부터 지혜를 얻을 수 있다.

이 상충을 해소하는 또 다른 해석은 다음과 같다. 곧 사자들 중 가장 작은 자가 여우들 중 가장 큰 자보다 더 크다는 것이다. 이에 하시드 야베쯔[Chasid Yaavetz]는 말하기를 "사자의 꼬리라도 사자요, 여우의 머리라도 여우이다"라고 말했다.

웬만하면 사자의 모임에서 벗어나지 않고도 머리가 되고 싶은 것이 사람의 마음이다. 그러므로 꼬리가 되지 않고 머리가 되고자 하는 우리의 바람은 꼬리들의 모임, 즉 여우의 모임에서 벗어나 머리들의 모임, 즉 사자들의 모임에 들어가고자 하는 형태로 표현이 된다.

모든 피조물을 높이다

다수의 주석가들은 본문의 첫 번째 부분인 '먼저 인사하라'와 두 번째 부분인 '사자의 꼬리가 되어라'라는 말씀의 주제가 서로 연결되어 있다고 주장한다.

티페레트 이스라엘[Tiferes Yisrael]에서는 하나님께서 창조하신 모든 피조물을 높이는 것이 맞으나, 이 구절은 모든 사람과 친구가 되는 것은 경계해야 한다고 가르치고 있다고 기록했다. 당연히 모든 사람이 행복하기를 바라고, 모든 사람을 높이며, 웃는 얼굴로 모든 사람을 대해야 하는 것은 맞다. 그럼에도 불구하고 우리는 지혜를 얻고 또 하늘나라를 경외하라는, 이 세상에서의 최종 목적을 잊어서는 안 될 것이며, 이 위대한 사명을 위해 결국 여우들의 모임을 포기하고 사자들과 함께 해야만 할 것이다.

 이 구절의 두 부분을 연결하는 또 다른 개념은 바로 겸손이다. 남에게 먼저 인사한다는 것은 곧 낮은 자리에 처하게 될지라도 오만함이 없이 사자의 꼬리가 되고자 함을 나타낸다는 것이다. 또 다른 해석도 있다. 곧 랍비 마트야는 먼저 인사하라고 가르치면서 동시에 먼저 인사하면 안 되는 사람도 있다고 경고하고 있다는 것이다. 위대한 사람들을 향해 존경을 표하며 우리는 스승에게는 먼저 인사하지 말고 그저 묻는 말에 답을 함으로써 스스로 타의 모범이 되어야 하는 것이다(슐한 아루크[Shulchan Aruch] 242:16, 레마[Rema]).

 그러므로 이 구절은 우리가 먼저 인사를 해야 하는 것은 맞으나 '자기 위치를 알고 꼬리가 되어 스승에게 먼저 말을 걸지는 말아야 한다'는 가르침을 전해주고 있는 것이다. 꼬리가 머리를 따르는 것처럼, 제자는 스승을 따르는 것이 마땅한 법이며, 스승의 말 뒤에 제자의 말이 따르는 것이 마땅한 것이다.

 그러므로 이 구절은 '여우의 머리가 되지 말라'고 가르치고 있는 것이다. 즉 스승에게 먼저 말을 거는 여우의 오만한 행동을 하지 말라는 것이다.

황제에게 반기를 들다

 유대인들이 이방인들 한 가운데에서 살아가던 로마에서, 랍비 마트야는 자신의 공동체 사람들에게 이방인 이웃에게도 먼저 인사하라고 가르쳤으나, 동시에 토라 현자들의 가르침을 따르고 포도밭을 망치는 어린 여우들의 위험한 모임에는 가까이 하지 말라고 책망했다.

랍비 마트야의 마지막 말씀은 "로마 군단의 2인자가 되기보다 갈리아 작은 마을의 1인자가 되리라"는 율리우스 카이사르의 유명한 말에 대한 유대교의 대답이다. 본문에서 랍비 마트야는 높은 자리를 차지함으로써 자아를 충족시키는 것이 아니라, 올바른 공동체에 속하여 자기가 속한 공동체를 제일 중시하는 온전한 성품을 기르는 것이 더 중요하다는 가르침을, 이 반문을 통해 카이사르에게 던지고 있는 것이다. 사람이 이 세상에서 맡은 역할은 자기 자아를 충족시키는 것이 아니라, 자기 성품을 온전하게 하는 것이다(예루샬미 산헤드린[Yerushalmi Sanhedrin] 4:8).

또한 '미련한 자와 사귀면 해를 받느니라'(잠 13:20)는 지혜의 말씀도 잊어서는 안 된다. 결국 여우의 머리는 쇠할 것이며, 우두머리와 지혜가 없이, 토라와 영광 없이 몸통만 남겨지고 말 것이다. 그러나 토라는 지혜로운 자와 동행하는(ibid.) 자를 높일 것이다. 이런 사람은 결국 지혜가 날로 성장하고 다른 사람들로부터 그 지혜가 존경을 받게 될 것이다.

미쉬나 21절 משנה כא

רַבִּי יַעֲקֹב אוֹמֵר,
הָעוֹלָם הַזֶּה דּוֹמֶה לַפְּרוֹזְדוֹר בִּפְנֵי הָעוֹלָם הַבָּא.
הַתְקֵן עַצְמְךָ בַפְּרוֹזְדוֹר, כְּדֵי שֶׁתִּכָּנֵס לַטְּרַקְלִין:

랍비 야아코브는 말한다.
  이 세상은 다가올 세상 앞에 있는 로비(lobby)와 같다.
  너희가 연회장에 들어가도록 로비에서 스스로 준비하라.

미쉬나 21절

랍비 야아코브는 말한다

이 구절의 화자는 짐작컨대 탄나임의 네 번째 세대에 속한 랍비이자 랍반 쉬므온 벤 가말리엘[Rabban Shimon ben Gamliel]의 학당에 속한 현자였던(호라요트[Horayos] 13a), 랍비 메이어(기틴[Gittin] 14b)와 랍비 아키바의 이름으로 할라카를 전한 랍비 야아코브 바르 콜샤이[R' Yaakov bar Korshai]로 보인다.

랍비 야아코브 바르 콜샤이의 제자들 중 걸출한 인물로 알려진 랍비 예후다 하나시([R' Yehudah Hanasi], 예루샬미[Yerushalmi] 10:5, 페사힘[Pesachim] 10:1)는 랍비 야아코브의 가르침 다수를 탈무드의 기록을 통해 전했다(요마[Yoma] 61a, 기틴[Gittin] 14b 등).

랍비 야아코브 바르 콜샤이의 이름 전부는 미쉬나에 기록되지 않았으나 토세프타[Tosefta]에 가끔 등장하고 있다. 이 구절에 기록된 그의 가르침은 '계명의 보상은 이 세상에서 받는 것이 아니다'(키두쉰[Kiddushin] 39b)

라고 전한 (랍비 야아코브 바르 콜샤이와 동일 인물로 보이는)랍비 야아코브의 가르침으로 전해졌다.

랍비 야아코브의 지혜와 의로움은 다음의 일화에서 잘 나타나고 있다. 랍비 메이어[R` Meir]와 랍비 노쏜[R` Nosson]이 마침내 합의하기를 랍반 쉬므온 벤 가말리엘이 더 이상 산헤드린 의장으로 섬길 만한 인물이 아니라고 결정했다. 마침내 그들은 가말리엘에게 우크친(Uktzin, 토호로스의 마지막 장으로 식물의 줄기의 부정함에 대하여 다루고 있다 - 역자 주)에 대하여 논하도록 요구함으로써 그의 할라카 지식을 시험하기로 했다. 랍반 가말리엘이 이 부분에 정통하지 않다는 것은 랍비 메이어와 랍비 노쏜에게도 잘 알려져 있던 바였다. 랍비 야아코브는 이 계획을 듣고 랍반 가말리엘이 부끄러움을 당할까 염려하였으나, 이 계획을 막기 위해 다른 동료들을 비난하는 것도 원치 않았다. 이에 그는 랍비 쉬므온 벤 가발리엘 뒤에 앉아 우크친을 큰 소리로 낭독하여 연습했다. 랍비 야아코브의 이런 행동이 곧 다가올 시험의 신호임을 깨달은 랍비 쉬므온 벤 가말리엘은 스스로 우크친을 공부하였고, 다음날 우크친을 읊으라는 요구를 받자, 이를 실수 없이 완벽하게 해내었다고 한다(호라요트[Horayos] 13b).

이 세상은 다가올 세상 앞에 있는 로비(lobby)와 같다.

본 미쉬나의 구절은 이 세상을 로비로 비유한다. 로비는 좁은 복도로 이루어져 있어 연회장으로 들어가는 입구로서만 기능한다. 우리가 사는 이 세상은 잠시 지나가는 것이요, 우리를 장차 올 세상으로 데려다주는 마차일 뿐인 것이다.

이를 깨닫는다면 두 가지 목표를 얻게 될 것이다. 첫째, 이 세상의 헛됨을 올바르게 깨달아, 큰 방으로 들어가는 입구일 뿐인 로비를 아름답게 꾸미려고 자기의 능력과 부를 투자하는 자는 그저 어리석은 사람들 뿐임을 이해하게 될 것이다. 이런 사람은 영원히 썩어지지 않는 방, 연회장을 아름답게 꾸미는 데에 온 힘을 들인다.

뿐만 아니라 이런 사람은 로비를 꾸미는 데에 신경을 집중하다보면 정작 연회장을 꾸밀 수 없으며, 반대로 로비를 꾸미지 않을수록 연회장은 더욱 아름답게 꾸밀 수 있음을 깨닫게 될 것이다.

이런 점에서 랍비 이스라엘 메이어 카간([R` Israel Meir Kagan], 하페쯔 하임[Chafetz Chaim]이라고도 함)은 어느 부자의 비유를 전하고 있다. 한 부자가 건축가를 고용하여 대저택을 짓도록 했다. 부자는 그에게 연회장과 입구를 크고 아름답게 짓도록 요구했다. 그러나 저택을 지을 땅을 측정하고 난 뒤, 건축가는 연회장과 입구를 모두 크게 짓기에는 자리가 부족하다는 것을 알게 되었다. 그는 부자에게 말했다. "호화로운 연회장이나 잘 꾸며진 입구를 만들어줄 수는 있습니다만, 둘 다 만들 수는 없습니다."

랍비 이쯔하크 아바바넬[R` Yitzchak Abarbanel]은 이 세상을 로비로 여김으로써 얻을 수 있는 유익이 무엇인지 우리에게 전해주고 있다. 그 유익이란 이 세상을 단순히 우리가 거칠 마지막 단계가 아닌, 더 큰 현실로 향하는 관문으로 받아들임으로써 자기 인생의 사건들을 올바른 시각으로 바라볼 수 있게 된다는 것이다.

하페쯔 하임의 집을 방문한 어느 자선가의 이야기가 전해져 내려온다. 자선가 하페쯔 하임의 집을 방문했는데, 집이 가난해서 가구가 부족한 것을 보고 크게 놀라며 랍비에게 이렇게 물었다. "선생님, 당신과 같은 사람이 어찌 가구도 들이지 않고 사십니까?"

그러자 하페쯔 하임이 답하였다. "당신의 가구는 어디에 있습니까?"
"저는 지금 나와 여행 중입니다. 제 집에 오시면 제 가구들을 보실 수 있을 것입니다."
"저도 마찬가지입니다. 저도 지금 이 세상을 여행하는 중입니다. 장차 올 세상에 있는 제 집에 오시면 제 가구들을 보실 수 있을 것입니다."
다윗 왕 역시도 이 세상을 위와 같은 시각에서 바라보았다. "나는 땅에서 나그네가 되었사오니 주의 계명들을 내게 숨기지 마소서"(시 119:19).

로비에서 스스로 준비하라.

이 말씀은 집에서 여행을 준비하는 사람(이 세상)이나 여행 중에 있는 사람(장차 올 세상) 등 다른 비유로 표현될 수도 있었다. 그러나 본 구절의 화자는 이런 비유 대신 이 세상에서의 삶을 연회장 바로 앞에 선 사람으로 비유하고 있다. 즉 우리는 몇 분 후면 열릴, 영원으로 향하는 관문 바로 앞에 선 것처럼 인생을 살아야 한다는 것이다. 그러므로 티페레트 이스라엘[Tiferes Yisrael]은 이 구절을 '연회장에 곧 들어갈 것처럼 대기실에서 스스로 준비하라'고 번역하고 있다.

연회장에 들어가도록

하시드 야베쯔는 이 구절은 연회장에 들어가는 사람에게만 적용되는 말씀이라고 기록했다. 이 세상에서 준비하는 모든 것은 우리가 장차 올 세상에 발을 들이도록 허락될 때에만 의미가 있는 것이다.

연회장 문 앞에서 기다리는 기쁨은 이 땅에서 썩어 없어질 인간의 노력으로는 얻을 수 없는 기쁨이므로, 이 땅의 고난으로 받을 보상보다 더욱 크다. "공의를 심고 인애를 거두라"(호 10:12). 하나님께서는 사랑의 열매로 우리에게 열매를 거두는 축복을 보상으로 내려주신 것이다.

랍비 이스라엘 메이어 카간은 영원하신 왕께서 하나 이상의 연회장을 가지고 계신다고 가르친다. 이 세상에서 성장할수록, 우리는 왕께 더 가까운 연회장으로 들어갈 수 있는 것이다. 즉 하나님께 가장 가까운 연회장으로 들어가도록 스스로를 준비할 수십 년의 시간이 우리에게 주어진 것이다.

연회장의 문은 모두에게 열린 것이 아니다

다수의 주석가들은 "이 세상은 다가올 세상 앞에 있는 로비와 같다"라는 말씀으로 이 구절이 시작하고 있다는 사실을 지적한다. 즉 이 구절은 처음부터 이 세상을 로비로 비유하고 있으나, 장차 올 세상을 연회장으로 비유하고 있지는 않다는 것이다.

우리 모두에게 이 세상은 로비이다. 로비는 결국 무언가를 준비하는 장소이다. 그렇다면 대체 무엇을 준비한다는 것인가? 장차 올 세상은 모두에게 열린 문이 아닌데도 말이다. 사람마다 목적지는 각기 다르며, 그 목적지는 이 세상에서의 삶, 즉 로비에서의 행위로 결정된다. 로비를 통해 갈 수 있는 목적지는 다양하므로, 각 사람마다 가게 될 연회장은 로비에서의 삶에 따라 각기 다르다는 것이다.

이 세상에서도 연회장에 들어갈 수 있다

하시드 야베쯔와 볼로친의 랍비 하임([R` Chaim of Volozhin], 특히 저서 루아흐 하임[Ruach Chaim]에서)은 사람은 '이 세상에서' 그 행실에 따라 에덴동산으로 가거나 게힌놈으로 간다고 설명했다. 사람의 영혼은 죄를 지을 때마다 고통을 받고, 계명을 지킬 때마다 기쁨을 얻는다. 영혼의 감각을 알지 못하도록 막는 것은 오직 육체의 본성뿐이다.

영혼이 육신에서 분리될 때에야 연회장에 들어갈 수 있다고 알고 있다 하더라도, 로비에서 스스로를 준비한 사람은 이미 연회장에 들어간 것이다. 이 말씀이 처음에는 장차 올 세상을 연회장으로 비유하지 않는 이유이다. 이 세상의 로비에서도 연회장에 들어갈 수 있기 때문이다.

이 말씀에서 '올 세상'의 의미는 무엇인가?

이 구절에서 사용된 '올 세상'이라는 단어의 해석에 대하여는 주석가들마다 의견이 분분하다. '올 세상'이란 죽음 후에 영혼이 가게 될 비물리적(nonphysical)인 세계를 뜻하는가? 아니면 영이 살아있음을 육신을 입은 인간들이 깨닫게 될, 심판의 날과 죽은 자의 부활 이후에 찾아올 미래의 세상을 암시하는가?

람밤은 이 구절이 에덴동산과 게힌놈에 있는 영혼의 세계를 말하고 있다고 해석한다. 즉 '물질과 형체가 없고, 천사와 같이 의로운 영이 육신의 옷을 입지 않고 거니는' 세계이다(힐코트 테슈바[Hilchos Teshuvah] ibid. 2).

그러나 라바드와 람반은 (저서 샤아르 하게믈[Shaar Hagemul]에서) 위 주장에 반대하며 '올 세상'은 죽은 자의 부활 이후 이 세상에 찾아올 새로운 세상이라고 주장하고 있다.

우리의 헌신을 위해

이 세상이 장차 올 세상으로 향하는 로비라는 개념은 우리의 헌신에 두 가지 방편으로 도움이 된다. 첫째, 이 세상의 기쁨이 장차 올 세상에서의 기쁨을 잃으면서까지 얻을 만큼 이 세상의 기쁨이 가치가 없다는 것을 앎으로 인생을 살아가는 것이다. 복도에서 누리는 평안은 연회장에서 누릴 만족감에 비할 수 없다. 이 세상은 잠시 머무는 곳임을 마음에 새긴다면 하나님의 전지(全知)하심으로 이 작은 세상이 돌아가고 있으며, 우리의 관심을 끄는 대기실의 화려한 장식들은 모두 그저 터져 없어져버릴 비눗방울과 같이 흘러가 결국 주님께로 모두 모아짐을 깨닫게 되는 것이다.

둘째, 이 세상에서 우리가 할 수 있는 일이 오직 장차 올 세상을 위해 스스로 준비하는 것임을 안다면 우리는 올 세상에서 얻을 보상을 위해 힘을 다하여 노력할 수밖에 없다는 것이다.

이전 구절은 토라의 자리로 스스로 추방되어야 함과 겸손함으로 사자의 꼬리가 되어야 함을 가르쳐주었다. 이 가르침들을 배우며 우리는 하나님을 온전히 섬기고자 하는 사람이 반드시 극복해야만 하는 과제들을 맞닥뜨리고 움츠러 들었을지도 모른다.

그러므로 랍비 야아코브의 이 말씀은 우리로 하여금 뒤따라올 큰 보상을 먼저 바라보고, 그 다음에 이 세상의 어려움들을 보는 지혜를 얻을 수 있도록 위의 가르침들의 뒤에 삽입된 것이다. 진리를 받아들일 때에야 우리는 그토록 원하는 보상을 얻고자 하는 노력을 다할 준비가 되는 것이다.

창세기에서 야곱은 잇사갈을 축복하며 "그는 쉴 곳을 보고 좋게 여기며 토지를 보고 아름답게 여기고 어깨를 내려 짐을 메고 압제 아래에서 섬기리로다"(창 49:15)라는 가르침을 말했다. 큰 보상이 자신을 기다리고 있음을 안다면 기꺼이 자기 어깨를 내려 짐을 멜 준비를 할 수 있을 것이다.

랍비 이쯔하크 아바바넬[R` Yitzchak Abarbanel]은 이 세상을 장차 올 세상을 위해 준비하는 공간으로 봄으로써 얻는 또 다른 유익을 우리에게 알려주고 있다. 이 땅에서의 인생은 그저 끝이 아니라 더 큰 스펙트럼의 일부일 뿐임을 알아야 하며, 이 땅에서 행한 선과 악도 그저 장차 올 세상을 위한 준비에 지나지 않으므로 특별한 것이 아님을 이해하여야 한다는 것이다.

우리가 영원한 집으로 향하는 배에 타기 전에 잠시 길에 머물고 있음을 깨닫고 이를 기억하며 살아갈 때 우리는 인생에서 일어나는 사건들을 올바른 시각으로 평가할 수 있게 된다. 인내와 이해로 눈앞에 닥친 고난을 견디면서도 목표를 향해 전진하기 위하여 기꺼이 짐을 지고 장애물을 옮길 준비를 하게 되는 것이다.

두 가지 비유

부지런한 개미의 비유에서 현자들은 이 세상을 열심히 일하는 계절인 여름으로, 장차 올 세상을 쌓은 것을 풀어 먹고 쉬는 계절인 겨울로 비유하며 다음과 같이 잠언의 구절을 인용했다. "게으른 자여, 개미에게 가서 그가 하는 것을 보고 지혜를 얻으라"(잠 6:6, 드바림 라바[Devarim Rabbah] 5:2).

라베이누 요세프 벤 슈산[Rabbeinu Yosef ben Shushan]은 개미의 노고를 농부의 그것에 비유하고 있다. 매해 겨울이 되면 농부는 밭을 갈고, 씨를 뿌리며, 돌을 치우고 또 울타리를 세운다. 지금의 노고가 여름에는 수확물로 돌아올 것임을 잘 알고 있기 때문이다. 우리도 농부와 같이 이 세상을 올 세상을 받을 준비를 하는 공간으로 여겨야 한다.

현자들은 또 이 세상을 땅으로, 장차 올 세상을 바다로 비유했다. 땅에 있는 한 사람은 여행을 위한 준비물을 모을 수 있다. 그러나 일단 바다로 나가면 자기가 준비한 것으로 버텨야 한다(코헬레트 라바[Koheles Rabbah] 1:15). 더 나아가 라베이누 이쯔하크 벤 랍비 슐로모[Rabbeinu Yitzchak ben R` Shlomo]는 기록하기를 땅에서는 원하는 때 원하는 방향으로 갈 수 있으나 바다에서는 바람과 파도에 자기 길을 의지해야 한다고도 했다.

미쉬나 22절　　　　　　　　משנה כב

הוּא הָיָה אוֹמֵר,
יָפָה שָׁעָה אַחַת בִּתְשׁוּבָה וּמַעֲשִׂים טוֹבִים
בָּעוֹלָם הַזֶּה, מִכָּל חַיֵּי הָעוֹלָם הַבָּא.
וְיָפָה שָׁעָה אַחַת שֶׁל קוֹרַת רוּחַ בָּעוֹלָם הַבָּא, מִכָּל
חַיֵּי הָעוֹלָם הַזֶּה:

[랍비 야아코브] 그는 말하곤 했다.
　다가올 세상의 영원한 삶보다
　이 세상에서 회개하는 한 시간과 선한 행동이 더 좋다.
　그리고 이 세상의 전체 삶보다
　다가올 세상에서
　영적으로 행복한 한 시간이 더 좋다.

미쉬나 22절

**[랍비 야아코브] 그는 말하곤 했다.
다가올 세상의 영원한 삶보다
이 세상에서 회개하는 한 시간과 선한 행동이 더 좋다.**

현자들은 이 구절의 정신을 이으며 말하길 "죽기 전에는 언제나 토라와 함께 하고 계명과 함께 해야 한다. 죽은 후에는 토라도 없고 계명도 없기 때문이다"(샤보트[Shabbos] 30a)라고 했다. 간단히 말해서, 이 세상이 장차 올 세상보다 나은 점이 있다면 바로 삶의 매 순간마다 계명을 실천할 기회를 얻을 수 있으므로 장차 올 세상에서의 보상을 더욱 크게 늘릴 수 있다는 것이다.

그럼에도 불구하고 이 세상은 순전히 장차 올 세상을 얻기 위한 방편일 뿐인 것이 사실이다. 그렇다면 이 구절은 어떻게 방편(이 세상)이 목적(올 세상)보다 더 낫다고 말할 수 있는가? 라쉬바즈[Rashbatz]는 이런 의문을 해소하기 위해 주석가들은 이 말씀을 더욱 자세히 읽을 수밖에 없었으므로, 이 말씀을 '올 세상에서의 삶을 위하여 이 세상에서(ᵇᵐᵐ) 회개와 선행을 하는 한 시간이 기쁘도다'라고 해석했다. 즉 이 세상에서의 한 시간일지라도 장차 올 세상의 축복을 받는 도구가 될 수 있다는 것이다. 그러나 대다수의 주석가들은 해석을 위하여 본문의 번역을 변경하는 시도를 거부하므로, 이 구절을 다음과 같이 해석하고 있다.

이 세상에서는 하루하루 하나님께 더 가까이 다가갈 수 있는 반면, 장차 올 세상의 기쁨으로는 영의 성품을 성장시킬 수 없다. 온전함이란 순전히 이 세상에서 자신의 노력으로 맺는 결실이기 때문이다. 그러므로 장차 올 세상에서 우리를 기다리고 있는 영의 기쁨이 얼마나 크든지, 그 기쁨은 결국 이 세상에서 자기가 헌신한 토라와 자기가 실천한 계명으로 얻은 보상이라는 것이다.

올 세상에서 의인은 '힘을 얻고 더 얻어 나아가는' 것이 마땅한 사실이다(한글성경 시 84:7, 히브리어 성경 시 84:8, 베라호트[Berachos] 64a, 모에드 카탄[Moed Katan] 29a). 즉 에덴동산에 들어가는 자는 계속 일어나고 또 일어난다는 것이다. 그러나 의인이 끝없이 힘을 얻고 또 일어서는 것은 의인 자신의 성취로 인한 것이 아니다. 즉 하나님께서 함께 하시는 것으로 인한 기쁨을 맛보았다 할지라도 아직 흠이 없다고 할 수 없는 것은 자신의 노력으로 일어서는 것이 아니라 하나님께서 은혜로 그를 일으켜주시는 것이기 때문이다. 그러나 이 세상에서의 선한 행동이 뒷받침되지 아니하면 하나님께서 일으켜주시지 않는다는 것을 기억해야 한다.

이에 솔로몬 왕은 "산 개가 죽은 사자보다 낫기 때문이니라"(전 9:4)라고 말했다. 살아있는 사람은 앞으로 나아갈 수 있지만, 죽은 사람은 변할 수 없다.

메이리[Meiri]가 지적하는 대로, 이 말씀은 이 세상에서의 삶이 장차 올 세상의 삶보다 더 낫다고 말하는 것이 아니다. 반대로 이 말씀은 장차 올 세상을 얻을 수 있는 준비의 장소인 '이 세상에서의 회개 한 시간, 선행 한 시간'이 얼마나 중요한지를 강조하고 있다.

하페쯔 하임[Chafetz Chaim]은 이 세상의 삶이 장차 올 세상에서의 삶보다 더 낫다는 것을 표현하기 위하여 비유를 사용했다. 먼 옛날 한 나라의 왕이 두 사람에게 상을 주고자 하여 한 사람은 관리로 임명하고 또 한 사람은 상으로 많은 돈을 주어 집으로 돌려보냈다. 둘 중 누가 더 큰 상을 받은 것인가? 우리의 대답은 첫 번째 사람이어야 한다. 첫 번째 사람은 계속 왕의 곁에 있으며 한 발자국 더 나아갈 기회가 있는 반면, 두 번째 사람은 상으로 돈을 받고 끝이기 때문이다.

이와 같이 이 세상에서 우리는 영적으로 한 걸음 더 전진하여 성숙해질 수 있으나, 장차 올 세상에서는 그럴 기회를 가질 수 없다.

서로 다른 두 세상을 비교하다

미드라쉬 슈무엘은 이 말씀이 서로 너무나 많이 다른 이 세상과 장차 올 세상을 비교하고 있다는 데에 집중하였다. 이에 대하여 그는 앞에서 말한 '올 세상'의 의미에 대한 논쟁을 기초로 두 가지 설명을 제시했다. 위에 기술한 대로 람밤은 '올 세상'이라는 단어가 죽음 후에 영혼이 올라갈 영의 세계를 뜻한다고 했다. 람반은 이에 반대하며 '올 세상'이 죽은 자의 부활 이후 살아있는 사람이 살 세상을 뜻한다고 주장했다.

만일 이 구절에서 말하는 '올 세상'이 에덴동산(죽음 후 영혼이 갈 세상 –

역자 주)을 뜻한다면, 실제로는 두 세상을 비교하는 것은 의미가 없어지며, 이 말씀의 목적은 우리가 낙원의 연회장에 들어가기 전 이 세상의 로비에서 얻을 수 있는 최대한의 것을 얻도록 권면하는 것이 된다. 올 세상에서 누릴 영의 평안을 한 시간이라도 얻기 위하여 이 세상에서의 삶 전체를 선행과 회개로 보내는 것도 그 가치가 있다고 할 수 있다.

그러나 만일 이 구절에서 사용된 '올 세상'이라는 단어가 죽은 자의 부활 이후 올 세상을 뜻한다면, 화자가 이 세상과 장차 올 세상을 비교하는 것이 충분히 이해가 된다.

메시아의 시대는 악한 본성이 더 이상 존재하지도 않는 에덴동산과 같을 것이나(샤보트[Shabbos] 151b), 이 시대에서 보고 느껴지는 실재(實在)의 특징을 공유할 것이므로 사람 역시 자유 의지를 계속 가지게 될 것이다. 이에 현자들은 말하기를 "메시아의 시대는 열방이 정복당하는 것 외에는 이 세상과 별 차이가 없을 것이다"(베라호트[Berachos] 34b)라고 하였다.

그러므로 메시아의 시대에는 영적인 성장이 가능할 것이다. 부활 이후의 삶은 지금 우리의 삶과 다르지 않을 것이나, 지금 우리를 두렵게 하는 문제도 없을 것이며 지금 우리를 괴롭히는 내면의 싸움도 없을 것이다. 만일 그렇다면, 이 세상과 장차 올 세상이라는 두 존재의 차원을 비교하는 것은 합리적이라고 할 수 있다.

지금 우리가 사는 세계와 메시아의 시대 사이의 관계를 다른 방식으로 접근해 볼 수도 있다.

메시아의 시대가 도래한 후에 얻을 수 있는 보상보다 이 세상에서 하나님을 섬기고 악한 본성의 강력한 유혹을 이겨내며 물질세계의 장애물을 극복해냄으로써 얻는 보상이 비교할 수 없을 만큼 더욱 크기 때문에, 우리가 사는 현재 세계가 더 나은 것으로 여겨질 수 있다. 반면 현재 세계에서 하나님을 섬기는 것보다 메시아의 시대가 온 후 하나님을 더욱 깊이 섬길 수 있다.

새로운 접근 방식

일부는 본 구절의 각 절이 다른 관점을 표현하고 있다고 주장한다. 이 말씀의 처음 전반부는 이 세상에 살며 장차 올 세상에서의 삶 전부를 위해 자기 삶의 한 시간이라도 투자하지 않으려는 사람의 관점을 보여주고 있다는 것이며, 나머지 후반부는 이미 물리 세계를 떠나서 장차 올 세상에 들어가는 것이 힘겨울지라도 가치가 있는 일임을 깨달은 사람의 관점을 표현하고 있다는 것이다.

본 구절을 자세히 읽음으로써 이런 해석을 지지하는 것이 가능하다. 처음 전반부에는 '이 세상에서'라는 말이 들어가 있는데, 이는 이 세상에서만 '이 세상이 올 세상보다 더 낫다'는 것을 깨달을 수 있다는 것을 나타낸다.

본 구절이 어떻게 서로 다른 두 가지 존재 상태를 비교하는지를 이런 해석을 통해 설명할 수도 있다. 이 말씀은 어느 하나가 더 좋다, 혹은 더 나쁘다를 두고 논쟁하고 있는 것이 아니라 오히려 두 가지 다른 관점에서 두 가지 세계를 어떻게 바라볼 수 있는지를 설명하고 있다는 것이다.

또한 이 구절의 전반부는 하나님의 관점을, 후반부는 인간의 관점을 보여주고 있다고 설명할 수도 있을 것이다.

하나님께선 선하신 분이시며 선을 내려주시기를 원하시는 분이므로, 주님께서는 이 세상에서 한 시간이라도 회개와 선행을 실천하는 것을 기뻐하신다. 그러나 이 세상에서의 고생보다 장차 올 세상의 보상을 먼저 바라보는 것이 사람의 본성이다.

어떤 주석가들은 이 구절이 존재의 단계별로 얻을 수 있는 영적인 기쁨에 대해 말하고 있다고 주장한다. 소수의 사람들이 장차 올 세상에서 맛볼 기쁨보다 더 큰 영의 기쁨을 장차 올 세상에서 누리며, 이런 사람들은 이 세상에서 영적 성장의 기회와 기쁨을 동시에 누리므로 장차 올 세상보다 이 세상이 더 귀하다는 것을 깨닫게 된다.

야로트 데바쉬([Yaaros Devash], Part One, Essay 12)에서 랍비 여호나단 에이베슈쯔[R' Yehonasan Eibeschutz]는 마음을 다하고 영을 다하고 힘을 다하여 하나님을 진정으로 사랑하는 사람들에 대하여 말하고 있다. 그 누구도 따라갈 수 없는 큰 사랑이 있다. 만일 사람이 이 세상에서 가장 사랑하는 친구를 기쁘게 한다면, 이 세상에서 그보다 더 큰 기쁨은 찾을 수 없을 것이다. 혼자서 맛볼 수 있는 기쁨도 친구의 기쁨으로 인해 얻는 만족감에 비교하면 그저 꺼져가는 등불과 같이 약할 뿐이다. 이와 마찬가지로 왕을 섬기는 종들은 왕을 대신하여 기꺼이 불 위를 걷고 물을 건넌다. 그게 자기 목숨을 바쳐야 하는 일일지라도 말이다.

하나님을 향한 인간의 사랑이 이처럼 육신의 정욕과 자만에 둘러싸여서도 온전하고 순전하다면, 이보다 더 큰 사랑이 어디 있겠는가 "다가올 세상의 영원한 삶보다 이 세상에서 회개하는 한 시간과 선한 행동이 더 좋다"라는 말은 이런 사람을 위한 것이다. 오직 이 실천의 세계에서만 계명을 실천하여 주님의 뜻을 따르므로 하나님을 기쁘시게 할 수 있는 것이다. 장차 다가올 세상은 귀하다. 그러나 결국 보상의 세계일 뿐이다. 그 보상의 세계에서는 단 하나의 계명이라도 실천할 수 없다.

그렇다면 하나님을 진정으로 사랑하는 사람은 이 세상에서 선행을 실천하고 또 회개함으로 얻는 영의 평안을 장차 다가올 세상에서 누릴 보상보다 더 좋아한다고 말할 수 있는 것이다.

이러한 면에서 다윗 왕은 간구하기를 "주의 종을 후대하여 살게 하소서 그리하시면 주의 말씀을 지키리이다"(시 119:17)라고 한 것이다. 다윗은 이 세상에서 살며 하나님의 뜻을 계속 따를 수 있기를 원하였다(볼로진의 랍비 하임[R` Chaim of Volozhin], 루아흐 하임[Ruach Chaim]에서). 역사상 가장 위대한 유대인들이 단 하나의 계명을 실천하고 하나님의 뜻을 따르기 위해, 장차 다가올 세상을 위해 자기 재산을 기꺼이 팔아버린 것도 바로 이러한 이유이다.

그러나 평범한 사람들에게 있어 다가올 세상에서 누릴 기쁨은 이 세상에서 찾을 수 있는 그 어떤 기쁨보다도 더욱 크다.

미쉬나 23절 משנה כג

רַבִּי שִׁמְעוֹן בֶּן אֶלְעָזָר אוֹמֵר,
אַל תְּרַצֶּה אֶת חֲבֵרְךָ בִּשְׁעַת כַּעֲסוֹ,
וְאַל תְּנַחֲמֶנּוּ בְּשָׁעָה שֶׁמֵּתוֹ מֻטָּל לְפָנָיו,
וְאַל תִּשְׁאַל לוֹ בִּשְׁעַת נִדְרוֹ,
וְאַל תִּשְׁתַּדֵּל לִרְאוֹתוֹ בִּשְׁעַת קַלְקָלָתוֹ:

랍비 쉬므온 벤 엘아자르는 말한다.
 너희 동료가 화가 났을 때, 그를 달래지 말라.
 그 앞에 그의 죽은 자가 놓여 있는 동안에는 그를 위로하지 말라.
 그가 맹세를 한 그때에 그에게 맹세에 대해서 질문하지 말라.
 그리고 그의 지위가 격하될 때에 그를 보려고 시도하지 말라.

미쉬나 23절

랍비 쉬므온 벤 엘아자르는 말한다.

탄나임의 다섯 번째 세대 사람인 랍비 쉬므온 벤 엘아자르[R' Shimon ben Elazar]는 랍비 메이어[R' Meir]의 제자 중 뛰어난 자였으며(훌린[Chullin] 6a) 수년간 스승을 섬기며 스승이 이스라엘 땅에서 추방되었을 때에도 그와 동행했고(예루샬미 모에드 카탄[Yerushalmi Moed katan] 3:1), 스승을 대신해서 다양한 역할을 수행했다(토세프타[Tosefta] 및 바라이사트[Baraisas]의 구절 다수 참고). 실제로 그는 스승인 랍비 메이어와 매우 친했으므로 그의 삶을 세세히 알았다고 하며(샤보트[Shabbos] 134a, 에이루빈[Eiruvin] 29a 등), 심지어 랍비 쉬므온은 "손에 랍비 메이어의 지팡이를 들고 있으며, 그 지팡이가 그를 가르친다"는 수사적 표현까지 기록되었다(예루샬미[Yerushalmi] ibid.).

랍비 예후다 하나시는 랍비 쉬므온의 친구였으나, 랍비 쉬므온은 랍비 예후다보다 더 오래 살았으며, 노년에는 두 번째와 세 번째 아모라임 시대에까지 생존했다. 그러므로 이스라엘 땅에 살던 아모라인 랍비 사무엘 바르 나흐마니[R` Shmuel bar Nachmani] 역시 랍비 쉬므온 벤 엘아자르의 가르침을 들을 수 있었다(베레이쉬트 라바[Bereishis Rabbah] 9:5).

랍비 쉬므온 벤 엘아자르의 이름은 미쉬나에 다수 언급되고 있으며, 토세프타[Tosefta]와 바라이사트[Baraisas]에서 더 자주 나타난다. 그는 설교와 아가다에 정통하였던 것으로 알려져 있다. 이 구절에서 그의 가르침의 주제는 다수가 사람 간의 올바른 관계이다.

이런 경향은 그의 개인적 경험의 결과일 수 있다. 언젠가 랍비 쉬므온이 한 나그네를 모욕한 일이 있었다. 잘못을 깨달은 그는 3 밀린(milin, 약 3 킬로미터)을 달려 그 나그네를 쫓아가 용서를 구하였으나, 결국 용서를 받지는 못했다(이 이야기에 대한 자세한 내용은 아보트 데랍비 노쏜[Avos DeRabbi Nosson], 41:1을 참고하라. 타니트[Taanis] 20a에 다른 탄나를 주인공으로 한 비슷한 이야기가 기록되어 있다. 라쉬와 토사포트는 그가 모욕한 나그네가 사실은 엘리야였으며, 남에게 말할 때에 조심해야 함을 알려주기 위하여 그가 욕을 하도록 유도하였다고 주석을 남겼다).

너희 동료가 화가 났을 때 그를 달래려 하지 말라.

라베이누 요세프는 이 금언에 대해 화가 나 있는 상대방을 달래려 하는 것은 맹렬한 불길에 물을 몇 방울 떨어뜨리는 일, 심지어 기름을 부어 버리는 일이므로 역효과가 나고 만다고 설명했다.

또한 미드라쉬 슈무엘은 화난 사람은 경솔히 자기를 진정시키려는 사람을 때리려 할 것이므로, 화가 난 상대를 달래려는 사람은 오히려 맹인의 발 앞에 걸릴 것을 놓는 격이 된다고 말했다.

분노에 휩싸인 사람을 달래려다가 오히려 화만 더 돋우게 된다는 교훈을 성경의 이야기를 통해 배울 수 있다. 다윗이 아버지의 화를 피하여 도망칠 수 있도록 도와준 요나단에게 사울이 꾸짖었다. 요나단은 아버지 사울에게 "그가 죽을 일이 무엇이니이까 무엇을 행하였나이까?"라며 이유를 설명하려 하였다. 그러자 사울은 자기 아들을 향하여 창을 뽑아들었다(삼상 20:33).

마지막으로 레브 아보트[Lev Avos]는 화난 사람은 이성을 찾을 수 없으므로, 이 구절을 '화난 사람의 뜻을 따르지 말라.'라고 번역하였다.

그 앞에 그의 죽은 자가 놓여 있는 동안에는 그를 위로하지 말라.

사람의 시신이 앞에 놓여있을 때에는 그 어떤 위로도 슬픔을 더욱 키울 뿐이다. 솔로몬 왕은 "마음이 상한 자에게 노래하는 것은 추운 날에 옷을 벗음 같고 소다 위에 식초를 부음 같으리라"(잠 25:20)라고 말했다.

라베이누 요나는 슬픔 중에 있는 사람을 위로하려는 그 어떤 시도도 하나님과 사람을 모두 화나게 할 여지가 있다고 말했다. 랍비 쉬므온 벤 요하이는 병자를 돌보는 사람이었으므로, 그날도 위장병을 앓는 한 사람의 병문안을 가게 되었다. 그러나 그 사람은 하나님을 모독하는 사람이었다.

쉬므온은 그를 꾸짖었다. "화가 있을 것이오! 하나님께 지금 당장 자비를 구해도 모를 판에 오히려 불경한 말을 하고 있으니!" 그러나 그 사람은 도리어 랍비 쉬므온에게 침을 뱉으며 말하였다. "하나님더러 날 치료해보라 하시오. 그럼 당신 앞에 머리를 조아리겠소!"

그러자 랍비 쉬므온은 "내가 토라를 항상 곁에 두어 공부하고도 이를 헛된 것에 사용하니, 하나님께서 저 사람에게 내가 모욕을 당하게 하셨구나!"(아보트 데랍비 노쏜[Avos DeRabbi Nosson] 41:1)라고 외쳤다.

랍비 야아코브 엠덴[R` Yaakov Emden, yaavetz]은 랍비 쉬므온은 자기 말에 상대방이 분노 섞인 반응을 하는 것을 보고, 그의 잘못을 바로잡으려 한 것이 실수였음을 깨닫게 되었다고 말했다. 고통을 당하는 사람에게 필요한 것은 고통의 이유에 대한 이해가 아니라 공감과 연민이다.

레브 아보트[Lev Avos]는 이 가르침을 슬픔이 닥친 자에게 도움이 되는 말을 전하거나 위로하기 보다는 슬픈 대로 내버려 두라는 권면으로 이해하고 있다. 슬픔은 자기 행실을 되돌아보도록 사람을 깨우는 기폭제가 되기 때문이다. 슬픔에 잠긴 자에게는 시신 앞에서 통곡할 기회를 주어야 하는 것이다.

모든 것의 시공간

이 구절에서는 적절한 때에 실천하지 않으면 전혀 뜻밖의 결과를 만드는 네 가지 선행(혹은 도움이 되는 일)을 우리에게 제시하고 있다.

이 말씀이 전해주는 가르침은 우리의 성품을 기르는 것과는 관련이 없다. 우리의 의무나 내적 본질에 대한 새로운 관점을 제시하는 말씀도 아니다. 그보다 이 말씀은 대처하기 어려운 상황에서 어떻게 대처해야 하는지에 대해 우리에게 가르쳐주고 있다. 람밤의 말을 빌리면, 이 구절은 '올바른 인간관계에 대한 도덕적 문제'를 말하고 있는 것이다.

마찬가지로 라베이누 요세프 벤 슈산은 '이 말씀은 왕의 칙령과 같은 것이 아니다'라고 기록했다. 즉 이 가르침은 하나님을 섬기는 방법에 대해 논하는 것이 아니라, 올바른 조언을 베푸는 방식에 대해 말하고 있다는 것이다. 그는 이어 "이 구절이 여기에 있는 특별한 이유를 전혀 발견하지 못하였다"라고 말한다.

그러나 아바바넬은 이런 의견에 반대하며 이 구절이 여기에 삽입된 이유 두 가지를 제시하였다. 먼저 이 세상에서의 회개와 선행의 시간이 얼마나 중요한지를 가르치는 이전 구절에 이어, 이 말씀은 아무리 칭찬할 만한 일이라도 언제 어디서든 해도 된다는 것은 아니라는 견해를 제시하며 이전 구절을 보완하고 있다는 것이다.

이 구절은 이전 구절의 가르침으로 인해 발생할 수 있는 실수를 막고 이를 바로잡기 위해 이 위치에 삽입되었다는 것이다. 누군가는 위의 말씀을 통해 올 세상에서의 한 시간이 얼마나 위대한지를 배운 후 사랑하는 사람을 떠나보낸 사람에게 '그가 지금 더 좋은 곳에 있다'며 위로의 말을 건넬지도 모른다. 그러므로 랍비 쉬므온은 진리의 말이라 하더라도 잘못된 때에 전해지면 고통을 더욱 일으킬 뿐이라고 우리에게 경고하고 있는 것이다. 우리는 "현자라면 제대로 준비되지 아니한 것은 그 무엇도 베풀지 말아야 한다"고 배웠다(페사힘[Pesachim] 9a). 토라 학자는 남에게 상처를 줄 수 있는 것이라면 한 마디도 입 밖으로 내지 말아야 한다는 것이다.

그가 맹세를 한 그때에 그에게 맹세에 대해서 질문하지 말라.

감정적인 순간이 오면 사람은 맹세의 결과를 심각하게 고민하지 않고 쉽게 맹세를 하는 경향이 있다. 그것이 바로 현자들이 허투루 맹세하는 것을 강하게 금하고 있는 이유이며, 토라에서 맹세를 폐지하는 원리를 우리에게 전해주는 이유이다.

맹세의 순간에 갑자기 다가가 회의적인 의견을 전하는 것은 설령 그 말이 합리적이라 할지라도 상대방에게 전혀 도움이 되지 않는다. 오히려 상대방이 더욱 큰 것으로 맹세를 하도록 유도할 수 있으며, 이로써 맹세의 취소가 더 어려워질 수도 있다.

미드라쉬 슈무엘은 라베이누 에브라임[Rabbeiunu Efraim]을 인용하여 말한 '맹세를 하는 동안에는 의심하지 말라'는 이 가르침은 자기 이웃이 자신의 소유물로 이득을 얻으려는 것을 막는 사람에게 전하는 가르침이라고 했다. 이 이웃은 맹세를 하려는 상대방에게 즉시 자기 맹세를 취소하라고 요구해서는 안 된다. 그 자리에서 바로 맹세를 취소하라고 한다면, 상대방은 분명히 분노할 것이며, 이로 인해 놀란 나머지 그를 달래려 한다면 분노한 상대방은 오히려 자신의 감정이 얼마나 격렬한지를 표현하기 위해 더욱 큰 것으로 맹세를 할 것이다.

라베이누 이쯔하크 벤 랍비 슐로모[Rabbeinu Yitzchak ben R`Shlomo]는 주석하기를 이 구절은 상대의 부주의한 맹세가 취소되기를 원하는 사람에게 적용되는 가르침이라고 했다. 맹세를 취소하기 위해서는 자기가 한 일을 후회하지 않도록, 맹세를 한 사람과 직접 상의하지 말아야 한다.

반면 라쉬는 이 구절의 가르침이 방금 맹세를 한 사람에게 다가가 긍정적인 의견을 건네거나, 그 맹세가 이루어질 것이라고 말하지 말라는 권면이라고 했다. 이런 말은 당사자에게 압력이 되어 자기 맹세를 후회하게 만들 것이기 때문이다.

마찬가지로 미드라쉬 슈무엘은 말하기를, 누군가가 자기 소유의 일부를 기부하겠다고 서약했을 때 그 기부를 받는 모금인이 기부자에게 더 많은 기부를 하도록 요구해서는 안 된다고 하였다. 그 요구를 거절할 여지가 클 뿐만 아니라 기부자가 원래 서약한 것까지 철회할 수도 있기 때문이다.

그의 지위가 격하될 때에 그를 보려고 시도하지 말라.

자기의 약한 모습을 드러내고 싶어 하는 사람은 없다. 누군가가 부적절한 행동을 하는 데 그 자리에 반드시 있어야만 한다면, 속히 그 자리를 피하여 상대방이 수치를 모면하도록 해야 한다. 또 미드라쉬 슈무엘은 말하기를, 부적절한 행동을 하는데 누군가 그 광경을 본 것을 알아차렸다면 당사자는 다른 사람들이 그 일을 물고 늘어질 것 뿐만 아니라 자기가 고통 받는 것을 보고 기뻐할 것이라고 짐작할 것이므로 그 마음에 증오를 불러일으킨다 했다.

아담과 하와가 죄를 지었을 때 하나님께서 그 현장에 바로 나타나지 않으시고 그들이 나뭇잎 옷을 지어 입을 시간을 주신 이유가 이와 같다.

아보트 알 바님([Avos al Banim], 리쿠테이 바사르 리쿠테이[Likutei Basar

Likutei]에서 인용됨)은 '그를 보려고 시도하지 말라'는 표현에 집중하고 있다. 어려움을 겪는 사람들이 종종 도움의 손길과 연민을 감사히 받아들이곤 한다. 그러나 상대방이 어려운 상황에 있어도 이를 사람들에게 숨기고 있다면, 그리하여 상대를 자세히 살피고 나서야 어려운 상황 중에 있음을 알 수 있다면, 이는 그가 도움을 원치 않는다는 표시이다. 그러므로 이 구절은 상대방이 어려운 일을 겪는 것을 쉽게 알아차릴 수 없거든 쳐다보거나 도와주려고 굳이 나서지 말라고 가르치고 있는 것이다.

미쉬나 24절　　　　　　　　　　משנה כד

שְׁמוּאֵל הַקָּטָן אוֹמֵר,
(משלי כד:יז-יח) בִּנְפֹל אוֹיִבְךָ אַל תִּשְׂמָח
וּבִכָּשְׁלוֹ אַל יָגֵל לִבֶּךָ, פֶּן יִרְאֶה יְיָ וְרַע
בְּעֵינָיו וְהֵשִׁיב מֵעָלָיו אַפּוֹ:

슈무엘 하카탄은 말한다.
'네 원수가 넘어질 때에 즐거워하지 말며
그가 엎드러질 때에 마음에 기뻐하지 말며
여호와께서 이것을 보시고 기뻐 아니하사
그 진노를 그에게서 옮기실까 두려우니라'(잠 24:17-18).

미쉬나 24절

슈무엘 하카탄은 말한다.

슈무엘 하카탄은 성전 파괴 이후 첫 번째 세대 사람으로, 야브네(Yavneh, 학당 - 역자 주)에서 제자들을 가르치던 현자들 중 한 명이었다. 하나님께 유대인의 대적자들을 무너뜨리시기를 간구하는 기도문을 제안했고, 이 기도문은 슈모네 에스레이[Shemoneh Esrei]에 포함되었다(애석하게도 그의 가르침들 중에서는 아가다에 관한 가르침만 남아있다. 그가 남긴 가르침은 적으나, 놀라운 겸손과 의로움으로 그는 당대에 큰 칭송을 받았다).

슈무엘은 '겸손'(문자 그대로의 의미는 '작은')이라는 뜻의 '하카탄'이라는 이명을 얻었는데, 여기에는 두 가지 이유가 있다(예루샬미 쏘타[Yerushalmi Sotah] 9:13).

첫 번째 이유는 바로 랍반 가말리엘이 방에 일곱 현자를 불러 윤년을 계산하고자 할 때 슈무엘이 취했던 행동 때문이다. 가말리엘은 일곱 명을 불렀으나 여덟 명의 현자들이 도착하자(그 중 한 명은 슈무엘이었다), 허락 없이 맘대로 온 한 명이 누구인지를 물었다. 이 때 슈무엘이 "바로 저입니다. 윤년을 계산하기 위해서 온 것이 아니라, 사실 할라카를 배우기 위해 이 자리에 왔습니다"라고 고백했다

랍반 가말리엘은 "자리에 앉으시오. 당신은 충분히 윤년을 계산하기에 마땅한 사람이지만, 규칙 상 이 자리에는 미리 정해진 사람만 올 수 있습니다"라고 말했다.

사실 슈무엘은 가말리엘의 허락을 받은 사람이었다. 그러나 슈무엘 하카탄은 허락 없이 자리에 참석한 사람이 부끄러움을 당하지 않게 하고자 그리 하였던 것이다(산헤드린[Sanhedrin] 11a).

그가 '하카탄'이라고 불리게 된 두 번째 이유는 그가 모세와 아론과 비견되는 선지자 사무엘보다 뒤떨어지는 것이 거의 없었기 때문이다. "그의 제사장들 중에는 모세와 아론이 있고 그의 이름을 부르는 자들 중에는 사무엘이 있도다…(시 99:6)."

라쉬바쯔는 미드라쉬를 인용하며 슈무엘 하카탄과 선지자 사무엘의 공통점을 알려주고 있다. 사무엘과 슈무엘은 모두 솔로몬, 라브[Rav]의 동료인 아모라 슈무엘과 함께 52세의 나이로 세상을 떠난 위대한 현자들 중 한 명이다.

슈무엘 하카탄은 지극히 높은 사람이었으므로, 야브네에서 현자들이 모였을 때에 하늘나라에서는 선포하기를 "여기에 이 세대 중 유일하게 하나님의 임재를 받아들일 만한 사람이 있도다"라고 했는데, 이 때

모든 현자들이 눈을 돌려 슈무엘 하카탄을 바라보았다고 한다(산헤드린 [Sanhedrin] ibid.).

슈무엘 하카탄은 선지자의 수준에까지 이르렀으며(ibid.), 임종을 맞이할 때에는 로마인들에 의해 잔인하게 죽임을 당한 열 명의 선지자들과 라반 쉬므온 벤 가말리엘, 랍비 이스마엘의 마지막을 포함하여 그 세대에 떨어질 비극들을 미리 보았다고 한다.

슈무엘 하카탄은 세상을 떠날 때에 "슬프도다, 경건한 사람이여, 슬프도다, 겸손한 사람이여, 힐렐의 제자여!"라는 애도로 칭송을 받았다고 전한다(산헤드린[Sanhedrin] ibid.). 사망 후 슈무엘 하카탄의 열쇠와 책이 그의 상여 위에 놓였는데, 이는 그가 자기 뒤를 이을 아들이 없었기 때문이었다.

랍반 가말리엘과 랍비 엘아자르 벤 아자리아는 그를 칭송하며 이르기를 "이로 우는 것이 마땅하도다! 이로 울부짖음이 마땅하도다! 왕들도 죽을 때에 그 아들에게 왕관을 물려주거늘, 부자도 죽을 때에 그 아들에게 재산을 물려주거늘, 슈무엘 하카탄은 세상의 모든 보물을 들고 하늘나라로 가는구나"(세마코트[Semachos] 1).

**네 원수가 넘어질 때에 즐거워하지 말며,
그가 엎드러질 때에 마음에 기뻐하지 말라.**

슈무엘 하카탄은 다른 사람의 고통을 즐거워하지 말고 복수를 하지 말라고 훈계할 때에, 이 가르침의 토대가 되는 말씀을 종종 인용하곤 하였다(람밤과 라베이누 요나[Rambam and Rabbeinu Yonah]).

그러나 자기 대적이 쓰러진 것을 기뻐했다고 하여 굳이 징벌을 받아야 할 이유가 있는가? 말씀은 분명히 죄인이 미움을 받아도 된다고 말하고 있으므로, 이런 의문은 송곳처럼 이 가르침의 정곡을 찌르고 있다. 하나님께서 그 죄에 따라 값을 내리셔서, 주님의 이름이 영광을 얻고 주님의 정의가 온 세상에 실천되는 것을 보고 우리가 기뻐하지 말아야 할 이유가 있다는 것인가?

라쉬바쯔는 마겐 아보트[magen Avos]에서 "거룩하신 주님은 악인이 넘어져도 즐거워하지 않으신다"(메길라[Megillah] 10b)라고 설명했다. 바로 홍해가 갈라지던 밤에 하나님께서 천사들에게 "내 손으로 빚은 자들이 바다에서 죽고 있으나, 너희들은 노래할지니라"(메길라[Megillah] ibid.)라고 말씀하신 이유가 이와 같다.

의인일지라도 "타인이 징벌을 받게 만든다면 거룩하신 주님의 심판대에 이르지 못할 것이다"(빌나 가온의 이븐 쉬레이마[Vilna Gaon의 Even Shleimah], 샤보트[Shabbos] 149b).

의인이라면 악인이 마음을 바꾸도록 최선을 다해야 하며, 악인이 자기 행위로 인해 징벌을 받지 않도록 기도하여 하나님께서 마음 아파하시지 않도록 해야 한다. 악인을 위해 기도하지 않는 자는 악인과 함께 징계를 받을 것이다.

악인의 멸망을 기뻐하다

그러나 '의인이 형통하면 성읍이 즐거워하고 악인이 패망하면 기쁨의 치느니라'(잠 11:10)와 같이 완전히 다른 정서를 표현하는 말씀들과 이 가르침은 어떻게 조화를 이룰 수 있는가?

위 의문에 대한 대답으로 우리는 기쁨에도 여러 종류가 있음을 들 수 있을 것이다. 다른 사람을 희생하여 얻는 기쁨이 있는데, 이런 종류의 기쁨에 대하여 솔로몬은 "알고 보니…(중략) 즐거움은 '미친 것'이다"(전 2:2)라고 했다. 이런 승리주의는 순전히 자아의 표현이며 남의 슬픔을 공감하지 못한다는 것을 스스로 나타내는 것이다. 이런 기쁨 뒤에는 하나님의 슬픔이 숨어 있다.

그러나 다른 종류의 기쁨도 있다. 바로 대적의 멸망에 관심이 없으며, 복수를 원하지 않는 자가 누리는 기쁨이다. 이런 사람은 적이 무너지는 것을 보아도, 그저 하늘나라의 영광이 나타나는 것을 보며 기뻐할 뿐이다. 이런 사람에게 개인적으로 적대하는 대적은 없다.

다윗 왕은 "주를 미워하는 자들을 미워하지 아니하오며…."(시 139:21)라고 말했다. '자기 자신의 대적'이 아니라 '주님의 대적'에 대해 말하고 있다는 것을 주목해야 한다.

유대인의 적은 바로 하나님의 대적이다. 이는 우리가 대적들의 멸망을 바라는 이유이다. 하나님의 대적이 무너질 때, 우리는 복수가 성공했다는 통쾌함에 웃는 것이 아니라 온 이스라엘을 대신하여, 또 그 창조주이신 주님을 대신하여 웃는 것이다.

여호와께서 이것을 보시고 기뻐하지 아니하사, 그 진노를 그에게서 옮기실까 두려우니라.

이 구절이 "여호와께서 이것을 보시고…옮기실까 두려우니라"는 잠정적 표현을 사용하고 있는 이유는 무엇인가? 하나님께서 보지 못하시는 것이 있기라도 하다는 말인가? 전혀 아니다. 하나님께서는 우리가 언제 어디서 잘못을 하든지 언제나 보고 계신다.

하시드 야베쯔는 이것이 징계의 수준에 대한 것이지, 우리가 잘못된 기쁨을 마음껏 채우는 것을 징계하시느냐 넘어가시느냐에 대한 문제가 아니라고 설명했다.

미드라쉬 슈무엘은 더 나아가 순전히 악하기만 한 악인의 넘어짐은 우리가 마땅히 기뻐할 수 있다고 주장했다. 그러나 상대방이 순전히 악하기만 한 사람인지를 알 방법이 없으므로, 악인으로 '보이는' 사람이 쓰러지고 멸망했을 때에 이를 기뻐하는 것이 칭찬할 만한 일인지 알 수도 없다고 했다.

또한 대적이 넘어지는 것을 보고 기뻐할 때에, 우리의 기쁨에는 단 한 줌의 개인적인 감정도 포함하고 있지 않음을 먼저 분명히 해야 할 것이다. "네 대적이 넘어질 때에 기뻐하지 말라." 다른 사람이 쓰러졌다는 소식을 듣고 주관적인 감정을 느낄 때에는 먼저 그 감정을 일으키는 자신의 개인적인 동기가 무엇인지 의심하고, 그 기쁨을 억누르고자 노력해야 할 것이다(티페레트 이스라엘[Tiferes Yisrael]).

미쉬나 25절   משנה כה

אֱלִישָׁע בֶּן אֲבוּיָה אוֹמֵר,
הַלּוֹמֵד יֶלֶד לְמָה הוּא דוֹמֶה, לִדְיוֹ כְתוּבָה
עַל נְיָר חָדָשׁ.
וְהַלּוֹמֵד זָקֵן לְמָה הוּא דוֹמֶה, לִדְיוֹ כְתוּבָה עַל נְיָר
מָחוּק.

엘리사 벤 아부야는 말한다.
 어린아이같이 토라를 연구하는 사람은 무엇으로 비유할 수 있는가?
 새로 만들어진 종이에 쓰인 잉크와 같다.
 그리고 늙은이같이 토라를 연구하는 사람은
무엇으로 비유할 수 있는가?
 더럽혀진 종이에 쓰인 잉크와 같다.

미쉬나 25절

엘리사 벤 아부야는 말한다.

엘리사 벤 아부야는 토라의 정점에 도달했다가 토라에 등을 돌린 유일한 현자이다(이런 설명에 걸맞을 만한 사람이 한 명 더 있는데, 바로 므나헴[Menachem]인데, 므나헴이 변절했다는 명확한 증거는 부족하다. 하기가[Chagigah] 16b를 참고하라).

엘리사는 토라의 길에서 벗어나 지난 날 토라를 함께 배웠던 동료들을 모욕하였을 뿐만 아니라 그들을 박해하는 일도 서슴지 않았다. 그는 악했고 또 '악인의 이름은 썩게 되느니라'(잠 10:7)라는 잠언의 말씀에 맞는 사람이었기 때문에, 그의 이름은 보통 미쉬나와 바라이사트에 기록되지 않았다. 대신 그는 '아헤르'[Acher]라고 지칭되는데, 이는 '다른 자'라는 뜻으로, 인용하고 있는 사람이 변절하기 전에는 현자였음을 나타내고 있는 것이다. 영적인 관점에서 미쉬나에 화자로 나타나는 아헤르는 변절한 후의 엘리사와는 다른 주체라고 할 수 있다.

그렇다면 이 구절은 왜 그를 아헤르가 아닌 '엘리사'라고 부르고 있는가?

라쉬바쯔는 마겐 아보트[Magen Avos]에서 말하기를 이 미쉬나 구절은 엘리사가 배교하기 전, 토라를 배우는 자들의 지식의 기초 중 일부였기 때문에, 주어진 텍스트를 왜곡하지 않도록 그의 이름을 그대로 사용했다고 한다.

멜레케트 슐로모[M'leches Shlomo]는 이와 다른 견해를 제시하고 있다. 현자들은 전하기를, 어느 안식일 날 랍비 메이어가 티베리아스의 유대인 공동체와 대화를 나누고 있었다. 그때 아헤르가 집 앞에 막 도착했고, 랍비 메이어는 스스로를 변호하며 나가서 그를 맞이하였다. 그때 아헤르는 말을 타고 있었다(랍비는 안식일에 말을 타서는 안 된다). 그러나 랍비 메이어는 말을 탄 그의 뒤를 따라가며 토라를 배우려 했다. 자기를 따라오는 메이어를 가만히 지켜보던 아헤르가 입을 열었다. "메이어, 집으로 돌아가시오. 지금 말이 얼마나 걸었는지를 세었는데, 안식일에 허용되는 걸음 수를 다 채웠소." 멜레케트 슐로모는 이때 엘리사가 랍비 메이어로 하여금 죄를 짓지 못하도록 지켜주었으므로, 그 보상으로 이 구절에 그의 이름이 온전히 기록된 것이라고 말한다.

아헤르, 밑동을 베다

엘리사 벤 아브야는 탄나임의 세 번째 세대 사람으로, 랍비 아키바 만이 온전히 들어갔던 신비(파르데트[Pardes], 토라 해석의 핵심을 뜻한다 – 역자주), 혹은 실낙원에 들어갔던 네 현자들 중 한 명이다. 랍비 벤 아자리아가 죽자, 벤 조마는 그만 이성을 잃고 말았으며 아헤르는 이때 배교했다. 현자들은 이를 비유하여 그가 "밑동을 베었다"고 말한다.

이 격언은 보통 그가 토라와의 연결을 스스로 끊어버렸음을 표현하는 것으로 해석된다. 그러나 현자들은 이 격언이 그가 '밑동', 즉 능히 학자가 될 만한 젊은이들이 토라를 배우지 못하도록 꺾어버리려 하였다는 것을 나타낸다는 의미로도 해석된다고 했다. "아이가 없으면 염소도 없다"(토라의 미래는 젊은이들에게 달렸다)는 것을 알고 있었으면서도 말이다. 그는 학생들에게 "왜 여기서 시간 낭비나 하고 있느냐? 너희 젊은이들은 건축가가 되어야 하고, 목수가 되어야 하며..."라고 말했다 한다(예루샬미 하기가[Yerushalmi Chagigah] ibid.).

혹자는 이르기를 그가 학생들에게 토라를 배울 능력이 부족하다는 인식을 심어주기 위해 그런 말을 했다고도 했으며, 또 다른 이들은 이르기를 그가 학생들로 하여금 실용적인 것들을 배우는 데에 시간을 들이도록 설득하기 위하여 그렇게 말했다고도 했다.

엘리사는 비단 학생들뿐 아니라 현자들에게도 그 적대감을 숨기지 않았다. 언젠가 로마인들이 안식일을 지키는 것을 금지한 일이 있었는데, 이에 유대인들은 짝을 지어 안식일에 금지된 일을 했다. 랍비에게는 이일이 안식일을 어기는 것이었으나, 랍비가 아닌 사람들에게는 안식일에도 허락된 것이었다. 이 소식을 들은 엘리사는 이를 로마 정부에 보고했으며(예루샬미[Yerushalmi] ibid.), 현자들의 말에 따르면 그는 심지어 현자들을 죽이기까지 했다고 한다(예루샬미[Yerushalmi] ibid.).

마음을 돌린 이유

위에 언급한대로 신비(Pardes)로의 여행은 아헤르가 과거의 연을 끊어버리고 배교하는 계기가 되었다. 그렇다면 그는 무엇 때문에 이처럼 갑

작스런 배교를 택하게 되었는가?

현자들의 말은 다음과 같다. 어느 안식일, 엘리사가 갈릴리 바다 서쪽 게네사렛[Ginosar] 계곡에 있을 때였다. 그 곳에서 그는 한 남자가 대추나무를 올라가 어미 새와 아기 새를 함께 잡는 것을 보게 되었다(안식일에 나무를 오르는 것은 안식일을 어기는 것이요, 어미 새와 아기 새를 잡는 것은 토라를 정면으로 어기는 것이다). 그럼에도 그는 그 어떤 사고를 당하거나 징계도 받지 않고 그대로 그 자리를 떠났다.

안식일이 지난 후 엘리사는 또 다른 사람을 보았는데, 그 역시 나무에 올라갔으나 그는 율법을 따라 어미 새를 쫓아내고 아기 새만 잡았다. 그러나 그가 나무에서 내려오자, 뱀이 나타나 그를 물었고 그 사내는 결국 그 자리에서 죽고 말았다. 이를 본 엘리사는 외치기를 "'어미는 반드시 놓아 줄 것이요 새끼는 취하여도 되나니' 그래야만 당신들이 복을 받고 오래 살 것입니다"(신 22:7)라고 기록되었거늘, 이 사람이 받을 보상은 대체 어디에 있다는 말인가? 이 사람은 대체 어디서 오래 산다는 말인가?"라고 하였다. 결국 그의 외침은 이렇게 끝났다. "정의도 없고 심판도 없도다"(예루샬미[Yerushalmi] ibid., 루트 라바[Rus Rabbah] 6:4, 코헬레트 라바[Koheles Rabbah] 7:1).

현자들은 엘리사의 배교에 큰 영향을 미친 또 하나의 사건을 언급하고 있다. 랍비 예후다가 순교하자 로마인들은 그를 땅에 묻어 장사지내지 못하도록 막았다. 들에 버려진 그의 시신을 개가 상하게 하여 그 혀를 뽑기까지 하였는데, 그 광경을 본 엘리사는 애통해하며 외치기를 "그 혀는 토라의 말씀을 외치던 혀다, 이 혀는 토라를 위해 수고하던 혀다. 그

런데 그 보상이 이렇단 말인가? 이제 보상도 없고 부활도 없음이 만천하에 드러났도다."라고 말했다고 한다(예루샬미와 미드라쉼[Yerushalmi and midrashim], 그러나 바브리 키두쉰[Bavli Kiddushin]과 훌린[Chullin] 142a에서는 그가 열 순교자 중 한 명이자 그 혀가 쓰레기 통에 버려진 랍비 쿠츠피스 하메툴가만[Chutzpis Hameturgaman]이라고 기록하고 있다). 이에 엘리사의 손자 랍비 야아코브는 답하기를 율법을 지킴으로 얻을 큰 보상을 잠깐 지나갈 이 세상에서는 다 담을 수 없으므로, 보상은 오직 올 세상에서만 받을 수 있다고 하였다.

그러나 엘리사 자신은 자신이 겪은 믿음의 위기가 할례를 받던 날에 찾아왔다고 증언하고 있다. 예루살렘 공동체의 지도자들 중 한 명이었던 그의 아버지 아브야는 엘리사의 할례를 기념하고자 금식을 하고 있었다. 그러나 그의 주위에서 사람들은 먹고 마셨으며, 춤추고 로마의 노래를 부르며 즐겼다. 그러나 두 명의 손님, 랍비 엘아자르와 랍비 여호수아만은 토라를 배우기 위해 그 자리를 벗어났는데, 그때 하늘에서 불이 내려와 그 둘을 감쌌으므로 그들이 마치 시내산에 있는 듯 하였다.

엘리사는 랍비 메이어에게 그때에 대하여 말하기를 "아버지는 그 광경을 보시고 만일 이것이 토라의 능력이라면 자기 아들을 토라에 바칠 것이라고 하였소"라고 하였으며, 또 "내 아버지의 의도는 순전히 하늘나라를 위한 것만은 아니었으므로, 내게도 토라가 남아있지 않소"라고 했다.

어릴 적부터 엘리사는 토라를 그저 그리스-로마 학문의 일부로 보았으므로, 어려서부터 잘못된 가치를 받아들이고 말았다(예루샬미 하기가[yerushalmi Chagigah] 2:1, 코헬레트 라바[Koheles Rabbah] ibid., 루트 라바[Rus

Rabba] ibid.). 현자들은 말하기를 그가 어려서부터 토라를 배웠으나 "로마의 노래는 그의 입에서 떠나지 않았고, 그가 학당에서 일어서면 수많은 이단의 글들이 그 가슴에 쏟아져 내렸다"라고 하였다(하기가[Chagigah] 15b).

제자와 스승

랍비 메이어는 아헤르의 삶 후반에 걸쳐 그와 친밀하게 교제했다. 랍비들은 이 둘의 관계에 대하여 정리하기를 "랍비 메이어는 석류를 발견하고 그 내용물을 먹었으며 껍데기는 던져버렸다"(하기가[Chagigah] 15b)라고 했다. 즉 랍비 메이어는 아헤르의 가르침에서 잘못된 것은 버리고 올바른 것들만 골라 받아들일 정도로 충분히 뛰어난 사람이었다는 것이다.

아헤르와 친교를 맺는 내내 랍비 메이어는 아헤르가 회개하도록 했으나, 성공하지 못했다. 마침내 아헤르가 병중에 누워 죽음을 기다리게 되자, 랍비 메이어가 찾아가 다시 한 번 토라의 길로 돌아오도록 설득했다. 그러나 아헤드는 "이렇게 늦어서야 내 회개가 받아들여지겠는가?"라고 대답했다.

랍비 메이어는 "기록된 바 '주께서 사람을 티끌로 돌아가게 하시고 말씀하시기를 너희 인생들은 돌아가라'(시 90:3)고 하셨습니다. 사람은 죽기 직전까지도 그 회개가 받아들여집니다" 엘리사는 울며 죽음을 맞이하였고, 랍비 메이어는 이를 그가 회개하는 마음으로 세상을 떠난 것으로 받아들여 기뻐하였다 한다(예루샬미[Yerushalmi] ibid.).

그러나 현자들은 하늘의 심판대에서 엘리사를 아직 심판하지 않았다고 전한다. 토라를 깊이 배운 사람이므로 게힌놈으로 보낼 수도 없으며, 그렇다고 에덴동산으로 가기에는 그 죄가 너무 많기 때문이다. 그리하여 하늘나라에서는 그를 게힌놈으로 보낼지 에덴동산으로 보낼지 아직 결정을 내리지 않고 있다는 것이다.

그러나 랍비 메이어는 아헤르가 징계를 받아들이고 속죄할 수 있도록 온 힘을 다했다. 이런 그의 노력은 결실을 맺어 엘리사는 게힌놈으로 가게 되었는데, 이는 그의 무덤에서 연기가 피어나온 것으로 나타났다(현자들은 랍비 요하난 역시 아헤르를 구하기 위해 노력하였다 한다).

어린아이같이 토라를 연구하는 사람은 무엇으로 비유할 수 있는가?
새로 만들어진 종이에 쓰는 잉크와 같다.

어린아이의 마음은 새로 만들어진 종이와 같아서 깨끗하고 부드럽다. 이토록 깨끗한 새 종이에 글을 쓸 때에는 최대한 실수를 피하고 정확하게 써야 한다. 또 새 종이는 잉크를 잘 흡수하므로 쓰인 글자가 쉽게 지워지거나 번지지 않는다. 아이의 마음은 깨끗하므로 이전에 배운 것을 빠르게, 깊이 흡수한다.

라베이누 요나는 (미브카르 하프'니님[Mivchar Hap'ninim]을 인용하며) 어릴 때의 배움은 바위에 새기는 각인과 같아서 풍파가 몰아쳐도 지워지지 않으나, 나이를 먹고 나서 듣는 배움은 모래 위에 글씨를 쓰는 것과 같아서 산들바람이 불어도 쉽게 번지고 혼란해진다고 말했다.

아바예는 어릴 때 성경이 근거가 없다고 의심하여 마땅히 그 나이에 배워야 할 할라카를 배우지 않았으므로 어릴 때에 배우는 것이 좋다는 것을 안 이후에는 이를 후회하였다고 한다. 후일에 그가 어린이들이 배우는 할라카를 배우게 되자, "내가 이걸 어릴 때에 배웠더라면(평생 잊지 않았을텐데)"이라고 하였다고 한다(샤보트[Shabbos] 21b).

더 나아가 엘리샤 벤 아브야는 "사람이 어릴 적에 토라를 배우면 토라의 말씀이 피에 흡수되어 입으로 잘 설명할 수 있다"(아보트 데랍비 노쏜 [Avos DeRabbi Nosson] 24:4)라고 가르쳤다.

마하랄은 이 구절이 어린이들을 가르치는 교사들에게 전하는 말이라고 이해하고 있다. 교사는 어린이들을 가르치는 사명의 중요함을 잘 알고 있어야 한다. 어릴 때에는 어른과 같이 크게 노력하지 않아도 배움의 효과를 크게 볼 수 있으므로, 어릴 때에 토라를 배워두어야 커서도 이를 잘 실천할 수 있게 되기 때문이다.

늙은이같이 토라를 연구하는 사람은 무엇으로 비유할 수 있는가? 더렵혀진 종이에 쓰인 잉크와 같다.

이 말씀이 일관된 이미지를 견지한다고 한다면, 늙은이는 오래된 종이에 비유해야 할 것이다. 그러나 이 구절은 늙은이를 오래된 종이가 아닌 한 번 지워진 종이에 비유한다. 글이 써졌다가 한 번 지워진 종이는 오래된 종이보다도 더 품질이 좋지 않기 때문이다. 종이가 귀했던 옛날에는 이미 쓰여진 글을 지우고 종이를 재사용하는 일이 잦았다(더 정확하게 표현하자면 탄나임의 시대에 기록에 사용된 파피루스나 양피지, 모조 피지는 충분히 질겨서 재사용할 수 있었다). 이처럼 한 번 지워진 종이(팔림프세스트라고도 함)는 이전에 기록되었던 문자들의 자국이 아직 남아있다. 또 이런 종이는 잉크를 잘 흡수하지 못하므로 똑같은 글자라도 여러 번 써야하며, 제대로 글을 썼다 하더라도 그 품질이 나쁘고 남은 글이 오래가지 않는다.

마찬가지로 늙은이의 기억력과 집중력은 어린아이보다 떨어지므로, 배운 것을 계속 복습하더라도 쉽게 잊고 만다. 뿐만 아니라 나이 들어 배운 내용은 삶에 크게 영향을 미치기 힘들다. 랍비 아바바넬[R' Abarbanel]은 이미 기록한 것을 지우기 힘든 것과 같이 어린 시절의 영향을 극복하는 것은 어려운 일이라고 말했다.

그럼에도 불구하고 라베이누 요나는 "노인이여, '보라, 나는 마른 나무다. 토라가 더는 내게 남아있지 않으므로 내가 토라를 배워 무엇하겠느냐'라 말하지 말라. 사람은 배우고 수고하며 계명을 실천한 것으로 보상을 받으니, 배우지 않는다면 무엇을 얻겠는가? 그는 이미 자기 보상을 받았느니라"라고 말했다.

또한 미드라쉬 슈무엘은 이 구절 안에서 노인에게 위로가 되는 가르침을 발견하여 말하기를 이 구절은 노인에게는 희망이 없는 것이 아니며, 배우지 못할 것도 아니라고 위로하고 있다고 말한다. 비록 배우더라도 그 가르침이 오래 남지는 못할 것이지만, 그렇다고 배울 수 없는 것은 아니다. 마음은 종이와 같아서, 한 번 썼다가 지운 종이라 하더라도 새로운 글을 그 위에 쓰지 못하는 것은 아니다.

유연한 묘목

어린 나이에 배우는 능력이 더 뛰어난 이유에는 여러 가지가 있다.

첫째, 라쉬바쯔와 마하랄에 따르면 어린이의 신체적 능력과 정신적 능력은 성인보다 더 뛰어나다. 어린이는 더 뛰어난 기억력을 가지고 있으며, 집중력도 더 높다. 배우는 것에 깊이 집중할 에너지가 넘치며, 호기심이 많고 새로운 정보를 쉽게 받아들일 뿐 아니라 사고방식이 제한되지도 않고, 일부 반복적 개념의 틀에 갇히지도 않는다.

이에 현자들은 어린 제자를 묘목에 비유하였다. 묘목은 유연하여 쉽게 구부러지므로, 지혜로운 스승이 묘목을 올바른 방향으로 자랄 수 있도록 유도할 수 있다는 것이다.

벤 조마는 "어려서 토라를 배우는 사람은 어릴 때부터 훈련받은 소와 같다. 기록된 바 '에브라임은 마치 길들인 암소 같아서 곡식 밟기를 좋아하나'(호 10:11)라고 함과 같다"라고 말했다. 훈련받은 소가 곡식을 기쁨으로 잘 밟음과 같이, 잘 배운 어린이는 기쁨으로 자기 남은 일생을 배우며 또 배운다.

어릴 때의 배움은 그 영혼에 강하게 남아 앞길을 곧게 한다. 그러므로 "사람은 젊었을 때에 멍에(토라의 멍에)를 메는 것이 좋으니"(애 3:27) 또 "늙어서도 그것을 떠나지 아니하리라"(잠 22:6). 이런 이유로 슐로모는 "네 자녀를 그의 길을 따라 가르치라"(ibid.)라고 권면했다. 성품과 기호가 형성되어 생각이 굳어지기 전에 일찍 자녀를 가르치라는 것이다.

남은 시간을 올바르게 사용하라

젊은이에게 있어 인생은 끝을 알 수 없을 만큼 멀리까지 펼쳐진 대로이다. 어린 시절을 즐겨야 할 때로 생각하며, 시간이라는 이름의 마르지 않는 샘물을 가지고 하나님과 사람과 마땅히 지켜야할 율법을 실천해야 한다는 믿음을 가지고 있다.

그러나 우리는 이미 이런 생각이 잘못되었다는 것을 위에서 배운 바 있다. 아마 위와 같은 젊은이가 있다면 '시간이 나면 공부해야지'라고 생각을 하다가도 결국 그 '공부할 시간'을 마련하지 못하고 말 것이다(2:5).

이 가르침에서는 새로운 견해를 추가하고 있는 것이다. 젊을 때에 '나중에 공부해야지'라는 마음으로 배움을 미루면 나이가 들어서 배우더라도 젊을 때에 배우는 만큼 높은 수준에 다다르지 못한다는 것이다. 젊은이는 노인보다 강하고 또 역동적이기 때문이다. 생각은 날카롭고 정신은 또렷하다. 젊은 날, 지금 당장 배우면 나이가 들어서 배우는 것보다 훨씬 많은 것을 깊이 배울 수 있다. 젊은 날, 지금 당장 배우면 나이가 들어 힘이 없을 때에 배우는 것보다 훨씬 더 많은 것들을 가르칠 수 있고, 사람들에게 훨씬 더 깊은 영향을 미칠 수 있다.

그러므로 젊은이가 자기 시간을 허무한 것에 쏟는 일이 많기 때문에, 솔로몬 왕은 '젊을 때에 너는 너의 창조주를 기억하여라.'고 결론을 맺는다.

그의 말을 설명하자면 다음과 같다. "영원히 젊을 것이라고 생각지 말며, 율법을 지키기를 미루지 말라. 젊음은 잠재력을 끌어낼 최고의 기회이다." "악한 날들이 오고, 사는 것이 즐겁지 않다고 말할 날이 올 때에"(ibid.) 남은 삶을 올바르게 사용하여야 할 것이다.

노인은 '사자같이 일어나 창조주 하나님을 섬길' 힘과 의지와 근력이 부족하다. 어릴 적부터 하나님을 섬겨온 사람만이 마지막 날까지 꾸준히 하나님을 섬길 수 있다. 그러나 만일 어릴 때 토라의 멍에를 업신여긴다면, 인생의 황혼에 토라의 멍에를 짊어질 수 없음을 늦게야 깨닫고 말 것이다. 그때에야 내적 삶을 풍요롭게 하는 영적 평안이 부족하였음을, 육체가 자라면서 더 이상 기쁨으로 하나님을 섬길 수 없음을 깨닫는 비극을 맞이하고 말 것이다.

전도서는 생생한 메타포를 통해 노인의 때에 겪을 힘겨움을 표현하고 있다. "해와 빛과 달과 별들이 어둡기 전에, 비 뒤에 구름이 다시 일어나기 전에 그리하라 그런 날에는 집을 지키는 자들이 떨 것이며 힘 있는 자들이 구부러질 것이며 맷돌질 하는 자들이 적으므로 그칠 것이며 창들로 내다 보는 자가 어두워질 것이며 길거리 문들이 닫혀질 것이며 맷돌 소리가 적어질 것이며 새의 소리로 말미암아 일어날 것이며 음악하는 여자들은 다 쇠하여 질 것이며 또한 그런 자들은 높은 곳을 두려워할 것이며 길에서는 놀랄 것이며 살구나무가 꽃이 필 것이며 메뚜기도 짐이 될 것이며 정욕이 그치리니 이는 사람이 자기의 영원한 집으로 돌아가고 조문객들이 거리로 왕래하게 됨이니라. 은 줄이 풀리고 금 그릇이 깨지고 항아리가 샘 곁에서 깨지고 바퀴가 우물 위에서 깨지고 흙은 여전히 땅으로 돌아가고 영은 그것을 주신 하나님께로 돌아가기 전에 기억하라"(전 12:2-7).

이처럼 식어가는 노인이 새로운 모험을 능히 시작할 수 있으며, 한 번도 가보지 않았던 길을 새로 밟을 수 있겠는가? 전혀 아닐 것이다. 그러므로 솔로몬 왕은 우리에게 젊은 시절을 가치 있게 사용하라고 권면하고 있는 것이며, 아직 힘이 남아있고 감각이 남아있으며 감정이 격렬하고 넘칠 때에 영적 성장을 이루기 위해 노력하는 데에 시간을 아끼지 말라고 훈계하고 있는 것이다.

어린이의 수학(修學) 능력

현자들은 "세상은 어린이들의 숨결을 위해 존재한다"(샤보트[Shabbos] 119b)라고 말했다. 라브 파파[Rav Papa]는 여기에 의문을 가지며 위대한 현자들의 배움이 더욱 중요하다고 말했다. 그러나 아바예는 이러한 그의 의문에 "이미 죄를 지은 사람의 숨과 죄를 짓지 않은 어린이의 숨을 감히 비교할 수 없소."라고 대답했다.

이 말씀이 '어릴 적부터 배우는 자'가 아닌, '어린이와 같이 배우는 자'라고 표현하고 있는 것에 주목해야 한다. 즉 이 구절은 굳이 실제 나이를 표현한다기보다는 어린이와 같은 마음을 표현하고 있다고 할 수 있다. 젊은이와 같이 열정을 가지고, 정력적으로 토라를 향해 나아가는 사람은 새로운 것을 배움을 즐거워할 것이며, 궁금증이 넘쳐 그 안에 있는 모든 것을 배우고 또 이해하려 할 것이다. 새로운 생각에, 새로운 개념에 마음을 열 것이다. 이런 사람은 새 종이와 같다.

반면 열정도 없고 의지도 없으며, 내면의 욕구도 없으므로 자기 의지조차도 반대하는 사람은 노인의 마음을 가진 것이다. 이런 사람이 얻을 것은 결국 한 번 썼다가 지운 종이 위에 쓰는 것처럼 금세 흐려지고 만다(구르의 랍비 이쯔하크 메이어[R' Yitzchak Meir of Gur], 키두쉰 하림 알 하 토라

[Chiddushei Harim al Ha torah], 300).

랍비 예후다 레이브(세파트 멤트[Sefas Mems]의 저자이자 구르의 랍비 이삭 메이어의 손자)는 기록하기를 현자들은 60세를 노인의 기준으로 보았다고 한다. "60세에 다다른 사람을 노인이라 할 것이다"(5:25) 다시 말하자면, 60세 이하는 모두 '젊은이'라는 것이다.

더 나아가 모든 사람은 오늘이 내일보다 더 젊으므로, 내일이 있는 사람은 모두 젊은이라고 말했다. 그러므로 지난 날을 허무하게 보냈다 하여 절망에 빠질 필요는 없는 것이다. 바로 오늘부터라도 배움을 시작하겠다고 마음먹을 수 있다. 어린이의 마음으로, 새 종이의 마음으로 말이다.

미쉬나 26절 משנה כו

רַבִּי יוֹסֵי בַּר יְהוּדָה אִישׁ כְּפַר הַבַּבְלִי אוֹמֵר,
הַלּוֹמֵד מִן הַקְּטַנִּים לְמָה הוּא דוֹמֶה, לְאוֹכֵל
עֲנָבִים קֵהוֹת וְשׁוֹתֶה יַיִן מִגִּתּוֹ.
וְהַלּוֹמֵד מִן הַזְּקֵנִים לְמָה הוּא דוֹמֶה, לְאוֹכֵל עֲנָבִים
בְּשׁוּלוֹת וְשׁוֹתֶה יַיִן יָשָׁן.

크파르 하바블리의 랍비 요세이 브라비 예후다는 말한다.
젊은이로부터 토라를 배운 사람은 무엇으로 비유할 수 있는가?
익지 않은 포도를 먹거나
그의 양조 통에서 발효되지 않은 포도주를 마시는 사람과 같다.
그러나 늙은이로부터 토라를 배우는 사람은
무엇으로 비유할 수 있는가?
익은 포도를 먹거나 오래된 포도주를 마시는 사람과 같다.

미쉬나 26절

크파르 하바블리의 랍비 요세이 브라비 예후다는 말한다.
젊은이로부터 토라를 배운 사람은 무엇으로 비유할 수 있는가?
익지 않은 포도를 먹거나 그의 양조 통에서
발효되지 않은 포도주를 마시는 사람과 같다.

랍비 요세이 브라비 예후다는 랍비 예후다 바르 엘리의 아들로, 랍비 예후다 하나시와는 동료이다(네다림[Nedarim] 62a, 베라호트[Bechoros] 51a).

덜 익은 포도와 익은 포도의 가장 큰 차이는 그 맛에 있다. 덜 익은 포도는 신 맛이 강하지만 익을수록 단 맛이 더 강해진다.

어리고 검증되지 않은 교사는 자기 생각도 충분히 정립되지 않았으므로 학생들의 신뢰를 얻지 못하는 경우가 종종 있다. 명쾌한 의견을 낼 수는 있을지라도 결국 그 명쾌함은 성숙함과 견고한 추론으로부터 오는 것이다. 뿐만 아니라 젊은 사람은 자신의 의견을 조금은 굽힐 수 있는 지식의 폭이 넓지 못하기도 하다.

신 포도는 먹을 수 없을 뿐만 아니라, 먹은 후에도 신 맛이 계속 남아 다른 음식을 먹기 힘들게 된다(미드라쉬 슈무엘[Midrash Shmuel]). 이와 같이 젊은이, 어린 교사의 가르침은 학생들을 혼란스럽게 하여 학생들이 나중에 공부를 할 때에도 그의 가르침이 오히려 방해가 된다.

반면 경험 많은 교사는 학생들의 질문과 도전에 많은 연단을 받았기 때문에 자기가 가르치는 내용을 더 깊이 이해한다. 자기 분야의 전문가일 뿐만 아니라 자기 지식을 학생들에게 잘 전달하는 방법도 알고 있다.

**그러나 늙은이로부터 토라를 배우는 사람은
무엇으로 비유할 수 있는가?
익은 포도를 먹거나 오래된 포도주를 마시는 사람과 같다.**

이 말씀이 제시하는 두 번째 메타포는 바로 술통 안에 든 포도주와 오래된 포도주의 차이이다. 술통에 든 포도주는 아직 완전히 발효가 되지 않은 것으로 술의 찌끼가 다 가라앉지 않은 상태이다.

유추하자면 젊은이의 가르침은 실수가 있는 것이 당연하다. 그 가르침은 완전하지 않으며, 향기가 풍부하지 않다. 말해야 할 때와 말하지 않아야 할 때를 잘 알지 못한다. 때로는 현명한 모습을 보일 수는 있겠으나 부적절한 언행도 숨기지 않는다. 지식이 부족할 뿐 아니라 그 지식을 충분히 전달할 능력도 부족하다. 반면 늙은이의 오랜 시간동안 쌓은 경험은 참과 거짓을 분별하는 직감의 원동력이 된다.

토라의 말씀은 포도주에 비유된다. "네 사랑이 포도주보다 나음이로구나"(아 1:2) 현자들은 이 구절의 의미를 말하기를, "늙은 자에게는 지혜가 있고 장수하는 자에게는 명철이 있느니라"(욥 12:12, 시프레이 드바림 [Sifrei Devarim], 에이케이브[Eikev] 48)라고 말하는 것과 같이 와인이 숙성될수록 그 맛이 더해지듯 토라의 말씀도 그렇다는 것이다.

포도는 지혜요, 포도주는 이해이다

티페레트 이스라엘[Tiferes Israel]은 이 구절에서 나타나는 메타포의 이중 사용에 대한 깊은 통찰을 보여주고 있다. 젊은이와 노인은 각각 두 메타포로 표현되는데, 둘 중 하나는 단 맛인 반면 하나는 신 맛이다. 젊은이는 시큼한 덜 익은 포도와 같고 맛이 단 새 포도주와 같다. 반면 노인은 달고 익은 포도와 같고 또 시큼한 오래 된 포도주와 같다. 사람은 무릇 신 맛은 뱉고 단 맛은 삼키는 법이다.

그 나이에 상관없이 교사는 때로는 학생들의 귀에 달콤한 가르침을 전하기도 하며, 또 때로는 학생들이 받아들이기 힘든 가르침을 전하기도 한다.

젊은이의 말은 달고 즐겁게 느껴질지는 모르나 숙성되지는 않은 상태이다. 마치 숙성되지 않은 포도주가 단 것과 같다. 젊은이의 달콤한 말은 부족한 이해력이라는 바탕을 가리고 있을 수 있으므로 먼저 의심을 해보아야 한다.

반면 나이 든 현자에게서 가르침을 받을 때에는 그의 입에서 나오는 달콤하고 이해하기 쉬운 가르침뿐만 아니라 쓰고 처음에는 잘못된 것처럼 보이기까지 하는 가르침도 능히 받아들여야 한다. 오래된 포도주를 맛볼 때와 같이, 그 맛이 떫더라도 두 번, 세 번 음미하며 그 맛을 감상해야 하는 것이다.

단 맛과 신 맛

이 메타포는 각각 단 맛과 신 맛을 하나씩 가지고 있다. 이는 반대로도 성립이 가능한데, 이러한 특징은 거울의 이미지와 같다고 할 수 있다. 말하자면 포도의 메타포에서 신 맛은 좋지 않은 것이고 단 맛은 좋은 것이다. 반대로 이 가르침에 나타나는 포도주의 메타포에서 단 맛은 좋지 않은 것이고 떫고 톡 쏘는 맛은 좋은 것이다.

라베이누 요세프 야베쯔[Rabbeinu Yosef Yaavetz]는 포도가 지식을, 포도주가 이해를 암시한다고 말했다. 포도를 날 것 그대로 먹듯 우리 역시도 가감 없는 날 것 그대로의 지식을 모아야 한다. 그러나 포도주는 포도를 가공한 것으로, 우리가 모은 지식이라는 이름의 포도를 이해와 통찰력으로 가공해야 한다는 것을 의미한다.

젊은이에게 가르침을 받을 때에는 바로 포도의 쓴 맛을 느낄 수 있다. 즉 지식이 부족한 것으로 느껴질 수도 있다는 것이다. 그러나 그 쓴 맛의 뒤에는 바로 알아차리기 힘든 이유가 숨어 있는데, 바로 포도주(추론과 결과 도출)가 제대로 숙성되지 않은 것이다.

반면 노인은 지식이 풍부할 뿐더러 원숙한 경험을 토대로 지식을 깊이 탐구하여 정확한 결론에 이른다. 노인의 추론 능력은 수십 년간 쌓아온 지식과 경험에서 우러나오는 것으로, 마치 오래 숙성된 와인이 맛과 풍미가 깊은 것과 같다.

토라의 밝혀진 것과 숨겨진 것

미드라쉬 슈무엘은 이 이중 메타포를 다른 방향으로 설명한다. 포도와 포도주는 각각 토라의 밝혀진 면과 숨겨진 면을 말하고 있다는 것이다.

생으로 먹는 포도는 밝혀진 토라를 상징한다. 젊은이에게서 토라의 밝혀진 것을 배우는 것은 곧 숙성되지 아니한 포도를 생으로 먹는 것과 같다. 바로 맛을 볼 수는 있으나, 그 맛이 깊지는 못하다.

반면 포도주는 토라의 숨겨진 면을 나타낸다. 와인이 포도 안에 숨겨져 있는 것과 같이, 토라의 비밀 역시 단순한 의미 속에 숨겨져 있다. 현자들이 말한 대로 포도주를 뜻하는 히브리어 '아인'과 '비밀'이라는 뜻의 히브리어 '소드'가 의미하는 숫자는 모두 70으로 같다(아보다 자라[Avodah Zarah] 35a). 젊은이에게서 토라의 비밀을 배우는 자는 곧 술통에 담긴 익지 않은 포도주를 마시는 것과 같다. 이런 포도주는 맛이 달고 배를 채워주기는 하지만 불순물이 아직 섞여 있으므로 속이 더부룩하고 불편하다. 마찬가지로 아직 충분히 성숙하지 않은 사람에게서 토라의 비밀을 배우면 처음에는 완전하고 진정한 가르침으로 보여 즐거울 것이나, 결국 완전하지도 않고 진정하지도 않다는 것을 깨닫게 되고 말 것이다. 반대로 노인에게서 배우는 자는 토라의 비밀을 바르게 이해할 수 있다.

미드라쉬 슈무엘은 위 설명을 통해 우리가 이 가르침에서 세 부류의 사람을 알 수 있다고 했다. 첫 번째 부류는 지식과 통찰력이 부족한 젊은

이에게서 배우는 자이며, 두 번째는 토라의 단순한 의미는 분명히 이해하나 숨겨진 비밀까지 이해하기엔 아직 완전히 성숙하지 못한 중년에게서 배우는 자요, 세 번째 부류는 바로 노인에게서 배워 지식과 이해를 모두 취하는 자이다.

미쉬나 27절　　　　　　משנה כז

רַבִּי מֵאִיר אוֹמֵר,
אַל תִּסְתַּכֵּל בַּקַּנְקַן, אֶלָּא בַּמֶּה שֶׁיֵּשׁ בּוֹ.
יֵשׁ קַנְקַן חָדָשׁ מָלֵא יָשָׁן, וְיָשָׁן שֶׁאֲפִלּוּ חָדָשׁ אֵין
בּוֹ:

랍비 메이르는 말한다.
　그릇을 보지 말고
　그 안에 있는 것이 무엇인가를 보라.
　오래된 포도주로 가득한 새 그릇과
　새 포도주를 담고 있지 않은 오래된 그릇이 있다.

미쉬나 27절

랍비 메이르는 말한다.
그릇을 보지 말고 그 안에 있는 것이 무엇인가를 보라.

이 구절이 이전 구절의 가르침에 동의하고 있지 않다는 사실에 대해서는 대다수의 초기 주석가들이 동의하고 있다. 라쉬바쯔는 피르케이 아보트에서 한 구절이 다른 구절과 논쟁하고 있는 유일한 부분이 바로 이 구절이라고 말했다. 케파르 하바블리의 랍비 요시 바르 예후다[R' Yosi bar Yehudah of Kefar HaBavli]에게 이의를 제기하며 랍비 메이어는 나이로 사람의 지혜를 판별할 수 없다고 주장하고 있는 것이다. 표지만으로 책의 내용을 알 수는 없는 법이다.

라베이누 요나 역시 이에 반대하며 욥기의 구절을 언급하고 있다. 욥이 슬픔에 잠겨있을 때에 네 명의 친구가 그를 위로하러 찾아오는데, 초반부의 대부분은 세 친구의 말과 욥의 대답으로 이루어져 있다.

처음 온 세 친구가 더 이상 할 말이 없을 때 쯤, 네 번째 친구인 엘리후가 등장하여 말을 시작한다. 그의 첫 마디는 지금까지 자신이 침묵한 이유로 시작한다. "부스 사람 바라겔의 아들 엘리후가 대답하여 이르되 나는 연소하고 당신들은 연로하므로 뒷전에서 나의 의견을 감히 내놓지 못하였노라 내가 말하기를 나이가 많은 자가 말할 것이요 연륜이 많은 자가 지혜를 가르칠 것이라 하였노라"(욥 32:6-7).

즉 엘리후의 이와 같은 말은 노인의 지혜가 젊은이의 지혜보다 더 낫다는 랍비 요시 바르 랍비 예후다[R` Yosi bar R` Yehudah]의 관점과 상당히 일치하는 것으로 보인다. 그러나 엘리후의 말은 다음과 같이 계속 이어지고 있다. "그러나 사람의 속에는 영이 있고 전능자의 숨결이 사람에게 깨달음을 주시나니 어른이라고 지혜롭거나 노인이라고 정의를 깨닫는 것이 아니니라"(욥 32:8-9).

엘리후의 이러한 메시지는 지식이 사람의 영에 달려있는 것이며, 더 나아가 그 영을 발전시킬수록 지혜가 더욱 자란다는 원리를 담고 있었다. 랍비 메이어는 이런 맥락에서 '그릇을 보지 말고 그 안에 있는 것이 무엇인지 보라'고 가르치고 있는 것이다.

포도는 말이 없다

랍비 메이어는 랍비 요시 바르 예후다의 포도주의 메타포를 정면으로 반박하고 있기는 하나, 포도의 이미지에는 반박하고 있지 않다. 미드라쉬 슈무엘은 포도주와 포도가 각각 토라의 숨겨진 가르침과 밝혀진 가르침을 의미한다는 이해를 기반으로 이 구절에 대해 설명하고 있다.

즉 랍비 메이어는 토라의 숨겨진 가르침의 영역에서도 권위가 있고 능숙한 젊은 교사를 만날 수 있다고 말하고 있다는 것이다(실제로 아리[Ari]라 불리는 랍비 이삭 아슈케나치는 40세가 되기도 전에 세상을 떠났다). 젊은 교사도 토라의 밝혀진 가르침을 능숙하게 가르칠 수 있음은 말할 필요도 없을 것이다. 따로 암시할 필요도 없는 것이다.

랍비 모세 알모스니노는 이 주제를 다른 방향에서 해석한다.

그의 해석에 따르면 포도는 기본적인 이해를 뜻하는 반면, 포도주는 자기 정신을 창조적으로 사용하는 능력을 뜻한다. 그러므로 이 구절에서 랍비 메이어는 명석하고 진취적인 사고에 있어서는 젊은이가 노인을 따라잡거나, 심지어 능가할 수도 있다고 가르치고 있다는 것이다. 그러나 랍비 모세 알모스니노 역시 스스로를 성장시키는 훈련에 대한 기본적인 이해는 노인이 보통 젊은이를 앞지른다고 인정했다.

랍비 이쯔하크 벤 랍비 슐로모(R' Yitzchak ben R' Shlomo)는 랍비 요시와 랍비 메이어의 가르침 사이에 명백히 드러나는 의견의 불일치에 대한 새로운 접근 방식을 제시한다.

그의 주장에 따르면, 랍비 요시는 두 현자 중 한 명을 스승으로 받아들여야 하는 상황에 적용되는 가르침을 전한 것이다. 나이가 더 많은 현자의 정신이 더 안정적이고, 그 이해가 더욱 분명하며, 그 기반이 탄탄하므로 두 현자의 지혜가 똑같이 뛰어나다면 나이가 더 많은 쪽을 스승으로 받아들여야 한다는 것이다. 나이가 더 젊은 현자의 지혜가 뛰어나다면, 마땅히 그에게서 배워야 한다는 점에 있어서는 랍비 요시와 랍비 메이어 모두 동의하고 있다고 할 수 있다.

모두가 특별하다

그러나 다른 주석가들은 두 구절이 서로 상충하고 있지 않다는 의견을 보이고 있다. 이런 견해에 따르면 랍비 요시는 일반론을 이야기하는 것인 반면, 랍비 메이어는 특별한 상황을 두고 가르침을 전한다는 것이다. 랍비 요시는 위 구절에서 스스로를 복수로 표현하고 있다는 것 역시 이러한 맥락과 일치한다. "나이 들어서부터 배우는 사람들(from elders)은…" 반면 랍비 메이어는 단수 표현을 사용한다. "그릇(a pitcher)을 보지 말라." 다르게 표현하자면, 랍비 메이어는 일반적인 원리에만 기대지 말고 각 사람이 모두 다르고 특별하다는 것을 염두에 두라고 가르치고 있는 것이다.

그렇다면 랍비 메이어의 가르침은 곧 애매한 일반론에 기대어 상대방에게 편견을 가지지 말고, 상대방을 개인으로서 인정해야 한다는 것이다. 특별히 이 구절에서 편견이란 곧 '나이'일 것이다. 그러므로 랍비 메이어는 이 장의 시작을 여는 벤 조마[Ben Zoma]의 가르침인 '지혜로운 자 누구인가? 곧 모두에게서 배우는 자이다'라는 구절을 재구성하고 있다고 볼 수 있다. 어리고 미숙한 사람처럼 보일지라도 그 '헌 항아리 안에 새 포도주'가 담겨있으므로 그에게서 큰 지혜를 배울 수 있다는 것이다.

**오래된 포도주로 가득한 새 그릇과
새 포도주를 담고 있지 않은 오래된 그릇이 있다.**

티페레트 이스라엘은 현자들이 사람의 외면이 아닌 내면의 본성을 보았던 다수의 사례를 인용하고 있다. 일례를 들자면 아바예[Abaye]와

라바[Rava]보다도 더 위대하다고 여김을 받았던 한 무지한 전사(타니트[Taanis] 22a)의 이야기가 있으며, 또 겉으로는 현자들과 율법을 하찮게 여기는 것으로 보였으나 사실은 그 마을의 귀인이었다는 이야기가 있다(ibid.).

하시디즘 운동의 교부들(fathers)은 이 구절이 유대인의 뛰어난 겉모습이 아닌 그 속에 담긴 영혼을 보아야 한다는 가르침을 전해준다고 전했다. "그릇을 보지 말고(상대의 행실이나 죄를 보고 판단치 말고) 그 안에 담긴 것을 보라(한 점 더러운 것 없는 저 하늘에서 내려온 거룩한 것이 모든 유대인의 영에 담겨있음을 마음에 새기라)".

그 어떤 유대인에게서도, 심지어 자기 자신에게서도 희망을 저버릴 수 없다. 내면의 불꽃은 사그라들지 않는다. 필요한 것은 그저 그 불꽃이 불길이 되도록 지필 '바람' 뿐이다.

그릇은 포도주를 상하게 할 수 없다
마하랄은 이 구절을 다른 방식으로 접근하고 있다. 랍비 요시의 말씀에서는 사람의 지혜가 시간에 따라 자라는 것으로 표현되나 랍비 메이어는 그 주장을 반대하고 있다. '그릇', 즉 육체는 그 안에 담긴 것에 아무런 영향을 미치지 못한다는 것이다. 사람의 안에 담긴 것을 주관하는 것은 오직 그 안에 담긴 영뿐이다.

지혜가 충만한 젊은이를 드물지 않게 찾아볼 수 있음은 곧 사람의 지혜가 육신이나 시간으로 정해지는 것이 아니기 때문이다. 이 모든 것은 결국 영에 달려 있다.

몸보다 영을 먹이라

미드라쉬 슈무엘은 우리에게 물질에 너무 과도한 신경을 쓰지 말라고 권면하는 것이 이 구절의 의도라고 설명한다. '그릇을 보지 말고 그 안에 있는 것이 무엇인가를 보라.' 즉 자기 육신을 먼저 신경 쓰지 말고, 영을 먼저 돌보라는 것이다.

더 나아가 이 구절은 그릇의 외적인 모습이 그리 중요치 않은 이유를 함께 제시해주고 있다. '새 그릇에 담긴 헌 포도주가 있을 수 있으며, 헌 그릇에 담긴 새 포도주가 있을 수도' 있기 때문이다. 그릇이 얼마나 낡았든 포도주의 품질에는 영향이 없듯, 사람의 육신이 빼어나고 뛰어나더라도 그 영적인 상태에는 아무런 영향을 줄 수 없다는 것이다.

하나님의 선하심을 의지하라

카발라의 대가들은 이 구절이 열 세 가지 거룩한 성품 중 하나를 나타낸다고 하였다. "여호와는 노하기를 더디하시고…"(출 34:6; 민 14:18).

소망 없는 죄인마저도 덮을 수 있는 말씀이다. 그러므로 이 구절은 말하기를 '그릇을 보지 말고 그 안에 있는 것이 무엇인가를 보라'고 가르치고 있는 것이다. 이 구절에서 '그릇'이라는 뜻으로 사용된 히브리어는 '칸칸'인데, 알파벳 카프, 눈, 카프, 눈으로 구성되어 있다. '여호와는 노하기를 더디하시고'라는 말씀은 히브리어로 '브나케흐 로 이나케흐'[v`nakeh lo yinakeh]이다. 즉 본 구절은 "단어 '브나케흐'에서 카프와 눈을 보지 말고, 단어 '이나케흐'에서 카프와 눈을 보지도 말라."라고 해석할 수 있다는 것이다. 위 말씀과 같이 알파벳 카프와 눈을 빼면 남는 단어는 바로 '야훼', 바로 주님의 선하심을 뜻하는 거룩한 이름 네 글자이다.

아리[Ari]의 제자들 중 특히 뛰어난 자로 평가받는 랍비 하임 비탈[R' Chaim Vital]은 또 말하기를 거룩한 주님의 이름 네 글자는 각각 יהוה인데, 이 알파벳들이 뜻하는 수를 모두 합하면 45이다. '무엇'이라는 뜻의 단어 [히브리어]가 뜻하는 수 역시 45로 같다. 즉 '그릇을 보지 말고, 그 안에 담긴 것이 무엇인가를 보라'는 이 말씀은 항아리 안에 담긴 거룩함을 보라는 말씀으로 해석이 가능하다는 것이다.

그러므로 이 구절은 하나님의 성품이 랍비 모세 알샤갈[R' Moshe Alshakar]이 말한 선함이라는 성품을 담는 그릇을 구성한다는 가르침이라는 것이다. 랍비 모세 알샤갈의 가르침은 다음과 같다. "모든 성품들은 주님의 선하심에 비하면 부차적인 것이다."

미쉬나 28절　　　　　　　משנה כח

רַבִּי אֶלְעָזָר הַקַּפָּר אוֹמֵר,
הַקִּנְאָה וְהַתַּאֲוָה וְהַכָּבוֹד מוֹצִיאִין אֶת הָאָדָם מִן הָעוֹלָם:

랍비 엘아자르 하카파르는 말한다.
질투, 욕망 그리고 영광은
세상으로부터 사람을 내어 쫓는다.

미쉬나 28절

랍비 엘아자르 하카파르는 말한다

랍비 엘아자르 하카파르[R' Elazar Hakappar]는 마지막 탄나임들 중 한 명이다. 일부는 해석하기를 하카파르라는 이름은 그가 카프리신[Kaprisin]에서 태어났음을 암시한다. 그는 동료들로부터 존경받는 랍비였으며, 동료들은 그를 일컬어 '바리비', 즉 '위대한 자'라고 하기도 했다(아보다 자라[Avodah Zarah] 43a와 이에 대한 라쉬[Rashi]의 주석 참고).

랍비 엘아자르는 랍비 예후다 하나시의 유대교 법정을 구성하는 일원이었으며, 그와 함께 협력하여 사람들을 올바른 길로 인도했다. 일례로 그가 랍비 예후다 하나시, 랍비 이스마엘 벤 랍비 요시, 랍비 핀하스 벤 야이르와 함께 로드[Lod]에서 안식일을 보냈다는 기록을 찾을 수 있다(토세프다 하로트[Tosefta halos] 18:8).

제자로는 아모라인 랍비 여호수아 벤 레위[R' Yehoshua ben Levi]가 있다. 랍비 여호수아는 그에게 끊임없이 질문하였으며(훌린[Chullin]

56b), 랍비 엘아자르에게서 가르침을 얻고자 그를 섬겼다 한다(아보다 자라[Avodah Zarah] ibid.). 랍비 엘아자르 하카파르에게도 바르 카파라[Bar Kapara]라는 아들이 있었는데, 그 역시도 랍비 예후다 하나시의 제자였으며 이스라엘 땅의 아모라임 첫 세대에서 가장 위대한 자로 여김을 받았다 한다. 흥미로운 점은, 그의 이름 역시도 엘아자르였다는 것이다.

랍비 엘아자르 하카파르의 이름은 토세프타와 바라이사트에 자주 언급되고 있다.

질투, 욕망 그리고 영광은 세상으로부터 사람을 내어 쫓는다.

이 구절에서 언급하고 있는 사람들이 좇는 세 가지 부패(질투, 욕망, 영광을 추구함)는 아무리 채워도 만족할 수 없는 욕망이며, 아무리 마셔도 목을 적실 수 없는 음료이다. 이런 것들을 추구하는 사람은 크나큰 징벌로 고통을 받을 것인데, 그 징벌이란 바로 장차 올 세상의 기업을 잃는 것이다.

질투와 영광을 추구함은 증오와 위선, 불의, 중상모략, 남의 불행을 즐거워함 등을 포함하여 사회의 모든 병폐의 근원이 되는 것이다. 또한 부패는 도벽, 물질만능주의, 윤리의 파괴 등과 같은 악의 근원이다.

사람을 그 세상에서 내치는 부패를 다루는 세 말씀
다수의 주석가들은 피르케이 아보트에서 '올 세상에서 사람을 내치는 부패를 다루는 말씀들" 중 이 구절이 세 번째 말씀임에 주목하고 있다. 그렇다면 이 구절과 다른 두 구절의 관계는 무엇인가?

랍비 도사 벤 히르카누스[R` Dosa ben Hyrkanus]는 말하기를 "늦은 아침 잠, 한낮의 와인, 어린이들의 수다 그리고 무지한 자들의 회중에 앉아 있는 것은 세상으로부터 사람을 내어 쫓는다"(3:14)라고 하였다. 본 구절과 랍비 도사의 위 가르침과는 겹치는 부분을 찾을 수 없는데, 이는 이 구절이 인간의 부정적인 성품을 다루는 반면 랍비 도사의 가르침은 늦은 아침잠과 한 낮의 와인, 쉽게 떠드는 것과 같은 위험한 행동을 특정지어 말하고 있기 때문이다.

그러나 본 구절과 랍비 여호수아의 가르침인 '악한 눈과 악한 본성, 그리고 사람을 증오함은 사람을 이 세상에서 내치느니라'(2:16)는 모두 사람의 성품에 대한 가르침이다. 그렇다면 자연스럽게 다음과 같은 의문이 일어나게 된다. "이 두 구절은 상호 보완적인가, 아니면 서로 충돌하고 있는가?" 이 의문에 대한 답은, '두 구절이 서로 평행하며 또 상호 보완적'이라는 것이다.

이 구절의 '질투'는 랍비 여호수아의 가르침의 '악한 눈'에 대응한다. 타인을 삐딱한 시선과 질투의 시선으로 보는 자는 행복과 평안으로 이루는 성공을 볼 수 없는 법이다.

이 구절에서 언급하는 '욕망'은 랍비 여호수아의 가르침에서 '악한 본성'에 해당한다. 악한 본성은 우리를 육신의 쾌락으로 유도하며, 연약한 사람을 묶는 족쇄가 되어 사람을 비참한 지경에 처하게 한다.

마지막으로 '영광'을 추구함은 랍비 여호수아의 가르침에서 '사람들을 증오함'에 대응한다. 토사포스 욤 토브(Tosafos Yom Tov)는 이르기를 권위를 존중하지 않음으로 명예를 얻고자 하는 자는 증오를 불러일으킨다고 하였다. 사람들이 그에게 일말의 존경을 보여준다 하더라도 그 존경은 정작 그에게 독이 될 것이며, 사람들은 뒤에서는 그를 조롱할 것이고, 그의 추락을 보며 웃을 것이다.

람밤은 '사람들을 증오함'이란 곧 인류 전체를 증오하는 것이라고 했다. 미드라쉬 슈무엘은 또 말하기를 자기 영달을 추구하는 자는 남들이 자기가 원하는 만큼 자신을 존경하지 않는다는 것을 깨닫는다면 인류 전체를 적으로 돌리고 홀로 될 여지가 크다.

라쉬바쯔는 이 세 구절의 관계를 다른 시각에서 접근한다. 그의 관점에 따르면, 랍비 여호수아는 '악한 눈, 악한 본성, 사람들을 혐오함' 이 세 요소가 사람을 올 세상에서뿐만 아니라 이 세상에서 지운다(제한다)고 가르치고 있는 것이다. 바로 이 세 요소에 젖은 사람은 내면의 삶이 혹독할 뿐 아니라 남들의 부러움을 사지 못한다.

반면 랍비 도사 벤 히르카누스가 말한 '늦은 아침 잠과, 한낮의 와인, 아이들과 대화'하는 것은 사람을 장차 올 세상에서만 제하는 것이다. 이런 사람은 이 세상에서는 평안을 누리고 유리잔에 담긴 고급 포도주를 즐기며 유쾌한 자들과 어울린다.
그러나 그 마지막은 고통이며, 그 무엇과도 바꿀 수 없는 귀중한 시간을 날려버렸음을 깨닫게 될 것이다. 그가 빈손으로 장차 올 세상에서 보상을 기다릴 때, 이 땅에서 보상을 받을 만한 선행을 하지 않았으므로 역시 올 세상에서도 빈손으로 있으리라는 것을 깨닫게 될 것이다.

이 구절에서 랍비 엘아자르 하카파르는 '질투, 욕망, 그리고 영광[을 추구함]'은 사람을 올 세상도, 이 세상도 잃게 만드는 악의 덩어리라고 가르치고 있다. 질투와 타락이 가득 차고, 또 영광을 추구하는 사람은 결국 이 세상에서는 평안을 누리지 못할 것이며 올 세상에서도 평강을 누릴 수 없을 것이다.

질투가 제일 먼저 언급되는 이유

알쉬크[Alshich]는 저서 야림 모세[Yarim Moshe]에서 이 구절이 제일 먼저 질투를 언급하는 이유는 곧 질투가 모든 사람 간의 갈등과 주변 사람들에게 짓는 모든 죄의 근원이 되기 때문이다. 질투 다음으로는 욕망이 위치하는데, 욕망은 사람으로 하여금 하나님과 사람 사이의 관계에서 죄를 짓게 하는 근원이다.

여기까지는 그래도 회개의 여지가 있다. 그러나 이 정도를 넘어서서 영광을 좇기까지 한다면, 회개는 더욱더 그와 멀어지고 만다. 다른 사람에게 죄를 지었다면 그의 명예욕이 상대방에게 사과를 하지 못하게 막는 장벽이 되고 말 것이다. 하나님께 죄를 지었다면, 자신이 회개하는 모습을 남들이 볼까 두려워할 것이다. 뿐만 아니라 과장된 자기인식으로 인해 자기가 지은 죄가 얼마나 심각한 것인지 깨닫는 것조차 힘들어지고 말 것이다.

미드라쉬 슈무엘은 질투라는 성품이 파괴적이며 생명의 힘을 사람의 중심에서 뽑아내버리는 것(자기를 먹이는 자를 조롱하는 초록 눈의 괴물)이므로 질투가 이 구절에서 제일 먼저 언급되는 것이라고 말했다. 또 현자들은 "마음에 질투를 품은 자는 그 뼈가 썩는다"고 말했다(샤보트[Shabbos] 152b). 솔로몬 왕 역시 이와 같은 말을 전한 바 있는데(잠 14:30), 현자들은 이 말이 비유가 아닌 문자 그대로의 의미로 '뼈가 썩는 것'이라고 하였다.

세 종류의 질투

라베이누 요나는 질투를 세 가지로 구분했다. 가장 심각한 종류의 질투는 바로 무지한 자가 토라의 길을 따르는 자에게 하는 질투이다. 이런 사람은 이 세상에서의 성공보다 영적인 것을 더 먼저 추구하는 사람들의 시선을 견디지 못한다. 이런 종류의 질투는 '나도 저 사람들과 같은 영적 수준에 오를 수 있으리라'는 바람에서 나오는 것이 아니다. 사실 이런 바람은 질투가 아니라 권면해 마지않을 긍정적인 결과로 이어질 것이다(아래를 참고하라). 그러나 그 결말은 결국 비극이다.

이런 사람은 이 세상에서의 '성공'을 계속 추구하고 또 갈망하므로, 자기보다 더 큰 성공을 이룬 사람을 보며 영원히 타는 목마름을 견뎌야 하는 것이다.

라베이누 요나는 저서 샤아레이 테슈바[Shaarei Teshuvah]에서 이런 사람을 일컬어 '주님을 사랑하는 자를 미워하는 자'라고 하였으며(샤아르[Shaar] 3, 160), 장차 올 세상을 기업으로 받지 못하는 사람들 중 하나로 보고 있다. 그는 또 계명을 실천하고 죄를 멀리하려 하는 사람들 중에서도 많이 찾아볼 수 있을지도 모른다고 말했다.

비록 계명을 실천하기는 하나, 이런 사람들은 다른 이들이 경건하게 하나님을 섬기고 토라를 배우는 것을 받아들이지 못한다.

왕을 섬기는 자를 적대하는 자는 곧 왕을 적대하는 자로 여김을 받는다. 마찬가지로, 다른 이들이 하나님을 섬기는 것을 보고도 즐거워하지 않는 자는 곧 하나님을 즐거워하지 않는 것으로 여김을 받으며, 토라를 배우고 선행을 실천하여도 하나님 앞에서 올바로 설 수 없을 것이다.

질투의 두 번째 종류는 바로 다른 사람이 자기보다 더 큰 성공을 이루는 것을 보고 참지 못하는 질투이다. 라베이누 요나는 이러한 종류의 질투를 또 두 부류로 구분한다. 바로 영적 질투와 물질적 질투이다(그러나 라쉬바쯔는 메간 아보트[Megan Avos]에서 라베이누 요나가 질투를 세 개로 분류하는 데에는 동의하나, 두 번째 질투를 또 두 부류로 나누는 것은 반대한다).

세 번째 종류의 질투는 남에게 크게 무례하지 않으며, 심지어 어떤 상황에서는 상냥한 모습을 보이기까지 한다. 다른 사람이 이룬 것이 좋아 보이면, 자기도 그 이룬 것을 얻고 싶은 것이 바로 사람이다. 남들보다 더 성공하고자 하는 마음은 인간이 성취해 온 많은 것들의 동기가 되었다. 그러므로 솔로몬 왕은 "사람이 모든 수고와 모든 재주로 말미암아 이웃에게 시기를 받으니"(전 4:4)라고 하는 것이다.

영적인 면에서 보자면 이런 부러움(현자들은 이를 두고 '필사자들 간의 질투'라고 하였다)은 크게 도움이 될 수 있다. 이에 현자들(혹자는 에스라라고 한다)은 성경을 필사하는 필사자들의 자리를 서로 붙게 하여 "필사자들 간의 질투가 지혜를 더욱 크게 하도록"(바바 바스라[Bava Basra] 21b) 했는데, 필사자들 간의 경쟁이 더욱 큰 것을 이루기 때문이었다.

물론 '헛된 것이며 큰 악'(전 2:21, 라베이누 요나의 해석)이라는 부러움 한

점 없이 하나님을 섬기는 것이 가장 이상적인 모습이긴 하나, 이 역시 사람의 본성의 일부임은 부정할 수 없을 것이다. 비록 이 길이 '순전한 동기로' 하나님을 섬기는 방식은 아니나, 순전한 동기로 하나님을 섬기는 수준으로 이르는 길이기는 한 것이다.

비극적인 운명

본 구절에서 다음으로 다루는 성품은 바로 타락이다. 타락은 이 세상에서의 삶을 병들게 하며 미래로 향하는 길을 가로막는다. 평생을 갈구하는 것을 얻지 못하는 인생은 비극이라 아니할 수 없다. 그러나 그 갈구하는 것을 얻었음에도 결국 그 기쁨이 텅 빈 허상이라는 것을 깨닫는다면, 얻지 못하는 인생보다 더 큰 비극이지 않겠는가.

사람의 인생에서 타락의 대상은 거의 대부분 없거나, 지금 당장은 본질적인 가치가 타락의 대상이 됨을, 총명한 사람은 잘 알고 있다.

그러나 이런 종류의 욕망은 잠깐 성공에 만족할 수 있겠으나, 이내 더 많은 것을 원하게 되는 것이 당연하다. 썩어 없어질 쾌락을 향한 욕망은 절대 채워질 수 없는 것이다. 더 많이 가질수록, 더 많은 것을 원하게 된다. 물질이 주는 쾌락도 다르지 않다. 100을 가지면 200을 가지고 싶어지며, 200을 가지면 또 400을 가지고 싶어진다고 현자들은 우리에게 가르친다. 이와 같이 끊임없이 추구하고 또 추구하다보면, 결국 몸은 약해지고 영은 파괴되고 말 것이다.

라베이누 요나는 질투와 욕망이 서로 섞여있는 사람이 가장 최악이라고 하였다. 이런 사람은 자기 외에는 그 누구도 인생의 낙을 누리는 것을 원치 않으며, 아무리 많은 것을 가지고 있다 하여도 절대 만족과 기쁨을 누리지 못한다.

비유:두 남자의 비극

질투와 욕망의 저열함을 표현하기 위해 주석가들은 다음의 비유를 인용하고 있다. 두 남자가 있었는데, 한 명은 질투에, 다른 한 명은 타락에 찌든 사람이었다. 왕은 이 두 사람을 불러 그들이 원하는 것은 무엇이든 주겠다고 하였다. 단 조건을 걸었는데, 바로 한 명은 다른 사람이 받은 것의 두 배를 주겠다는 것이었다.

두 사람은 충격에 빠진 채 아무 말 없이 멍하니 서 있을 뿐이었다. 질투가 가득한 사람은 친구가 자기보다 두 배나 더 많이 받는다는 것을 차마 받아들이지 못했으며, 타락한 사람은 자기가 더 많이 받기를 원하여 친구가 먼저 선택하기를 기다렸던 것이다.

결국 질투가 가득한 사람이 먼저 나서서 왕에게 말하였다. 그가 요구한 것은 이것이었다. "제 한쪽 눈을 뽑아주십시오!"

인정받고자 하는 욕망

사람의 성품들 중 가장 지우기 어려운 것은 바로 명예를 추구하는 마음이다. 남에게 인정받기를 원하는 것이 바로 인간의 본성이기 때문이다. 그러나 명예를 추구하면 추구할수록 질투나 타락으로 인해 맞게 되는 결과보다 더 심각한 결과를 초래하기 마련인데, 바로 이 성품으로 인해 남을 폄하하게 되거나, 심지어 남을 증오하게 되기 때문이다.

자기가 추구하는 영광을 얻고자 민중을 압제하는 압제자가 최악의 인간이라고 말한 라베이누 요나의 가르침은 이러한 맥락에서 나온 것이다. 또 현자들은 가르치기를 이런 사람은 '게힌놈으로 끌려가 모든 세대로부터 심판을 받을 자'들 중 하나라고 하였다(로쉬 하샤나[Rosh Hashanah] 17a).

특별히 권력을 가진 사람은 영광을 얻고자 하는 본능을 거부하기가 매우 힘들다. 성전 시대 때 산헤드린의 의장이었던 여호수아 벤 페라히야[Yehoshua ben Perachiah]는 자백하기를 "처음에는 날 위대하다 칭송하는 사람을 매로 치고 사자 굴에 던졌다. 지금은 나보고 물러나라 하는 사람에게 끓는 물을 끼얹고 싶은 마음이 든다." 이 자백과 함께 그는 사울 역시도 처음에는 왕의 자리를 거부하고 도망쳤으나, 후에는 권력을 손에 움켜쥐고 다윗을 죽이려 하였다고 했다(메나호트[Menachos] 109b).

또 현자들은 말하기를 "명성은 (얻은 사람의)생명을 깎아먹는다"고 하였다. 명성은 명예를 추구하기 마련이며, 명예는 (위에서 배운 바와 같이)사람을 이 세상에서 내친다(예루샬미 베라호트[Yerushalmi Berachos] 1:6).

아벨을 살해한 자

이 가르침에서 말하는 세 가지 악성은 바로 동생 아벨을 살해한 가인의 마음 중심에 자리 잡고 있던 것이기도 하다. 후마쉬는 하나님께서 아벨의 제사를 흠향하신 후에 "가인이 몹시 분하여 안색이 변하니"(창 4:5)고 기록하고 있다. 자기 동생을 향한 질투가 불길처럼 일어난 것이다.

이후 후마쉬는 계속해서 상황을 보여주고 있다. "가인이 그의 아우 아벨에게 말하고…"(창 4:8). 그러나 그가 정확히 무슨 말을 하였는지는 기록되어있지 않다. 현자들은 해석하기를 이 때 가인과 아벨은 세상을 어떻게 둘로 나누어 가질지를 두고 서로 다투었다고 했다. 둘 중 한 명은 땅을, 또 한 명은 땅 위에 움직이는 것들을 가지기로 하였는데, 누가 무엇을 가질지를 두고 싸웠다는 것이다. 또 가인은 쌍둥이로 태어난 자매가 있었으므로 그와 결혼했으나 아벨에게는 두 여동생이 있었으므로, 둘 중 한 명과 결혼하여야 했다.

결국 남은 한 명과 누가 결혼할지를 두고 가인과 아벨은 서로 다투게 되었다. 위 두 다툼의 뿌리에는 더 귀해 보이는 것을 차지하고자 하는 마음과 자기 육체의 쾌락을 만족시키고자 하는 마음이 그 기저에 있었다. 즉 타락이라는 악성이 또아리를 틀고 있었던 것이다(베레이쉬트 라바 [Bereishis Rabbah] 22:7).

마지막으로 두 형제는 '성소'(베이트 하미크다쉬[Beis Hamikdash])가 하루 동안 서 있던 땅을 서로 차지하고자 하였는데, 이는 둘 다 명예를 얻고자 하는 욕망이 있었기 때문이었다.

질투, 욕망, 영광을 추구하는 마음도 하늘나라를 위하여 사용하라

이 세상에는 모두 선한 것이 있다. 그러므로 질투에도, 욕망에도, 영광을 추구하는 마음에도 각각 선한 것이 있다.

하늘나라의 영광을 높이기 위하여 사용될 때, 질투는 좋은 것이 된다. 예로 비느하스는 하나님 대신 질투했음으로 평화의 언약을 얻고 마침내 제사장의 위치에까지 올라가게 되었다(민 25:11-12). 또한 위에서 배운 바와 같이, 필사자들 간의 질투는 지혜를 더욱 키운다.

마지막으로, 타락이라도 계명을 실천하고 하늘나라의 영광을 높이는 목적으로 사용될 때에는 좋은 것이 될 수 있다. 다윗은 "주여 나의 모든 소원이 주 앞에 있사오며"(시 38:9)라고 노래했다. 다르게 표현하자면, 가진 모든 욕망을 하늘나라에 바친다는 고백인 것이다.

라베이누 요나는 기록하기를 랍비 예후다 하나시가 자신의 넘치는 재산을 모두 하늘나라를 위하여 사용했다고 하였다.

미쉬나 29절   משנה כט

הוּא הָיָה אוֹמֵר, הַיִּלּוֹדִים לָמוּת, וְהַמֵּתִים לְהֵחָיוֹת, וְהַחַיִּים לִדּוֹן. לֵידַע לְהוֹדִיעַ וּלְהִוָּדַע שֶׁהוּא אֵל, הוּא הַיּוֹצֵר, הוּא הַבּוֹרֵא, הוּא הַמֵּבִין, הוּא הַדַּיָּן, הוּא הָעֵד, הוּא בַעַל דִּין, וְהוּא עָתִיד לָדוּן. בָּרוּךְ הוּא, שֶׁאֵין לְפָנָיו לֹא עַוְלָה וְלֹא שִׁכְחָה וְלֹא מַשּׂוֹא פָנִים וְלֹא מִקַּח שֹׁחַד, שֶׁהַכֹּל שֶׁלּוֹ. וְדַע שֶׁהַכֹּל לְפִי הַחֶשְׁבּוֹן. וְאַל יַבְטִיחֲךָ יִצְרְךָ שֶׁהַשְּׁאוֹל בֵּית מָנוֹס לָךְ, שֶׁעַל כָּרְחֲךָ אַתָּה נוֹצָר, (וְעַל כָּרְחֲךָ אַתָּה נוֹלָד), וְעַל כָּרְחֲךָ אַתָּה חַי, וְעַל כָּרְחֲךָ אַתָּה מֵת, וְעַל כָּרְחֲךָ אַתָּה עָתִיד לִתֵּן דִּין וְחֶשְׁבּוֹן לִפְנֵי מֶלֶךְ מַלְכֵי הַמְּלָכִים הַקָּדוֹשׁ בָּרוּךְ הוּא:

그는 말하곤 했다.
  새롭게 태어난 사람들은 죽을 것이다.
  죽은 자들은 다시 살아날 것이다.
  살아있는 자들은 심판을 받을 것이다.
  그들이 그분은 하나님이시고,
  그는 형태를 만드신 분이시고,
  그는 창조자이시고,
  그는 통찰력이 있으신 분이시고,
  그는 심판자이시고,

그는 증인이시고,
그는 고소인이라는 것을 알고 가르치고 깨닫게 하기 위하여
그는 심판하실 것이다.
그분 앞에 부정과 부주의와 편애와 뇌물수뢰가 없는
그분은 복이 있으신 분이다.
왜냐하면 모든 것이 그의 것이기 때문이다.
모든 것이 예측에 따른 것이라는 것을 알라.
그리고 너희 악한 기질이
무덤이 너희를 위한 도망처가 될 것이라고 너에게 약속하지
못하도록 하라.
너희는 본의 아니게 창조되었다.
너희는 너희의 뜻에 반해서 태어났다.
너희는 본의 아니게 살고 있다.
너희는 본의 아니게 죽는다.
너희는 본의 아니게
왕들을 통치하시는 거룩한 분이시며 복이 있으신 왕 앞에서
답변을 해야 할 운명이다.

미쉬나 29절

> [랍비 엘아자르 하카파르]그는 말하곤 했다.
> 새롭게 태어난 사람들은 죽을 것이다.

4장은 아보트에서 온전한 성품을 다루고 있는 마지막 장이므로, 이 구절은 그 주제의 결론으로 알맞은 가르침이다. 하나님을 믿는 유대교 신앙의 기본을 이 말씀은 다루고 있는 것이다. 이 기본이 없다면 사람의 믿음은 온전해질 수 없으며, 인생의 목표와 목적을 올바르게 이해할 수도 없다.

이 구절은 '새롭게 태어난 사람들은 죽을 것이다'라는 말로 시작한다. 이 구절은 사실을 말하는 것으로, 자명 명제(self-evident proposition)이다. 그러나 이 구절의 목적은 우리의 의식에 또렷하게 박힌 진리가 인생의 모든 경험의 배경으로 남을 수 있도록 깊은 인상을 남기는 것이라고 할 수 있다.

이와 마찬가지로 솔로몬 왕은 말하기를 "사람이 자기의 영원한 집으로 돌아가고"(전 12:5)라고 했는데, 이것은 현재시제로 기록되어 있다. 이는 사람의 인생이란 시작할 때부터 피할 수 없는 마지막을 향해 달려가는 것이기 때문이다. 그러므로 우리는 평생 쉬지 않고 꾸준히 죽음을 향해 달려가고 있음을 기억하며 살아야 할 것이다. 이것을 기억한다면, 단 한 순간이라도 허투루 낭비할 수 없을 것이다.

미드라쉬 슈무엘은 '새롭게 태어난 사람들은 죽을 것이다'라는 구절이 우리에게 이 세상에서의 목적이 무엇인지 가르쳐준다고 했다. 이 세상에서의 삶의 목적은 곧 자신의 영을 먹이고 기르는 것에 인생을 바침으로써 '나를 죽이는 것'이다. 그러므로 이 가르침은 우리가 세상을 떠나는 날을 말하고 있다기보다는 영의 성장을 위해 자기의 물질적인 욕망을 끊임없이 꺾고 또 꺾어야 한다는 교훈을 알려주고 있다고 할 수 있다.

죽은 자들은 다시 살아날 것이다.
살아있는 자들은 심판을 받을 것이다.

죽음과 부활 이후 육체와 영혼은 다시 재결합하게 된다. 그러나 그 후에는 어떻게 될 것인가? 죽음과 부활 이후의 결말은 어떻게 될 것인가? 이 말씀은 이 의문에 대한 해답을 제시해주고 있다. '살아있는 자들은 심판을 받을 것이다.' 즉 육체와 영혼이 함께 심판을 받게 된다는 것이다.

사람은 죽은 후 그 육신은 무덤에 묻히고 영혼만이 심판을 받는다. 그러나 영혼이 받는 심판은 완전한 심판이 아니며, 최종 심판은 하나님께서 무덤에 묻힌 육신까지 심판을 준비하시는 동안 미루어진다. 영혼이 이 땅에서 육신과 종일토록 함께 있었으므로, 영혼과 육신이 함께 심판을 받아야 마땅하기 때문이다.

하지만 부활의 주된 목적은 징벌이 아닌 보상임을 알아두어야 할 것이다. 거룩하시고 찬양받아 마땅하신 주님은 피조물의 보상을 잊지 않으신다(페사힘[Pesachim] 118a). 그러므로 주님께서는 육신을 다시 일으키셔서 생명의 새로운 영을 그 육신에 넣어주심으로 부활한 육신 역시 영과 함께 거룩한 기쁨을 함께 하도록 하시는 것이다.

육체와 영혼은 재결합된 후 하나님과 영원토록 함께 하는 기쁨을 누리게 될 것이다.

곧 현자들이 말한 바 "거룩하시고 찬양받아 합당하신 주님께서 다시 살리시는 의인은 흙으로 돌아가지 않을지라. '시온에 남아 있는 자, 예루살렘에 머물러 있는 자 곧 예루살렘 안에 생존한 자 중 기록된 모든 사람은 거룩하다 칭함을 얻으리'(사 4:3)"라 함과 같다. 또 다니엘은 "땅의 티끌 가운데에서 자는 자 중에서 많은 사람이 깨어나 영생을 받는 자도 있겠고 수치를 당하여서 영원히 부끄러움을 당할 자도 있을 것이며"(단 12:2, Sanhedrin 92a)라고 말했다.

그들이 그분은 하나님이시고

삶과 죽음, 그리고 부활이라는 세 가지 존재의 양태에 대해 언급한 후, 이 구절은 이제 '과연 인생의 질문은 무엇인가?'라는 존재론적 질문으로 주제를 옮긴다.

이 질문의 답은 "그분이 하나님이심을 (깨달아 알지어다)"이라는 말씀 속에 담겨 있다. 창조의 목적은 하나로 귀결된다. 바로 온 우주가 하나님을 아는 것이다.

각 사람은 먼저 '배워야 한다.' 즉 하나님에 대하여 알 수 있는 한 최대한 많이 다른 사람들로부터 배워야 한다. 그렇게 한 후에는 이제 자기가 아는 것을 나누어 온 세상이 창조의 목적으로 향하여 달려가도록 '가르쳐야 한다.' 결국 마지막 날에는 각 사람의 지식이 충만하여 따로 지식을 얻기 위해 노력하지 않아도 될 정도에까지 이를 것이다.

이 정도의 수준에까지 이르기 위해 먼저 영혼이 물질세계에 내려와 육신에 들어와야 한다. 만일 영혼이 이 세상의 화살 세례를 견디어냄으로써 정결해진다면 진정한 생명의 빛을 즐거워하기에 합당하게 될 것이다.

이 세상에서 우리는 물리적인 본성의 제한을 받는다. 우리의 이해는 시공간의 제약을 받을 수밖에 없다. 시공간의 제약 너머까지 성장하기 위해서는 영혼이 육신을 떠나야 한다. 즉 영혼이 육신을 떠난 후에야 더 높은 차원에서 하나님에 대한 지식을 얻을 수 있게 된다는 것이다. 육신을 떠나 하나님을 알게 된 영혼이 다시 육신과 결합함으로 온 피조물이 그토록 고대하여온 절정으로 향한다. 바로 하나님의 통치가 이 세상에 밝히 드러나는 계시이다.

위대하고도 놀라운 심판의 날이 도래하면서, 즉 '온 땅이 하나님을 아는 지식으로 충만하여질 때' 하나님의 통치가 세상에 드러나게 될 것이다. 모든 사람이 이 땅에서 겪은 모든 일의 비밀을 알고, 세상 모든 것이 단 하나도 우연으로 이루어지지 아니하였음을 깨닫게 될 것이다. 하나님의 섭리가 드러남으로 하나님의 지식의 빛이 사람을 조명하게 될 것이다.

존재의 핵심

하늘의 창조주를 아는 지식은 바로 이 세상의 존재의 핵심이다. 시내산에서 토라를 주실 때에 하나님께서는 "나는 너를 애굽 땅, 종 되었던 집에서 인도하여 낸 네 하나님 여호와니라"(출 20:2)라고 말씀하셨다. 태초부터 이 세상을 이끄시고 또 인도하신 창조주께서 계심을 우리는 반드시 알아야 한다는 것이다.

미쉬나 토라[Mishnah Torah]의 서문에서 람밤은 "기본 중의 기본이요, 지혜의 기둥은 바로 태초에 단 한 분이 계셨으니, 그 분이 이 모든 것을 존재하게 하셨음을 아는 것이다"(예소데이 하토라[Yesodei HaTorah] 1:1)라고 말했다.

람밤은 이 구절에서 파생된 긍정적 계명(무엇을 하라는 계명으로, 반대는 무엇을 하지 말라고 금하는 부정 계명이다 - 역자 주)이 '하나님이 계심을 알라'는 계명이라고 하였다(ibid. 6). (람밤이 산헤드린[Sanhedrin]의 열한 번째 장주석에서 정립한 것을 기초로 한)기본 신조 열 세 구절에서도 이렇게 고백한다. "나는 찬양받아 마땅하신 주님께서 창조주이시며 또 창조주께서 모든 피조물을 인도하심을 온전히 믿습니다."

모든 사람이 하나님의 존재를 논리적으로 쉽게 이해할 수 있는 것은 아니므로 하나님을 아는 것은 논리보다는 신앙의 모습으로 표현되었다. 하지만 토라에서 "그런즉 너는 오늘 위로 하늘에나 아래로 땅에 오직 여호와는 하나님이시요 다른 신이 없는 줄을 알아 명심하고"(신 4:39)라고 우리에게 명령하는 대로, 모든 사람이 하나님의 존재를 알기 위해 최대한 노력해야 한다는 것 역시 사실이다. 이 구절이 우리에게 "주님이 하나님이심을 깨달아 알지어다"라고 훈계하는 이유가 바로 이와 같다.

이 구절에서 '하나님'이라는 단어로 사용된 히브리어는 '케일'[Keil]인데, 이는 주님의 강하심(전능하심)을 나타낸다(이 단어가 하나님이 아닌 다른 대상에게도 사용된 사례를 찾을 수 있다. "용감하여 싸움을 할 만한 모든 자들을…"(왕하 24:16, 겔 17:13). 이 세상의 모든 것들을 존재하게 하시고, 또 통치하시는 전지전능하신 창조주가 살아계심을 우리는 인정해야만 하는 것이다.

선물로 주어진 유한함
다수의 주석가들은 우리가 죽을 수밖에 없는 유한한 존재라는 사실을 통해서만 '주님이 하나님이심'을, 온 세상의 모든 존재를 창조하시고 또 인도하시는 전지전능한 분이심을 진정으로 알 수 있다고 하였다.

이처럼 하나님의 전능하심을 진실로 알기 위해서는 먼저 우리가 얼마나 미천한지를 깊이 알아야 하며, 결국 죽음이 필연이라는 것을 깨달아야만 한다. 만일 사람이 영생한다면 자기 육신의 건강도 신경 쓰지 않을 것이요, 인생의 의미에 대해서도 자문하지 않을 것이다. 영원한 존재의 평안을 누리고 자연의 힘을 굴복시켜 영생을 누린다면, 자신이 하나님 앞에서 얼마나 미천한지를 깨닫지도 못할 것이며 도리어 자기 존재의 중요함을 과장하게 되고 말 것이다. 자기 자신을 종속시켜야 하는 주인도 없으며 자기 행실을 심판할 심판자도 없다는 그릇된 믿음은 자연스럽게 그 마음에 생겨나고 말 것이다.

아담과 하와가 지식을 알게 하는 나무의 열매를 먹은 후에 하나님께서 죽음을 선고하신 이유가 바로 이와 같다. '보라 이사람이 선악을 아는 일에 우리 중 하나같이 되었으니 그가 그의 손을 들어 생명 나무 열매도 따먹고 영생할까 하노라 하시고'(창 3:22) 생명 나무를 먹고 영생하면 오히려 좋은 것이 아닌가? 왜 영생이 좋지 않은 것인가? 라쉬는 설명한다. "만일 그가 영원히 산다면, 다른 사람들을 미혹하여 자기 역시도 하나님과 같다고 말할 수 있다."

그러므로 현자들은 '하나님이 지으신 그 모든 것을 보시니 보시기에 심히 좋았더라'(창 1:31)는 구절에 주석을 남기기를, 이 말씀은 하나님께서 죽음마저도 좋았다고 하셨다는 뜻이라고 하였다(베레이쉬트 라바 [Bereishis rabbah] 9, 얄쿠트 쉬모니 시편[Yalkut Shimoni Psalms] 643). 죽음만이 우리가 하나님을 알게 해주는 것이기 때문이다. 하나님의 위대하심을 알기 위해서는 자기가 사라진다는 인식이 반드시 필요하다. 물리적 존재의 공허함을 깨달을 때에야 우리는 모든 것을 통치하시는 단 한 분이 계시다는 것을 알 수 있다는 것이다.

그 어떤 자연의 힘도 전능하지 않다는 사실을 깨달은 후에야 우리의 조상 아브라함은 '온 성을 인도하는 무언가가 있다'는 계시에 도달하게 되었다. 해와 달과 같은 자연의 힘은 다른 것으로도 대체 가능하지만, 대체 가능한 무언가 전능한 존재가 있어야 온 세상이 제 길대로 운행한다는 것이다. 이를 알고 나서야 아브라함은 세상을 창조하시고 또 인도하시는 전능하신 존재가 있다는 결론에 닿을 수 있게 되었다.

우리는 물리적인 상태에 갇혀있는 한 하나님을 진정으로 알 수 없으므로, 죽음은 반드시 필요한 것이다. 역사상 가장 위대한 선지자인 모세의 간구마저도 하나님께서는 거절하셨다는 것을 기억하라. 모세는 "그때에 모세가 '주의 영광을 내게 보이소서'라고 간청했다. 주님께서는 '네가 내 얼굴을 보지 못하리니 나를 보고 살 자가 없음이니라"(출 33:18, 20)라고 대답하셨다.

그러므로 '주님이 하나님이심을 깨닫는다'는 우리 존재의 목적을 이루기 위해서는 먼저 우리의 영혼이 육체와 분리되어야 한다는 것이다. 영혼이 육체를 떠난 후에야 하나님의 찬란한 광채를 바라볼 수 있을 것이다.

그는 형태를 만드신 분이시고, 그는 창조자이시고

하나님이 존재하신다는 것을 깨달은 후에 우리는 이 구절의 순서에 따라 '그는 형태를 만드신 분이시고, 그는 창조자이시고'라는 것을 깨닫게 된다. 기초를 만드신 분과 창조주라는 두 유의어 사이에는 어떤 차이점이 있는가? 이에 대해 주석가들은 다양한 견해를 제시하고 있다.

다수의 주석가들은 '창조'라는 말이 '익스 니힐로'[ex nihilo], 즉 아무 존재도 없는 상태의 완전한 무(無)에서 세상을 창조하셨음을 나타낸다고 했다. 우리가 경험할 수 있는 것은 그저 어느 상태에서 다른 상태로 전환하는 것일 뿐이다. 씨앗에서 나무가 되는 것, 아이에서 어른이 되는 것, 에너지와 물질의 상호작용 등 모두 이 상태에서 저 상태로 변화하는 것일 뿐 무에서 유가 생겨나는 것은 아니다. 그 형태가 변화할 수는 있으나, 아무것도 없는 상태에서 무언가가 생겨나는 것은 아니다.

그러므로 하나님을 현실의 '형태를 만드신 분', 즉 온 세상의 형태를 만드시고 물질의 존재를 형성하신 분으로 말할 수 있는 것이다. 그러나 죽은 자가 부활하는 그때에, 새로운 현실이 시작되고 영혼이 새로워진 육신에 다시 들어올 때에 우리는 하나님을 완전한 무에서 실재를 창조하시고, 존재를 실재하게 하시는 창조주이심을 알게 될 것이다.

다른 주석가들은 '형태를 만드시는 분'이라는 말은 물리 세계와 물질을 입은 피조물을 만드셨음을 뜻하며 '창조'라는 말은 영원하고 영적인 것을 만드셨음을 뜻한다고 해석한다. "산들을 지으며 바람을 창조하며…"(암 4:13).

우리는 기초, 즉 형태의 세계 속에 살고 있다. 그러므로 그 형태 안에 있는 성질인 영적인 것과 또 그 영이 형태에 생명을 불어넣어주는 것임을 이해할 수 없는 것이다. 우리가 '창조'를 이해할 수 있는 때는 결국 영혼이 그 형태를 떠나 창조의 세계(영의 세계)에서 일어날 때일 것이다.

다른 주석가들의 견해와는 달리 바르테누라의 랍비 오바디야는 "주님이 형태를 만드심을, 주님이 창조주이심을"이라는 구절 전체가 하나님의 섭리를 뜻한다고 이해하였다.

즉 '주님이 형태를 만드심'이라는 말은 하나님께서 온 우주를 인도하심, 곧 섭리를 뜻한다는 것이다. 대속죄일 기도에서 "우리는 토기장이가 손에 쥔 진흙과 같습니다. 토기장이가 그 흙을 마음대로 늘이고 줄이듯, 우리도 주님의 손에 달려 있습니다."라고 고백함과 같이 주님께서 세상의 모든 일들을 처음부터 끝까지 주관하신다는 것이다. 하나님께서는 시공간을 초월하여 실재하는 모든 것의 유일한 주인이시다.

그러므로 이 가르침은 하나님께서 '형태를 만드신 분'이신 이유를, 또 주님께서 원하시는 대로 세상을 인도하시는 이유를 설명해주고 있다. 그 이유는 무엇인가? 바로 '주님께서는 창조주이시기' 때문이다. 주님께서는 완전한 무(ex nihilo)에서 세상의 모든 존재를 창조하셨으며, 지금도 전능하신 손으로 모든 것을 인도하고 계신다.

그는 통찰력이 있으신 분이고

주님께서 모든 것을 창조하시고 또 인도하시는 분이심을 깨닫고 또 주님께서 전능하심으로 세상 모든 것들을 존재하게 하시는 분이심을 깨닫는다면, 주님께서 또 모든 것을 알고 계신다는 것을 자연스럽게 이해할 수 있을 것이다. '사람의 마음을 모두 지으신 분'께서 '사람의 행위를 모두 아시는 분'이신 것이다(시 33:15). 하나님께서는 모든 존재의 안에 깊이 숨은 내면, 즉 사람의 행위 속에 담긴 무의식적인 본능과 충동까지 모두 속속들이 알고 계신다는 것이다.

어떤 이들은 온 세상을 통치하는 저 하늘의 존재가 작고 보잘것없는 사람이라는 존재에 그렇게나 관심을 가지고 있다는 것 자체를 믿지 못한다. 우리가 마음 속에 이런 잘못된 생각을 품지 못하도록 이 말씀은 주님께서 (모든 것을) '아시는 분'임을 가르치고 있는 것이다. 이 세상의 모든 것은 주님의 피조물이므로 주님의 영광이 나타날 것이며, 또 그 행실에 따라 창조주에게 심판을 받을 것이다.

죽은 자의 부활과 함께 사람의 생각과 작은 행실마저도 심판을 받을 때에 온 인류가 하나님께서 그들의 모든 행실을 속속들이 지켜보고 계셨음을 깨달아 알게 될 것이다. 그때에 "하나님은 모든 행위와 모든 은밀한 일을 선악 간에 심판하시리라"(전 12:14).

'그는 통찰력이 있으신 분'이심을 완전히 이해할 수는 없을지라도, 오늘 하루까지도 우리는 세상 모든 사람들의 모든 행실을 속속들이 알고 계시는 한 분이 계심을 마음에 새기고 살아야만 하는 것이다.

(람밤이 산헤드린[Sanhedrin]의 열한 번째 장 주석에서 정립한 것을 기초로 한) 기본 신조 열 세 구절에서도 이렇게 고백한다. "나는 찬양받아 마땅하신 주님께서 창조주이시며 또 창조주께서 모든 피조물을 인도하심을 온전히 믿습니다."

하나님의 섭리를 믿는 믿음이 중요한 것이기에 람밤은 이 믿음을 기본 신조 열 세 가지 원리 중 하나로 포함하였으며, 또 말하기를 "나는 찬양받아 마땅하신 창조주 주님께서 사람의 모든 행실과 모든 생각을 아신다는 것을 온전히 믿습니다"라고 고백하였다. "그는 그들 모두의 마음을 지으시며 그들이 하는 일을 굽어살피시는 이로다"(시 33:15)라는 시편의 고백과 일맥상통한다.

그는 심판자이시고, 그는 증인이시고,
그는 고소인이라는 것을 알고 가르치고 깨닫게 하시기 위하여
그는 심판하실 것이다.

하나님의 섭리는 단순히 온 우주가 존재할 수 있도록 하신다는 일반적인 매커니즘으로 이해되어서는 안 된다. 하나님의 섭리란 모든 각 존재의 행동을 특별히 주관하시고 모든 것이 합력하여 선을 이루도록 인도하심을 뜻한다. 예레미야 선지자가 "주는 책략에 크시며 하시는 일에 능하시며 인류의 모든 길을 주목하시며 그의 길과 그의 행위의 열매대로 보응하시나이다"(렘 32:19)라 함과 같다.

비단 미래뿐만 아니라 현재의 모든 순간마다 우리 각 개인은 우리가 마땅히 받아야 할 것을 받으며 살아가고 있다. 우리의 낮고 천한 이해 능력과 지각 능력으로는 이를 온전히 받아들일 수도, 이해할 수도 없다. 오직 '여호와의 눈은 온 땅을 두루 감찰하사'(대하 16:9) 창조주만이 각 사람에게 마땅히 받아야 할 것을 갚으실 수 있는 것이다.

하나님께서는 '올 세상에서 넘치는 보상을 더욱 넓히시는 신실하신'(쉬르 하쉬림 라바[Shir hashirim Rabbah] 6:4) 분이시다. 주님은 '모든 피조물들에게 그 받을 보상을 미루지 아니하신다'(페사힘[pesachim] 118a).

가까운 친척이 세상을 떠날 때 읊는 기도문은 다음과 같다. "진실한 심판에 축복이 있으리라"(베라호트[Berachos] 54a). 이는 이 세상에 우연이 없다는 믿음을 키우기 위한 것이다. 모든 것은 심판과 공의라는 엄격한 변수에 의해 일어나는 것이다. 이 믿음을 마음에 심은 사람은 위기의 순간에서 무너지지 않으며 분노와 비통함에 쓰러지지도 않는다. 오히려 하나님 안에서 진실이라는 이름의 향유가 머리에 부어지는 축복을 받는다.

이런 사람은 자기의 성공이 오직 하나님의 뜻에 달려있음을 알기에 과도하게 자기 걱정이나 수입에 신경 쓰지 않는다. 모든 것이 하늘에서 이루어지는 것임을 분명히 알고 있으므로, 진정한 위험이든 상상 뿐인 위험이든 그 어떤 위험에도 두려워하지 않는다. 하나님을 진정으로 신뢰하는 자는 자기 욕망이 채워지지 아니하더라도 배신감을 느끼지 않는다. 받을 만한 것을 받으리라는 확신이 그 마음에 뿌리를 내리고 있는 것이다.

람밤은 보상과 징계에 관한 이러한 믿음을 믿음의 신조 중 하나로 포함시키며 고백하기를 "나는 찬양 받아 마땅하신 창조주 주님께서 계명을 실천하는 자에게 보상하시고 또 계명을 어겨 죄를 짓는 자에게 징계를 내리심을 온전히 믿습니다"라고 했다.

자기 영광을 저버리고...

그 아무리 하찮은 일일지라도 하나님께서는 작은 사건 하나까지도 놓치지 아니하시며, 모든 선행에 보상을 내리시고 모든 불의에도 그 값을 치르게 하신다. 그러므로 자기 행실에 따라 하나님께서 그를 돕는 변호사가 되실 수도, 그에게 소송을 하는 검사가 되실 수도 있는 것이다.

또 하나님의 공의는 (주님을 얼마나 예배하느냐보다는)우리가 다른 사람을 어떻게 대하느냐에 따라 판단하신다. 즉 주님은 주님의 손으로 지으신 피조물을 위하여 자기 영광을 저버리시기까지 하시는 것이다.

이런 맥락에서 현자들은 다음과 같이 가르쳤다. "거룩하시고 찬양받아 마땅하신 주님의 권능을 보거든 그 곳에서 주님의 겸손하심도 발견하리라. 곧 성경의 세 부분에 기록되었으니(유대교는 구약을 모세오경, 선지서, 성문서로 구분한다 – 역자 주), 모세오경에 기록된 바 '너희의 하나님 여호와는 신 가운데 신이시며 주 가운데 주시고 크고 능하시며 두려우신 하나님이시라'(신 10:17), '고아와 과부를 위하여 정의를 행하시는 분'이라 하셨다(신 10:18). 왕 중의 왕이신 주님께서 고아와 과부를 모욕을 당하지 않도록 보호하신다. 또 성경의 두 번째 부분인 선지서에서는 주님께서 이르시기를 '내가 높고 거룩한 곳에 있으며 또한 통회하고 마음이 겸손한 자와 함께 있나니'(사 57:15)라 하셨다. 하나님께서는 가장 높은 곳 하늘나라에 계시면서도 또 탄압받고 멸시받는 자와 함께 하시는 것이다. 세 번째인 성문서에서는 또 이르기를 '그의 거룩한 처소에 계신 하나님은 고아의 아버지시며 과부의 재판장이시라'(시 68:5)라고 하였다."

위의 말씀들을 통해 우리는 하나님께서 자녀를 돌보는 아버지와 같이 불행하고 탄압받는 사람들을 변호하여 주심을 배울 수 있다.

그분 앞에 부정과 부주의와 편애와 뇌물수뢰가 없는 그분은 복이 있으신 분이다.

사람의 법 판결이 가지는 한계가 하나님에게는 일절 적용되지 않음을 보여주기 위하여 이 구절은 하나님의 공의가 가진 네 가지 특성을 나열하고 있다.

첫째, '[주님 앞에서는]정의가 무너지지 않는다.' 사람의 법정에서 종종 일어나는 오판(誤判)은 하나님의 법정에서는 일어날 수 없는 일이다. 둘째, 주님 앞에서는 '부주의도 없다.' 주님께서는 모든 것을 보시고 또 모든 것을 기억하시며, 사소한 것 하나라도 놓치지 않으신다. 셋째, 하나님 앞에서는 '편애가 없다.' 주님께서는 그 누구도, 그 무엇도 필요치 아니하시며 그 어떤 이익도 필요치 아니하시기 때문이다. 사람을 심판하실 때에 하나님께서는 '고관을 외모로 대하지 아니하시며 가난한 자들 앞에서 부자의 낯을 세워주지 아니하시나니'(욥 34:19) 부자든 가난한 자든 하나님의 눈에는 모두 같으므로, 주님께서는 지위와 부유함에 상관없이 모든 사람에게 심판을 내리시는 것이다.

마지막으로 주님 앞에서는 '뇌물수뢰도 없다.' 뇌물은 판결에 지대한 영향을 끼치므로, 설령 판결하는 사람이 뇌물인 줄 모르고 받았다 하더라도 그 뇌물이 판결에 영향을 미칠 수밖에 없다(케투보트[Kesubos] 105b). 그러나 하나님께서는 뇌물이 통할 수 없는데, 이는 모든 것이 하나님의 것이기 때문이다. "은도 내 것이요 금도 내 것이니, 온 땅의 주인인 주님의 말씀이라"(하기가[Chagigah] 2:8).

그러므로 "(주님께서)미래에 심판하시는 분"이시라고 말한 이전 구절과 같이, 주님만이 각 피조물을 공정하게 심판하실 수 있는 분이심을 이 말씀을 통해 분명히 깨달을 수 있는 것이다.

이런 개념은 말씀에서도 분명히 드러나고 있다. '그는 반석이시니 그가 하신 일이 완전하고 그의 모든 길이 정의롭고 진실하고 거짓이 없으신 하나님이시니 공의로우시고 바르시도다'(신 32:4).

'그는 반석이시니 그가 하는 일이 완전하고'라는 말씀은 곧 하나님께서 온 우주를 완전하게 인도하신다는 것을 의미한다. 또 '그의 모든 길이 정의롭고'라고 한 것과 같이 주님의 모든 역사는 공의롭기 때문에 온 우주를 이처럼 완벽하게 이끄시는 일이 가능한 것이다. 이것을 기초로 하여 현자들은 "찬양받아 마땅하실 거룩하신 주님께서 죄를 무시하셨다고 말하는 자는, 그의 생명이 무시를 당할 것이다"(바바 카마[Bava kamma] 50a)라고 말했다. 하나님의 완전무결한 공의 앞에서는 그 무엇도 도망칠 수 없다.

이 구절의 주제는 '신실하신 주님, 불의가 없으신 주님'으로 구분되는데, 이 두 주제가 서로 겹치는 것으로 보인다. 그러나 현자들은 이에 대하여 "신실하신 주님이라고 하는 것은 주님께서 올 세상에서 악인을 조그만 죄 하나까지도 징벌하심과 같이 의인도 이 세상에서 조그만 죄 하나까지도 징벌하시며, 여기에는 불의가 끼어들 여지가 전혀 없다"(Taanis 11a)라는 의미라고 설명한다.

이 가르침은 '주님은 의로우시고 공의로우시다'라는 말씀으로 끝나는

데, 이는 곧 사람이 올 세상으로 들어가 이 땅에서의 모든 행실을 심판받는 심판대 위에 설 때에 하나님의 심판의 완전한 공정함을 인정한다는 뜻이라고 했다(에이루빈[Eiruvin] 19a).

뇌물도 없다

람밤은 주님께서 편견도 없으시고 뇌물도 받지 않으신다는 이 구절의 견해가 표현하는 본래의 뜻이 무엇인가에 대해 스스로 자문했다. 그의 대답은 다음과 같다. 이 구절은 사람의 선한 행실이 자기 죄에 가려질 수 없으며, 마찬가지로 사람의 죄가 자기 선한 행실로 가려질 수 없다고 말하고 있다는 것이다. 그러므로 우리의 교사 모세는 그 위대함에도 불구하고 므리바에서 하나님을 대언하는 대신 바위를 내려쳤다는 죄로 인해 이스라엘 땅에 들어갈 수 없었다. 반대로 에서는 수많은 죄를 지었음에도 그 아버지 이삭에게서 축복을 받은 선한 행실로 보상을 받았다.

야베쯔는 기록하기를 람밤의 이런 견해는 "죄는 기업으로 바뀌지 아니하며, 기업이 죄로 바뀌지 않는다. 보상은 계명으로 받는 것이요, 징계는 죄로 인해 받는 것이다"(시프레이 드바림[Sifrei Devarim] 33:6)라는 현자들의 가르침으로 뒷받침된다고 말했다.

그러나 다수의 주석가들은 람밤의 견해에 동의하지 않고 하늘나라의 심판대에서는 죄가 이 땅에서 실천한 계명으로 덮인다고 가르치는데, 이런 견해는 다수의 랍비들의 저작으로 뒷받침되고 있다. 일례로 현자들은 "죄는 율법을 말소한다"(쏘타[Sotah] 21a)라고 한 바 있다.

더 나아가 현자들은 또 다윗 왕이 하나님께 '주께서 나를 판단하시며'(시 17:2)라고 간청했으나, 하나님께서는 이에 답하시기를 "다윗아, 내가 산헤드린 공의회를 거저 두었더냐? 가서 그들로 너를 심판하게 하라"라고 하셨다고 한다.

이에 다윗은 "온 우주의 주님, 주님께서는 재판관이 뇌물을 받지 못하도록 하셨습니다(신 16:19)라고 대답했다. 그러나 산헤드린 공의회에 뇌물을 주지 않고서는 무죄를 받지 못할까 두렵습니다. 하지만 주님께서는 뇌물, 즉 회개와 선행과 기도를 받으십니다. 그러므로 주님께 '친히 저를 심판하여 주십시오'라 간구하는 것입니다"라 하였다(얄쿠트 쉬모니 시편 [Yalkut Shimoni Psalms] 670).

미드라쉬 슈무엘과 마하랄은 람밤의 견해를 해석하며 죄의 오명을 씻을 수 있는 계명은 오직 회개뿐이라고 말했다. 그러나 일반적으로 계명이 죄를 덮을 만큼의 힘이 있는지에 대해서는 강력한 의문이 제기될 수 있다.

하나님의 심판의 깊이

하나님의 심판의 기준은 그 누구도 정확히 알 수 없다. 그러나 분명한 것은, 하나님께서는 사람이 이 땅에서 살아온 인생의 모든 것을 다 고려하신다는 것이다. 아주 작은 일일지라도 하나님의 심판에서는 매우 큰 역할을 할 수 있다. 그러므로 현자들은 심판을 받을 때에는 '부부 간의 불필요한 대화가 죽음의 때에 반복된다'고 가르쳤다.

사람의 법정에서 소송하는 자, 즉 고소인은 증인을 요청하여 자신의 주장을 뒷받침할 수 있으며, 이 때 증인도 판사 앞에 함께 선다. 그러나 하나님의 심판이 사람의 심판과 같지 않다는 것을 보여주기 위해 이 구절은 사람의 판결과는 반대의 순서로 단어를 나열하여 먼저는 판사를, 그 다음으로 증인을, 그리고 마지막에 소송하는 자를 언급하고 있다. 랍비 메이어 레만[R' Meir Lehman]은 인간의 논리로 하나님의 심판의 기준을 이해할 수 없음을 이 순서가 보여주고 있다고 말했다(메이어 네시브[Meir Nesiv]).

모든 것이 예측에 따른 것이라는 것을 알라

'모든 것이 예측에 따른 것이라는 것을 알라'라는 말씀이 위 구절과는 또 다른 가르침을 우리에게 전해주고 있는가? 그렇다면 그 가르침은 어떤 가르침인가? 주석가들은 이러한 의문에 다양한 답을 제시해주고 있다.

그 답 중 하나는 사람이 각각 계명을 지킴으로 보상을 받고, 또 죄를 지어 심판을 받는다는 람밤의 견해를 지지하고 있다는 것이다.

람밤의 견해에 동의하지 않고 계명을 실천하면 죄가 용서된다고 주장하는 학자들은 마지막 심판 때에 하나님께서 사람의 죄와 선행을 두루 고려하신다고 이 구절을 해석한다. 하나의 크고 중요한 계명이 수많은 죄보다 더 클 수도 있다는 것이다. 많은 죄를 지었음에도 '그가 이스라엘의 하나님 여호와를 향하여 선한 뜻을 품었음이니라'(왕상 14:13)고 할 수 있으며, 또 반대로 '죄인 한 사람이 많은 선을 무너지게 하느니라'(전 9:18)고 할 수 있다.

티페레트 이스라엘은 설명하기를 하나님의 심판대에서는 선행을 하거나 죄를 지을 때에, 그가 그 행동을 하고 또 감정(기쁨, 열정, 무관심 등)을 느낄 수밖에 없었던 외부의 압력을 함께 고려하여 심판한다고 하였다. 마찬가지로 하나님께서는 사람의 능력과 그 인성을 함께 고려하신다. 어떤 사람들은 특별히 많은 능력을 타고나 다른 사람들보다 더 쉽게 토라를 배울 수 있다. 또 어떤 사람들은 날 때부터 너그럽지 못하거나 자라온 환경에 의해 남에게 베풀지 못하는 성격이 될 수도 있다. 이 모든 것이 하나님의 심판대에서는 중요한 역할을 하는데, 이는 현자들이 가르치는 바 '노력에 따라 보상이 온다'고 했기 때문이다.

너의 악한 기질이 무덤이 너희를 위한 도망처가 될 것이라고 너에게 약속하지 못하도록 하라.

하나님의 마지막 심판에 대해 긴 내용으로 설명한 후 이 구절은 다시 이 세상의 현실로 돌아온다. "너의 악한 기질이 무덤이 너희를 위한 도망처가 될 것이라고 너에게 약속하지 못하도록 하라" 어쩌면 올 세상이 실제로 존재하는지 의심이 갈 수도 있다. 특별히 죄를 지은 후에는 절망의 팔에 안기어 스스로를 조금이라도 위로하고자 죽은 후에는 모든 것이 끝나고 빛도 다 사라질 것이라고 생각해버릴 수도 있을 것이다.

"내일 죽으리니 먹고 마시자"(사 22:13)라는 심보인 것이다.

이 구절은 위와 같은 마음을 가진 사람에게 대기실에서 연회장으로 들어가는 것은 우리의 선택이 아니라고 대답하고 있다.

미드라쉬 슈무엘은 더 나아가 이르기를 이 구절이 자신의 추락한 영적 상태에 실망하여 스스로 회개의 기회를 잃어버렸다고 지레 짐작하고 모든 것을 포기한 채 방종의 길을 달리기를 멈추지 아니하는 사람을 바로잡기 위한 말씀이라고 했다.

이와 같은 사람들에게 이 구절은 위와 같은 태도가 악한 본성의 속삭임이라고 말하고 있다. 하나님의 사랑에는 한계가 없다. 회개할 수 없는 사람은 없으며, 게힌놈 골짜기의 문 앞에 선 사람이라도 당장 회개할 수 있다. 그러나 자기 잘못을 끊지 않고 계속 악한 길로 걸어간다면, 결국 그 끝을 알 수 없는 무저갱 스올에 빠지고 말 것이다.

요나의 이야기에서 우리는 그 누구도 자기 운명을 벗어날 수 없다는 가르침을 얻을 수 있다. 요나는 니느웨 사람들이 회개하도록 하라는 주님의 명령을 받아들이지 아니하고 도리어 하나님께로부터 도망치려 했다. 그러나 수많은 고난을 겪고 나서 그가 도착한 곳은 니느웨였고, 결국 그는 하나님께서 주신 사명을 완수할 수밖에 없었다(하페쯔 하임[Chafetz Chaim]).

생명의 다섯 통로

모든 인간은 다섯 가지 상태로 존재한다.

첫째는 영혼이 하늘의 심판대에 서서 주님의 빛을 누리는 것이다. 영혼은 이 세상으로 강제로 떨어져 육체와 연합하기 전까지는 하늘에 있다. 둘째는 아홉 달 동안 영혼이 어머니의 뱃속에서 안전하게 보호를 받으며 '그 머리 위의 등불, 그 빛으로 이 세상의 끝에서 끝까지 두루 살피는.'(닛다[Niddah] 30b) 천사로부터 토라를 배우는 것이다.

셋째는 어머니의 뱃속에서 아홉 달을 거친 후 이 불확실하고 고단한 세상에 태어나는 것이다. 현자들은 말하기를 아이가 태어날 때 우는 이유는 바로 어머니의 뱃속에서 평안한 상태를 더 이상 누릴 수 없기 때문이라고 했다(탄후마 페쿠데이[Tanchuma Pekudei] 3).

넷째는 바로 시험과 고난으로 가득 찬 이 세상에서의 삶이다. 이런 시험과 고난으로 인해 이 땅에서 맡은 사명을 이루는 데에 어려움을 겪는다. 그러므로 현자들은 "사람은 아예 창조되지 않는 것이 나았으리라"(에이루빈[Eruvin] 13b)라고까지 가르쳤다. 그러나 또 이어 말하기를 "그러나 이제 창조되었으니 자기 행실을 되돌아보게 하라(즉 악한 행실보다 선한 행실을 더 많이 하는지 스스로를 돌아보게 하라)"라 했다. 혹자는 여기에 덧붙이기를 "자기 행실을 살피게 하라"(선한 행실이라도 하나님께서 받으실 만한 것인지 다시 보게 하라)라고 말했다. '네 의지와 상관없이, 후에 심판을 내리는 자리에 불려와 심판하게 되리라'는 것을 마음에 새기고 살아갈 때에야 이 세상에서의 모든 삶을 평안히 보내게 될 것이다.

다섯 번째는 바로 그 영혼이 사람을 창조하신 분께로 돌아가는 것이다.

너희는 본의 아니게 창조되었다.
너희는 너희의 뜻에 반해서 태어났다.
너희는 본의 아니게 살고 있다. 너희는 본의 아니게 죽는다.
너희는 본의 아니게 왕들을 통치하시는
거룩한 분이시며 복이 있으신 왕 앞에서
답변을 해야 할 운명이다.

자기의 선택과 상관없이 인생을 심판하는 자리에 불려와 심판을 받아야 하는 이유는 무엇인가?

두브노 막기드[Dubno Maggid]라 하는 랍비 야아코브는 재미있는 비유로 이 의문에 답하고 있다. 어느 마을에 두 자매가 살았는데, 그 누구도 이 자매들과 결혼하려 하지 않았다. 한 명은 너무 못생겼고, 또 한 명은 말이 너무 거칠기 때문이었다. 수년이 지난 후, 한 남자가 나타나 이 문제를 해결하였는데, 바로 못생긴 자매는 앞을 못 보는 사람과 결혼하게 하고 말이 거친 자매는 듣지 못하는 사람과 결혼하게 했던 것이다.

몇 년이 지나지 않아 한 의사가 마을에 방문하여 이 자매들과 결혼한 남자들을 치료해 주었다. 마을이 난장판이 되는 데에는 며칠이 채 걸리지 않았다. 이 두 사내가 지금까지는 숨겨져 있던 아내의 단점을 알게 되었던 것이다.

의사에게 진료비를 낼 때가 되었음에도 이 둘은 의사에게 값을 지불하기를 거부했다. 차라리 의사에게 치료를 받기 전의 삶이 더 나았다는 것이 그 이유였다. "마른 떡 한 조각만 있고도 화목하는 것이 제육이 집에 가득하고도 다투는 것보다 나으니라"(잠 17:1).

이 사건은 법정 다툼으로 번지게 됐다. 이에 판사는 다음과 같이 판결했다. "의사가 이 남자들의 삶을 더욱 불행하게 만든 것은 사실이다. 그러므로 의사는 첫 번째 남자를 다시 못 보게 하고, 두 번째 남자는 다시 듣지 못하게 하여 이 일을 바로잡으라."

당연히 두 남자는 이 판결을 거부했다. 이에 판사가 말했다. "이 판결을 거부하겠다면, 의사에게 마땅히 진료비를 주어라. 의사가 치료해주어 기쁘다고 네 스스로 말한 것이 되느니라."

이 비유에 나타난 원리는 우리 모두에게 적용되는 것이다. 하나님께서는 우리의 선택과는 상관없이 우리 영혼을 이 세상에 던져놓으셨다. 그렇다고 그 누가 이 세상을 자기 멋대로 떠나려 하겠는가? 병으로 고통받는 사람도 살기 위해 의사를 찾아가 목숨을 구하려 한다.

하나님께서 주신 생명이라는 선물을 우리가 기뻐하고 또 감사하기 때문에 우리가 이 세상에서 생명을 이어가기를 원하는 것이다. 그러므로 주님께서 제정하신 십일조를 드리고 심판에 복종하며 우리의 행실을 심판하는 것이 공정한 것이라고 할 수 있을 것이다.

에필로그

לאחר הלימוד

다음은 피르케이 아보트의 각 장을 마치고 낭독한다.

(마코트 3:16)

רַבִּי חֲנַנְיָא בֶּן עֲקַשְׁיָא אוֹמֵר:
רָצָה הַקָּדוֹשׁ בָּרוּךְ הוּא
לְזַכּוֹת אֶת יִשְׂרָאֵל,
לְפִיכָךְ הִרְבָּה לָהֶם תּוֹרָה וּמִצְוֹת,
שֶׁנֶּאֱמַר:
יְיָ חָפֵץ לְמַעַן צִדְקוֹ, יַגְדִּיל תּוֹרָה וְיַאְדִּיר.

랍비 하나니아 벤 아카시아가 이르기를:
 거룩하시고 복되신 하나님은 이스라엘에 가치 있는 것을
 베푸시기를 원하셨다.
 그래서 백성들에게 토라와 풍성한 계명을 주신 것이다.
 성경에 기록된 바와 같이
 "여호와께서 그[이스라엘]의 의로 말미암아
 기쁨으로 교훈을 크게 하며 존귀하게 하려 하셨으나"(사 42:21).